总　　序

教材是教学目的和教学内容的基本载体，是实施教学的基本手段和依据。教材建设是高校内涵建设的重要组成部分，是教学基本建设之一，是教学改革的突破点。教材质量的好坏，直接影响教学效果和人才培养质量。随着高职教育的迅速发展，社会对高职人才的需求越来越大，要求也越来越高。高职教材建设必须与高职教育的发展相适应，必须满足高端技能型、应用型人才的培养要求，体现高职教育的特点和优势。

高等职业院校的学生有其特殊性，他们思想敏锐，头脑聪明，个性张扬，更希望得到尊重与鼓励；他们对关爱、赞扬有更强的渴求和反应；他们活泼好动，有强烈的"动手"参与兴趣。他们具有比普通本科高校的大学生更明显的多方面能力，却存在着理论学习兴趣不高、心理素质欠佳等弱点。因此，组织编写一套切合他们实际的素质教育教材非常必要，也非常迫切。

"'十二五'大学生素质教育丛书"由厦门南洋职业学院、厦门华天涉外职业技术学院、厦门软件职业技术学院、厦门东海职业技术学院、厦门安防科技职业学院等高职院校联合组织编写。目前已编辑出版《未进党的门　先做党的人——大学生党课教程》、《我的未来我做主——大学生就业与创业指导》、《成长心灵　给力人生——大学生心理健康》、《梦想启航——大学生入学教育》、《大学里不可或缺的安全 Style——大学生安全教育读本》等教材。

本系列教材以高等职业院校学生为对象，结合厦门实际，突出高职特点，编写形式力求灵活多样；内容力求实用，避免理论说教；语言风格力求生动活泼、通俗易懂；案例选取力争真人真事。适合大学生自学，也适合作为高校辅导员和有关教师的教育教学参考用书。

本系列教材将科学性、实用性、通俗性、趣味性融为一体，既为高职院校培养具有基本理论素养，又具备一定实践操作能力的通识型人才提供有益的帮助，也为大学生的全面发展和健康成长提供有益的指导。

由于编者水平所限，本系列教材可能存在某些不足，诚望专家和同行不吝赐教，以便我们把大学生的教育教学工作做得更好。

何卫华

2013 年 12 月

“十二五”大学生素质教育丛书

(第二版)

成长心灵 给力人生

CHENGZHANG XINLING
GEILI RENSHENG

——大学生心理健康

主　　编：杨白群

副主编：（按姓氏笔画为序）

王华勤　田　瑾　包海江　罗彩琴

郭昱辰　祝和刚　董丽君

编　　委：（按姓氏笔画为序）

王淑勤　李娇芳　许安兵　杨莉婷

杨爱珍　林庆燕　周永军

厦门大学出版社
XIAMEN UNIVERSITY PRESS
国家一级出版社
全国百佳图书出版单位

图书在版编目(CIP)数据

成长心灵　给力人生：大学生心理健康 / 杨白群主编. —2 版.—厦门：厦门大学出版社，2016.8(2021.8 重印)

("十二五"大学生素质教育丛书)

ISBN 978-7-5615-6195-9

Ⅰ.①成…　Ⅱ.①杨…　Ⅲ.①大学生-心理健康-健康教育　Ⅳ.①G444

中国版本图书馆 CIP 数据核字(2016)第 212175 号

出 版 人　郑文礼
策划编辑　张佐群
责任编辑　高　健
装帧设计　李嘉彬
责任印制　许克华

出版发行　厦门大学出版社
社　　址　厦门市软件园二期望海路 39 号
邮政编码　361008
总 编 办　0592-2182177　0592-2181406(传真)
营销中心　0592-2184458　0592-2181365
网　　址　http://www.xmupress.com
邮　　箱　xmupress@126.com
印　　刷　厦门市明亮彩印有限公司

开本　787mm×1092mm　1/16
印张　13
字数　300 千字
版次　2016 年 8 月第 2 版
印次　2021 年 8 月第 5 次印刷
定价　36.00 元

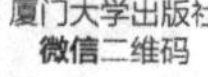

厦门大学出版社
微信二维码

厦门大学出版社
微博二维码

“十二五”大学生素质教育丛书编委会

前　言

高职大学生心理健康教育定位于素质培养，属于课程的“素质教育课程”模块，培养目标定位在培养学生的心理素质上。本书依据《教育部办公厅关于印发〈普通高等学校学生心理健康教育工作基本建设标准（试行）〉的通知》（教思政厅〔2011〕1号）要求，结合民办高职院校学生培养目标以及学生对心理知识的素养需求，来设计教学内容、教学目标、教学要求，学生通过学习本课程，能在知识、技能和自我认知三个层面达到以下目标。

知识层面：本课程使学生了解心理学的有关理论和基本概念，明确心理健康的标准及意义，了解大学阶段人的心理发展特征及异常表现，掌握自我调适的基本知识。

技能层面：本课程使学生掌握自我探索技能，心理调适技能及心理发展技能。如学习发展技能、环境适应技能、压力管理技能、沟通技能、问题解决技能、自我管理技能、人际交往技能和生涯规划技能等。

自我认知层面：本课程使学生树立心理健康发展的自主意识，了解自身的心理特点和性格特征，能够对自己的身体条件、心理状况、行为能力等进行客观评价，正确认识自己、接纳自己，在遇到心理问题时能够进行自我调适或寻求帮助，积极探索适合自己并适应社会的生活状态。

本书由杨白群（厦门华天学院）编写第一章、第二章、第三章、第四章、第五章、第十章，郭昱辰（厦门南洋学院）编写第六章、第七章，董丽君（厦门南洋学院）编写第八章，祝和刚（吉林司法警官职业学院）编写第九章。

本书在编写过程中，感谢长期支持心理健康教育的学校的相关领导，感谢辅导员老师提供了相关案例，以更好地促进华天学院心理健康教育教学工作的提升。

编者努力追求内容完善、精益求精，参考和借鉴了国内外有关心理健康的大量文献，并引用了国内外专家、学者的研究成果，在此一并表示感谢。

由于水平所限，本书疏漏之处在所难免，敬请相关专家及学生批评、指正和谅解。

编　者

2016年7月

前 言

编 者

2016年7月

目录

第一章 心理健康导论

第二章 高职大学生心理健康概述

第三章 高职大学生的适应性教育

第八章　如何应对心理压力

第九章　高职大学生的恋爱心理

第十章　高职大学生网络心理健康

第一章 心理健康导论

第一节 健康与心理健康

一、健康观

世界卫生组织(WHO)提出,健康是一种生理、心理与社会适应都臻于完满的状态,而不仅是没有疾病和摆脱虚弱的状态,并进一步指出健康的新概念:一是有充沛的精力,能从容不迫地担负日常工作和生活,而不感到疲劳和紧张;二是积极乐观,勇于承担责任,心胸开阔;三是精神饱满,情绪稳定,善于休息,睡眠良好;四是自我控制能力强,善于排除干扰;五是应变能力强,能适应外界环境的各种变化;六是体重得当,身材匀称;七是牙齿清洁,无空洞,无痛感,无出血现象;八是头发有光泽,无头屑;九是反应敏锐,眼睛明亮,眼

睑不发炎;十是肌肉和皮肤富有弹性,步伐轻松自如。因此,健康是生理健康与心理健康的统一,二者是相互联系,密不可分的。当人的生理产生疾病时,其心理也必然受到影响,会情绪低落、烦躁不安、容易发怒,从而导致心理不适;同样,长期心情抑郁、精神负担重、

焦虑的人也易产生身体不适。因此,健康的身体与健全的心理是相互依赖、相互促进的。

二、心理健康观

心理健康是一个相对概念。对于心理健康的理解可以有三个不同的层次:(1)最低层次——克服心理疾病;(2)中间层次——超越亚健康状态;(3)理想层次——自我实现。所以心理健康不是指某种固定的状态,而是富有弹性的一个相对状态。心理学家一般主张以正常的认知、完善的个性、稳定的情绪和个体行为的适应情况作为鉴别心理健康的标准,而不是以某几个症状的有无为依据。所以说,心理健康是一个状态概念,而非人格概念。

三、心理健康标准

(一)国外心理健康标准

1.美国学者坎布斯认为,一个心理健康、人格健全的人具备四种特质:(1)积极的自我观;(2)恰当地认同他人;(3)面对和接受现实;(4)主观经验丰富,且经验可供取用。

2.心理学家马斯洛和密特尔曼提出心理健康的十条标准:(1)是否有充分的安全感;(2)是否对自己有较充分的了解,并能恰当地评价自己的能力;(3)自己的生活和理想是否切合实际;(4)能否与周围环境保持良好的接触;(5)能否保持自身人格的完整与和谐;(6)是否具备从经验中学习的能力;(7)能否保持适当和良好的人际关系;(8)能否适度地表达与控制自己的情绪;(9)能否在集体允许的前提下,有限度地发挥自己的个性;(10)能否在社会规范的范围内,适度地满足个人的基本需求。

3. 美国人格心理学家奥尔波特认为心理健康包括七个方面：(1)自我意识广延；(2)良好的人际关系；(3)情绪上的安全性；(4)知觉客观；(5)具有各种技能，并专注于工作；(6)现实的自我形象；(7)内在统一的人生观。

(二)国内心理健康标准

1. 我国著名的精神病学家、医学心理学专家严和骎教授提出六条心理健康的标准：

(1)有积极向上、面对现实和环境的能力；

(2)能避免由于过度紧张或焦虑而产生病态症状；

(3)与人相处时，能保持发展融洽互助的能力；

(4)能将其精力转化为创造性和建设性活动的能力；

(5)有能力进行工作；

(6)能正常恋爱。

2. 我国著名心理学、性学专家王效道教授提出，正常心理应具备下列八项标准：

(1)智力水平在正常范围以内，并能正确反映事物；

(2)心理行为特点与生理年龄基本相符；

(3)情绪稳定，积极与情境适应；

(4)心理与行为协调一致；

(5)社会适应，主要是人际关系的心理适应协调；

(6)行为反应适度，不过敏，不迟钝，与刺激情景相应；

(7)不背离社会规范，在一定程度上能实现个人动机，并结合生理要求得到满足；

(8)自我要求与自我实际基本相符。

他还提出心理水平可从适应能力、耐受力、控制力、意识水平、社会交往能力、康复力、道德愉快甚至于道德痛苦等七个方面加以评量。

3.清华大学心理学教授樊富珉提出大学生心理健康的七个标准：

(1)能保持对学习较浓厚的兴趣和求知欲望；

(2)能保持正确的自我意识，接纳自我；

(3)能协调与控制情绪，保持良好的心境；

(4)能保持和谐的人际关系，乐于交往；

(5)能保持完整统一的人格品质；

(6)能保持良好的环境适应能力；

(7)心理行为符合年龄特征。

4.中国心理卫生协会常务理事、全国大学生心理咨询委员会副主任郑日昌认为心理健康应包括：

(1)能正视现实；(2)了解自己；(3)善与人处，心态积极向上；(4)情绪乐观；(5)自尊自制；(6)乐于学习、工作。

综上所述，从广义上讲，心理健康是一种持续高效而满意的心理状态；从狭义上讲，心理健康是知、情、意、行的统一，是人格完善协调，社会适应良好。迄今为止，关于心理健康还没有一个统一的概念，国内外学者一般认同心理健康标准的复杂性，既有文化差异，也有个体差异。一般而言，判断个体心理健康与否，主要依据四个方面的标准：

第一，经验标准。即当事人按照自己的主观感受来判断自己的健康，心理咨询师凭借自己的经验对当事人的心理健康进行判定；重在关注当事人的主观心理感受，由于个体先天的遗传及后天的环境不同，经验标准更强调其个别差异。同样的生活事件，当事人由于自我认知不同，自我体验不同，自我评价也不尽相同。

第二，社会适应标准。以社会中大多数人的常态为参照标准，观察当事人是否适应常态而判断其心理是否健康。例如，根据生理、心理与社会发展大学生应当具有独立生活与处理生活中面临的事务的能力，如果有的大学生生活能力低下不能打理自己的日常生活，这便需要引起重视。

第三，统计学标准。依据对大量正常心理特征的测量取得一个常模，把当事人的心理与常模进行比较。这个标准更多地应用于心理学研究之中，一般而言，都要将个体的心理测验结果与常模对照，来判断当事人的心理健康状况。

第四，自身行为标准。每个人在以往生活中形成的稳定的行为模式，即正常标准。

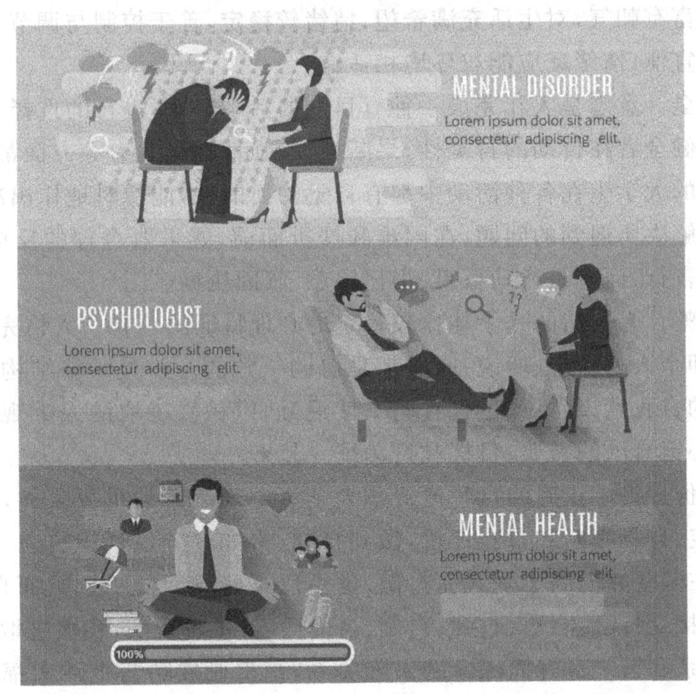

在实践中，中国心理学家根据中国的社会文化背景统一认为心理健康是指一种持续的、积极的心理状态。个体在这种状态下，能够与环境有良好的适应，其生命具有活力，能充分发挥其身心潜能，就可被视为心理健康。据此，人的心理健康水平大体可分为三个等级：一是一般常态心理，表现为心情经常愉快，适应能力强，善于与别人相处，能较好地完成与同龄人发展水平相适应的活动，具有调节情绪的能力；二是轻度失调心理，表现出不具有同龄人所应有的愉快，与他人相处略感困难，生活自理能力较差，经主动调节或通过专业人员帮助后可恢复常态；三是严重病态心理，表现为严重的适应失调，不能维持正常的生活和工作，如不及时治疗可能恶化成为精神病患者。

事实上，心理健康与否的界限是相对的，企图找到绝对标准是不现实的，应掌握三个标准，即相对性、整体协调性和发展性。研究大学生整体心理健康时，应将目光投向发展的健康观，即大学生在发展中会面临许多人生课题，心理危机与心理困难也都是在发展的大背景下产生的。有的心理困惑属于某一群体所特有的，比如多重压力之于大学生，同学们的人生期望、职业抱负、学业期待引发的学业压力、就业压力、情感压力等都需要应付。有些心理问题具有阶段性，同学们的心理成熟后会自愈。

四、高职大学生心理健康标准

一是智力正常。这是大学生学习、生活与工作的基本心理条件，也是适应周围环境变化所必需的心理保证，因此衡量时，关键在于大学生是否正常地、充分地发挥了其效能，即有强烈的求知欲、乐于学习、能够积极参与学习活动。

二是情绪健康。其标志是情绪稳定和心情愉快。包括的内容有，愉快情绪多于负面情绪，乐观开朗，富有朝气，对生活充满希望；情绪较稳定，善于控制与调节自己的情绪，既能克制又能合理宣泄；情绪反应能与环境相适应。

三是意志健全。意志是人在完成一种有目的的活动时，所进行的选择、决定与执行的心理过程。意志健全者在行动的自觉性、果断性、顽强性和自制力等方面都表现出较高的水平。意志健全的大学生在各种活动中都有自觉的目的性，能适时地作出决定，并运用切实有准备的方式解决所遇到的问题，在困难和挫折面前，能采取合理的反应方式，能在行动中控制情绪和言行，而不是行动盲目、畏惧困难、顽固执拗。

四是人格完整。人格指的是个体比较稳定的心理特征的总和。人格完善就是指有健全统一的人格，即个人的所想、所说、所做都是协调一致的。一是人格结构的各要素完整统一；具有正确的自我意识，不产生自我同一性混乱，以积极进取的人生观作为人格的核心，并以此为中心把自己的需要、目标和行动统一起来。

五是自我评价正确。正确的自我评价是大学生心理健康的重要条件，大学生能够自我观察、自我认定、自我判断和自我评价，做到自知，恰如其分地认识自己，摆正自己的位置，既不以自己在某些方面高于别人而自傲，也不以某些方面低于别人而自惭，能够自我悦纳，喜欢自己，接受自己，自尊、自强、自制、自爱适度，正视现实，积极进取。

六是人际关系和谐。良好而深厚的人际关系，是事业成功与生活幸福的前提。人际关系和谐表现为：乐于与人交往，既有广泛而深厚的人际关系，又有知心朋友；在交往中保持独立而完整的人格，有自知之明，不卑不亢；能客观评价别人和自己，善取人之长，补己之短，宽以待人，乐于助人，积极的交往态度多于消极态度，交往动机端正。

七是社会适应正常。个体与客观现实环境保持良好秩序，通过客观观察以取得正确认识，以有效的办法对应环境中的各种困难，不退缩，还要根据环境的特点和自我意识的情况努力进行协调,或改革环境适应个体需要,改造自我适应环境。

八是心理行为符合大学生的年龄特征。大学生是处于特定年龄阶段的特殊群体,大学生应具有与年龄、角色相适应的心理行为特征。

五、高职大学生应如何理解心理健康标准

1. 标准的相对性

事实上高职大学生心理健康与不健康也并无明显界限,而是一个连续化的过程,如将正常比作白色,将不正常比作黑色,那么在白色与黑色之间存在着一个巨大的缓冲区域——灰色区,世间大多数人都散落在这一区域内。这也说明,同学们在人生的发展过程中面临心理问题是正常的,不必大惊小怪,应积极加以矫正。与此同时,个体灰色区域也是存在的,高职大学生应提高自我保健意识,及时进行自我调整;人的健康状态的活动在于一个人即使产生了某种心理障碍,并不意味着永远保持或行将加重。这是一个发展的问题。反映到心理上,同学们出现心理冲突是非常正常的,许多发展性问题是可以自行解决的。

2. 整体协调性

把握心理健康的标准,应以心理活动为本考察其内外关系的整体协调性。从心理过程看,健康的人的心理活动是一个完整统一的协调体,这种整体协调保证了个体在反映客观世界的过程中的高度准确性和有效性。事实表明,认识是健康心理结构的起点,意志行为是人格面貌的归宿,情感是认识与意志之间的中介因素。从心理结构的几个方面看,一旦它们不能符合规律地进行协调运作时,就可能产生一系列的心理困扰或问题。从个性角度看,每个人都有自己长期形成的稳定的个性心理,一个人的个性在没有明显的剧烈的外部因素影响下是不会轻易发生变化的。从个体与群体的关系看,每个人在其现实性上可划分成不同的群体,不同群体间的心理健康标准是有差异的。

第二节 心理咨询及其相关概念的关系

一、心理咨询及相关概念

(一)基本概念

"心理教育、心理咨询、心理治疗"到目前尚没有统一的定义。这理解释的"心理教育、心理咨询、心理治疗"等相关概念主要针对的是在校高职大学生。

(1)心理教育

心理教育指教育者以心理学的理论和技术为主要依托并结合学校日常教育、教学工作,针对学生群体有目的、有计划地培养学生形成良好心理素质,有积极的心理调节机能,

能自我开发心理潜能，进而促进其德、智、体整体素质的提高和个性的和谐发展。

(2)心理咨询

一般而言，心理咨询指咨询者(心理咨询师)运用心理学专业知识和技能，通过言语、文字或其他信息传递方式，给来访者(求助学生)以帮助、启发和个体问题的解决的引导教育，以维护和增进学生个体的身心健康，促进其人格完善和潜能发挥的过程。

(3)心理治疗

心理治疗指由经过专门训练的心理医生运用心理学的相关理论和技术，对有明显心理障碍性问题的学生，在建立良好信任的基础上，进行治疗帮助，以消除或缓解学生的问题或障碍，促进学生人格向健康、协调的方向发展的过程。

(二)心理教育、心理咨询、心理治疗三者关系

心理教育、心理咨询、心理治疗三者在某些方面是相似的。它们都是从心理上帮助人、教育人的过程；常采用相一致的理论方法和技术；工作对象常是相似的，常面对来访者(学生)的人际关系问题、学业问题、就业心理问题、恋爱问题、性问题、网络依赖问题等；在强调帮助来访者(学生)成长和改变方面是相似的，如都希望通过助人者和求助者之间的互动，达到使求助者改变和成长的目的；都注重建立助人者和求助者之间良好的人际关系，认为这是帮助求助者改变和成长的必要条件，等等。正因为三者之间的这种一致性和渗透性，所以，在实际工作中，心理咨询工作者也兼做些心理治疗、心理教育工作，心理治疗工作者、心理教育工作者也同样如此。

心理教育、心理咨询、心理治疗还有许多相异之点，主要表现在：

1.工作目标和任务不同

尽管三者之间有一定的联系和重叠，但主要目标和任务不同。

心理教育不仅包括心理咨询的目标，且受学校教学目标的制约。它指教育者主动超前地根据学生身心发展的特点，有目的、有计划地对学生的认知、情感、意志、个性等心理品质进行培养并使其最优化，使学生的心理潜能得以开发，并使其个性发展与德、智、体诸方面发展实现和谐的统一。由此可见,心理教育与心理治疗和心理咨询的目标具有被动性和滞后性不同,心理教育的目标具有主动性和超前性。

心理咨询以矫治正常人在社会生活中出现的适应和发展方面的障碍(如人际关系、学业、升学、就业、恋爱和家庭的,也涉及一些变态行为)为主要目标。其中解决发展性问题又是咨询的特色。其主要任务是帮助来访者由一个正常人转变为人格健全且能向自我实现不断迈进的人。

心理治疗以矫治心理疾病(神经症、人格障碍、行为障碍、性心理变态、心身疾病以及处于缓解期的某些精神病等)为主要目标,即以帮助患者由一个心理异常的人转变为一个心理正常的人为主要任务。

2.咨询服务工作人员不同

从事心理教育的人被称为辅导员或老师,他们接受涉及心理咨询内容的心理学或教育学专业训练,心理教育的对象是正在成长中的所有学生。

从事心理咨询的人被称为咨询师或咨询心理学家,他们接受心理学专业训练。与从事心理治疗的心理医生相比,他们所接受的专业培训时间较短,在研究方法、对人格理论的掌握以及接受有专家指导的正式临床实习方面都明显逊色。心理咨询的对象被称为来访者或求助者,主要指在适应和发展方面有某些障碍的正常人。

从事心理治疗的人被称为心理医生,主要由两种人组成:一种是临床心理学家,主要接受心理学专业训练,另一种是精神病医生,主要接受医学专业训练。心理治疗的对象被称为患者或病人,主要指患有较严重心理障碍的人,如存在人格障碍、神经症等的人。

3.工作模式不同

在心理教育中,其工作模式仍然是教育模式,突出了工作的教育性、发展性、主体性、活动性、协同性和成功性。工作重点是建立心理教育的学科课程、活动课程和环境课程,并将心理教育思想有效地渗透在其他学科之中。在心理教育中,辅导员与学生之间是主导和主体的关系:从外部的影响源来看,辅导员在学生心理品质的形成和发展中起主导作用;从心理品质形成和发展的内部因素来看,学生本身又是学习和发展的主体。

心理咨询的工作模式是教育模式,它是在意识层面进行工作,突出了工作的教育性、支持性和指导性。工作重点是寻找已存在于来访者自身的内在积极因素并使其发展,或在对现存条件分析的基础上提出改进意见。在此种教育模式中,咨询者十分重视与来访者之间的真诚、尊重、同感和交互影响关系,并将来访者置于咨询过程的中心地位,咨询双方的关系是平等的、民主协商式的。

心理治疗的工作模式是医学模式,心理医生常通过心理分析等深入到患者的无意识领域,帮助患者处理无意识的冲突和神经质的焦虑,使其解除症状,改变病态行为,重建人格。在此种医学模式中,心理医生处于中心地位,享有绝对权威,而患者则处于从属地位,只能被动地服从医生。

4.工作内容不同

心理咨询关注的是在一定社会背景下人的适应与发展问题。心理治疗关注的是具体的心理疾病的诊断和矫治,亦即症状问题。心理学家泰勒曾指出,在心理治疗中,心理医生所关注的主要是病人的态度、感受和情绪状况;而在心理咨询中,咨询者往往帮助当事人在教育、就业方面做出抉择。可见两者所关注的内容有所不同。作为一种教育现象的心理教育，其内容较前二者更为广泛，它全面地关注每一位学生的心理品质培养，并关注学生德、智、体全面发展的方方面面。

5.工作方式和方法不同

心理教育多在非医疗情境——学校及有关教育机构中进行，它以团体—小组—个别辅导相结合方式进行，多采用讲授、训练、陶冶等方法。

心理咨询多在非医疗情境（如学校、社区中的心理咨询机构）中进行，它以个别—小组咨询为主，多采用支持、领悟、再教育等方法。

心理治疗多在医疗情境（如医院）中进行，它以个别治疗为主，多采用矫正、领悟、训练、重建等方法。

6.时间不同

心理教育是在学生有问题前进行预防性培养，心理咨询与心理健康教育为时较长，乃至是终生性的，其终身教育理念与发展性教育都属于发展咨询范畴。心理治疗是患者患病后求医治，为时较长，从几次到几十次不等，有的甚至经年累月才能完成。心理咨询是来访者有问题后求帮助，为时较短，从一次到若干次不等。

从上述比较分析中，同学们可以看出，三者之间是相互独立、相互区别又相互联系、相互渗透的关系。心理教育（面向全体）不能代替心理咨询（面向发展中遇到阻碍问题的团队更多的是个体），更不能代替心理治疗（面对是有个体的人格缺陷，严重的心理疾病、心理障碍），但同时又离不开后两者的配合。

自20世纪80年代中期高校心理咨询在我国发展以来，随着改革开放的深入，作为维护和增进学生心理健康、优化学生心理素质措施的心理健康教育与心理咨询越来越受到学校的重视，得到学生的喜爱和欢迎。如美国学者戴尔·卡耐基调查了许多名人后认为，一个人事业上的成功，只有15%是由于他们的学识和专业技术，其余85%是靠良好的心理素质和善于处理人际关系。詹纳也作了与此相类似的论述，他说："奥林匹克水平的比赛，对运动员来说，20%是身体方面的竞技，80%是心理上的挑战。"高职大学生正处于长身体、长知识、心理发展迅速且日臻成熟的时期，这一时期不仅是发生心理问题最多的时期，也是塑造健康心理素质的黄金时期，且随着社会的发展，心理素质在人才成功中的权重指数变得越来越大。目前，高职院校心理咨询的工作形式以心理健康课堂教育为主阵地，针对学生出现的个体问题，个别咨询为辅助，有条件的学校还开展了团体咨询和心理训练活动。

二、正确认识心理咨询在高校教育工作中的作用

（一）开展高校心理咨询是参与国际竞争和振兴中华民族的需要

纵观世界风云，竞争日趋激烈。当今世界各国竞争的基点已由军事、经济转向综合国力，其实质是教育和人才的竞争。人才竞争的核心是心理素质的竞争。对此，爱因斯坦曾别具慧眼地指出："优秀的性格和钢铁般的意志比智慧和博学更为重要……智力上的成就

在很大程度上依赖于性格的伟大,这一点往往超出人们通常的认识。"美国心理学家道格拉斯(J. Douglas)也写道:"在某些知识领域中取得非凡成就的个人,通常是凭借纯粹的聪明灵活,同样也依靠个性力量……"确实,诸如超常的智慧、应变的机智、稳定的情绪、顽强的毅力、适应的能力、优秀的性格等高品位的心理素质,已成为最具竞争力的人才资源的要素。

(二)心理咨询是实施素质教育和培养高素质人才的需要

人的素质是一个整体。素质分类可有多种依据,但都应符合逻辑分类法则,分类依据应当统一。以人的素质发展水平即发展层次作为分类依据是较为合理的。

苏联著名学者洛莫夫曾说:"无论是对人类起源和发展问题的研究,还是对人类个体发展问题的研究,都可以分出三个主要的分析层次:生物层次、心理层次和社会层次。"与此相对应,人的素质构成可以分为由低级向高级发展的三个层次:生理素质、心理素质、社会文化素质。生理素质具有先天遗传性和生长、发育、成熟的生物程序性,处于整体素质发展的基础层次,是心理素质、社会文化素质得以存在和发展的物质基础;社会文化素质是素质的主要内容,处于素质发展的最高层次,在人的素质结构中占主导地位,标志着素质的性质、方向、水平,集中体现了人的本质;心理素质是主体与外界相互作用的中介,它既影响着生理素质的发展,也中介着社会文化的内化。心理素质渗透在人的各种素质之中,它为学生形成思想品德、获得知识、形成技能、培养能力、发展智力、锻炼身体、增强体质,一句话,为人的素质发展提供了心理基础和前提。正是因为心理素质在人才的综合素质中所起的这种基础和前提作用,所以,优化大学生的心理素质,进而促进人才综合素质的提高,也是当前高等教育的一项发展性重要任务。

(三)开展高校心理咨询是改变大学生心理健康现状、提高身心健康水平的需要

由于科学技术的进步、社会生活的深刻变革、生活节奏的加快、竞争的加剧、观念的多元和多变、人际交往方式和人际关系准则的改变等原因,社会心理紧张和危机刺激源越来越多,对人们身心健康的威胁和危害也越来越大。

大学生处于青年期,心理发展既迅速又不成熟,在学习压力、人际交往、两性关系、就业选择、经济问题等诸种压力下,极易产生心理和行为障碍。近年来,一些心理卫生工作者通过调查研究发现,我国大学生心理健康状况是令人担忧的:据杭州市调查,发现心理卫生问题随年龄增长呈较大上升幅度,大学生中心理卫生问题的发病率达 25.39%;据北京市调查,因心理疾病休学、退学人数分别占因病休学、退学总人数的 37.9%和64.4%。在上述辍学者中,神经症患者分别占 76.1%和 54.8%,而神经症中又以神经衰弱为主。有的学生因神经衰弱症而休学、退学,但更多的人仍在继续学习——尽管他们的学习、生活、工作等都受到严重不良影响。这从一个侧面说明了在高校开展心理咨询工作的必要性和重要性。确实,从已开展心理咨询工作的高校的成功经验来看,将大学生的学习能力的培养、知识结构的完善、道德价值的取向、社会适应能力的提高、人际关系的协调、择业期望的定位、内在能量的合理释放、友谊恋爱的适度把握、观念意识更新、事业开拓进取等广泛内容纳入心理咨询工作当中,能有效地解除学生在生活、学习、工作、疾病和康复等方面存在的种种困扰，在矫正不良心理和行为、调控情绪、发展和完善人格、促进学生心身健康和全面发展方面，将能起到其他工作所无法替代的作用。

心理咨询工作既是实现学校教育目标的重要途径，也是解决学生心理问题的必要手段。作为一种现代教育理念和教育活动，它对高校教育工作起着不可替代的促进作用，是现代学校工作不可或缺的一个方面。

第三节　高校心理咨询的工作内容与原则

一、高校心理咨询以发展性咨询为主

高校心理咨询包括两方面的内容：(1)发展性咨询。指根据学生身心发展的特点，帮助不同年龄阶段的学生尽可能圆满地完成各自的心理发展课题，妥善地解决心理矛盾，更好地认识自己与社会的关系，开发潜能，促进个性的全面发展。(2)障碍性咨询。指为各种障碍性心理问题的来访大学生提供心理援助、支持、矫治。高校心理咨询应以发展性咨询为重点。这种考虑基于以下三种原因：

1.心理卫生运动发展的趋势使然

现代心理卫生运动的发展大体经历了三个阶段。一是从改善精神病人的待遇到注意预防精神疾病(20世纪20年代到二战结束)。心理卫生运动的重点放在精神病患者本身及其家属方面，即“障碍”方面。二是从关心身心因素的制约到关注社会因素的影响(二战后到20世纪60年代)。心理卫生的重点从关心身心因素对精神健康的制约逐步转向关心社会因素对精神健康的影响。三是从努力提高个体的适应能力到力图全面提高人的心理素质(20世纪70年代初至今)。20世纪70年代以来，随着人本主义心理学的发展，不少心理卫生学家尝试用人本主义观点重新审视心理卫生工作。他们认为，过去的心理卫生工作过多地集中在个体心理不健康的一面，而对人心理健康的一面则关心不够，特别是对如何发展人的潜能重视程度不够。因此，全面提高人的心理素质、充分发展人的潜能和创造性、促进个性的全面发展，即把重点放在“发展”方面，便成为当今世界心理卫生运动的新目标和发展新趋势。

2.心理科学理论发展使然

从20世纪50年代埃里克森提出心理社会发展理论、哈维格斯特提出综合适应发展理论、皮亚杰提出智力结构发展理论到科尔伯格提出道德发展阶段理论，心理咨询的发展性取向逐渐明确。关注正常个体在不同发展阶段的任务和应对策略，以帮助他们以实现最佳发展为价值取向的发展性咨询正是这些理论在实践中的运用。发展性咨询承认个体在成长过程中会遇到一些冲突，甚至会形成某些障碍。但为帮助个体解决这些冲突并扫除这些障碍，必须使他们在其发展的关键阶段，学习并完成该阶段的发展任务，熟练地运用已习得的经验、技巧去解决所面临的各种问题，从而达到自我发展和完善。

3. 现代学校教育的需要使然

学校教育的目标在于促进学生个体的全面发展。但在遗传、素质、社会和家庭环境、受教育状况等均有较大差异的情况下，如何促使个体全面发展，使人的潜能和创造性得到充分发挥，个性得以完善，这是越来越多的教育者共同关心的问题，在素质教育的大背景下更是如此。发展性咨询正是为了适应这一需要而产生的。确实，同学们在发展过程中会出现各种各样的心理问题，尽管这些问题带有个体性，但它毕竟总要打上这一年龄阶段学生心理发展共性的烙印。

高校心理咨询的目的不仅在于帮助同学们现时的生存，而应在于有利于同学们未来的发展，亦即要把心理咨询工作的重点定位在以促进同学们个性发展与完善，使个人潜能和创造性得以充分发挥的“发展性咨询”层面上。这一点，对于把握大学生心理咨询工作的发展方向至关重要，也是大学生心理咨询的特色和生命力之所在。

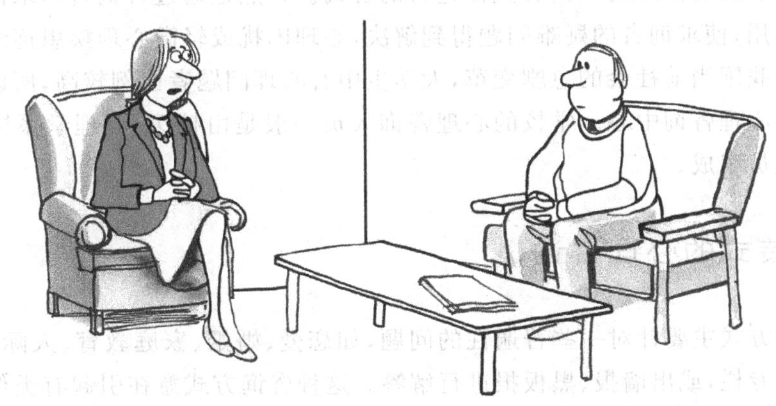

"Wait, I'm YOUR therapist? I thought you were MY therapist."

二、学校心理咨询的原则

1. 来访自愿原则

所谓来访自愿原则指每一次咨询部是以来访者愿意使自己有所改变为前提的，咨询师不能以任何形式强迫来访者接受或维持心理咨询。

2. 价值中立原则

价值中立原则指在咨询过程中，咨询师要尊重来访者的价值信念体系，不要以咨询师自己的价值观念为准则，对来访者的行为准则任意进行价值判断。尽管人们对这一原则的理解会不太一致，但咨询心理学家都一致同意尊重来访者的价值准则，咨询师不能以任何方式向来访者强行灌输某一价值准则，或强迫来访者接受自己的观点、态度。

3. 信息保密原则

信息保密原则指未经来访者同意，咨询师不能以任何方式向任何人或机构透露来访者的一切咨询信息。几乎所有的咨询师都同意，信息保密原则是心理咨询工作中最重要的原则，有的甚至称它为心理咨询的“生命原则”。有违这一原则，咨询工作将毁于一旦。

4. 方案守法原则

方案守法原则指在咨询过程中，咨询师和来访者共同制订的咨询方案不能包括直接或间接损害他人或社会的利益的内容。

第四节 心理咨询的形式

一、直接咨询

直接咨询指由心理咨询人员对具有心理疑难需要帮助、存在心理困扰需要排解或患有轻微心理疾病需要治疗的求询者直接进行的咨询。特点是通过咨询者与求询者的直接交往和相互作用，使求询者的疑难问题得到解决，心理困扰或轻微心理疾患逐渐得到排解或减轻。因为我国当前社会的急剧变革，大学生中有心理问题者比例较高，所以越来越多的高校开设了心理咨询中心。学校的心理咨询人员一般是由校医、心理学系毕业的老师和其他有关人员组成。

二、宣传式的心理咨询

这种咨询方式主要针对一些普遍性的问题，如恋爱、婚姻、家庭教育、人际关系等，在报纸杂志上开专栏，或出墙报、黑板报进行解答。这种咨询方式意在引起有类似问题的大学生对这些问题的重视。确实，有不少大学生因为看了这些报刊、宣传栏后解决了自己的某些心理问题的。

三、电话心理咨询

多为处于急性情绪危象，濒于精神崩溃或企图自杀的人，拨专用电话向心理咨询门诊告急、诉苦和求援。在国外，这种电话心理咨询往往专业化，成为热线中心，24 小时均有人值班，接到电话呼救后，立即派出人员赶至当事人家中，处理其急性情绪危象，安定情绪。很多高校都已设热线电话为大学生提供心理咨询服务。

四、书信心理咨询

由患者自己或他人将患者有关情况通过书信的方式告知有关咨询单位或个人，并要求其提出建议、指导。这种咨询形式方便易行、不受距离限制。但是，书信咨询往往不能使咨询人员全面了解患者情况，所以难以提供最有效、有针对性的建议。目前我国心理咨询机构还很有限，远未达到普及的程度，所以书信心理咨询仍不失为一种重要咨询方式。现在，国内开展书信心理咨询的主要是一些心理门诊机构、学校心理咨询中心，以及一些医学、心理学科普杂志。

五、团体心理咨询

团体心理辅导是一种在团体情境下提供心理援助与指导,不仅是一种有效的心理治疗,也是一种有效的教育活动,更能提高心理健康教育的效率。一般说来,需要心理辅导的学生所存在的问题往往具有共性,通过团体心理辅导就可以解决问题,而不需要一对一地个体辅导,这样大大提高了心理辅导的效率。开展团体心理辅导可分为两方面进行:一是面向全校学生,通过调查筛选出学生中普遍存在的心理问题,然后由心理辅导中心教师将学生分组,组建不同主题的团体,开展有针对性的团体心理辅导。二是以院、系为单位,根据各院、系学生的心理特点和所关心的主要问题开展心理辅导,效果较好,团体心理辅导效果容易巩固。

六、心理剧

严格意义上,心理剧是一种可以使患者的感情得以发泄从而达到治疗效果的戏剧,通过扮演某一角色,患者可以体会角色的情感与思想,从而改变自己以前的行为习惯。

对心理剧加以变化,以适合大学生的生活、学习与情感变化,将传统意义上的心理剧改造成一种别具特色的、大学生乐于接受的心理健康教育形式。校园心理情景剧,虽然剧情简单,但矛盾冲突集中,而且故事情节都就来自同学们的日常生活,甚至可能就是昨天刚刚发生过的。这能够引起同学们极大的演出、参与和观看的热情。同学们自己选题自导自演"心理剧",心理咨询老师组织同学们对剧中的冲突进行讨论,同学们在观看中得到成长和帮助。既丰富了课余文化生活,又进行了心理教育。

七、朋辈心理咨询

近年来，高校朋辈心理咨询发展迅速，一方面是朋辈之间有着近似相同的价值观、思维方式、生活经历及相同的感受，相互间容易沟通交流。如果由老师进行咨询，有些同学往往会因为身份上的距离，而觉得老师是在说教，并且会对某些问题避而不谈。另一方面，各大高校现在都越来越重视大学生的心理问题，但是专业的心理咨询老师毕竟还是太少，没有很多专职的咨询人员，朋辈咨询的发展填补了专业心理咨询人员的不足，是对于专业心理咨询的一个重要补充。

朋辈咨询与专业心理咨询是有区别的。心理咨询师在咨询过程中不得逾越咨询关系，对咨询的内容严格保密等等，这些都是心理咨询的职业规范。而朋辈咨询员在平时仍然会与同学有着朋友和伙伴的关系。朋辈咨询员的角色不是真正意义上的咨询师角色，是一种非专业的心理帮助，有时候对这种角色的理解和把握有一定困难。同时由于非专业的原因，在咨询过程中可能会遇到不能解决的问题，这时就需要寻求专业人员的帮助。朋辈咨询的开展有利于大学生整体心理素质的提高，是一种方便、见效快的学校心理咨询模式，对促进大学生的心理健康有着积极作用和重要意义。

中国人心理健康标准可五方面衡量

中国心理卫生协会近年组织相关专家，开展了“中国人心理健康标准制定”的课题研究。通过文献调研、专家调查和专家讨论，研究制定符合中国国情和社会文化的心理健康标准，具体可从五个方面来衡量——

1. 自我认识方面：应该能够客观全面地认识自我并接纳自我，有心理安全感。

2. 独立性方面：应该具备基本的独立生活和学习能力，能够解决日常遇到的一些问题。

3. 情绪方面：情绪基本稳定，心态比较积极，能够适当控制自己的情绪。

4. 人际交往方面：应该能够建立和谐的人际关系，在社会交往中获得心理上的满足感。

5. 环境适应方面：要求能够接受现实、承受挫折，并采取合理措施应对困难。

（上述课题研究正待相关机构鉴定通过发布）

什么是心理健康？心理学界说法不一，国内外正式发表的心理健康标准就多达24种。中国心理卫生协会的专家们指出，至少我们可以达成以下共识：

心理健康包含自我和谐与社会和谐

心理学研究可从个体心理和群体心理两大领域来进行，个体的心理活动又可分为认知、情绪情感和意志活动三个方面。因此，一个心理健康的人，首先应达到个人内在各种心理活动的和谐一致，这个可以称作“自我和谐”；其次，个人还需要与周围环境保持和谐一致，这方面包括了人与人之间的和谐以及人与社会之间的和谐，这个称作“社会和谐”。

综合起来说，一个心理健康的人，应该具有基本的认知能力、积极稳定的情绪情感、自我实现的人生目标、和谐的人际关系以及良好的社会适应能力，不但自我感觉良好，而且能够符合社会要求，承担家庭和社会功能。

心理健康不是静态的指标，是动态变化的过程

一个原本心理健康的人，受到环境因素的重大影响，就有可能出现各种心理问题，严重时影响生活和工作。比如优秀生考进大学后学习受挫，产生情绪上的困扰；大学生毕业后找不到理想的工作，就沉迷于网络；职场精英在竞争的压力下抑郁自杀；原本家庭幸福的女性因婚变而走上绝路……这些都说明，人的心理状态需要时时关注和呵护，我们应有定期检查自己心理健康状态的意识。

也有的人对心理问题过分恐惧，害怕自己一旦查出有心理问题，就好像"判了死刑"。其实大可不必如此恐慌。心理健康状态既然是动态变化的，就意味着可以通过科学的手段和方法进行调节与治疗，消除障碍，恢复正常的心理状态。

心理健康标准不是疾病诊断标准，应适合大众

眼下有关心理健康的科普宣传和研究论文非常多，但是由于使用的标准不统一，理论观点各异，导致结果存在很大的差异，甚至是互相矛盾的。有的研究结果报告说，中国有很大比例的人群存在各种心理问题，甚至说中学生七成以上心理不健康。也有专家认为，实际情况并没有这么糟糕。

之所以出现这样的局面，恰恰是因为中国目前还缺乏我国自己的心理健康标准。如果用"没有心理疾病就是健康"这样的最低标准来衡量，那么大部分人都是健康的，不需要继续努力了，而如果用心理各方面都达到理想水平的精英标准来衡量，那么全世界也找不出几个心理完全健康的人来。

科学地说，心理健康标准既不是疾病诊断标准，也不是精英标准，它应该适合大众使用。心理健康标准应为大多数人能够满足与接受，即需要服从于众数原则；同时，在大多数人符合心理健康标准的基础上，还需要在一定程度上积极引导人们达到更高的心理健康水平。所以，在兼顾众数原则时，需注意对精英标准的描述与体现。

（资料来源：《中国人心理健康标准可五方面衡量》，《北京日报》2009年12月10日。）

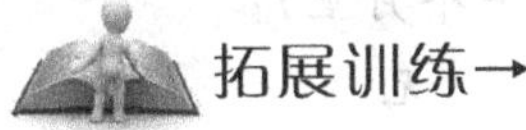

拓展训练→

总体幸福感量表(GWB)(中国版)

以下问卷涉及您近期对生活的感受与看法，无好坏之分，根据自己的现实情况和切身体验回答，并请您仔细阅读每道题目，在相应的答案代码上打√即可。

姓名________ 性别________ 年龄________ 职业________ 学校________

*1. 你的总体感觉怎样(在过去的一个月里)?

好极了	精神很好	精神不错	精神时好时坏	精神不好	精神很不好
1	2	3	4	5	6

2. 你是否为自己的神经质或"神经病"感到烦恼(在过去的一个月里)?

极端烦恼	相当烦恼	有些烦恼	很少烦恼	一点也不烦恼
1	2	3	4	5

*3. 你是否一直牢牢地控制着自己的行为、思维、情感或感觉(在过去的一个月里)?

绝对的　大部分是的　一般来说是的　控制得不太好　有些混乱　非常混乱

1　2　3　4　5　6

4. 你是否由于悲哀、失去信心、失望或有许多麻烦而怀疑还有任何事情值得去做(在过去的一月里)?

极端怀疑　非常怀疑　相当怀疑　有些怀疑　略微怀疑　一点也不怀疑

1　2　3　4　5　6

5. 你是否正在受到或曾经受到任何约束、刺激或压力(在过去的一个月里)?

相当多　不少　有些　不多　没有

1　2　3　4　5

*6. 你的生活是否幸福、满足或愉快(在过去的一个月里)?

非常幸福　相当幸福　满足　略有些不满足　非常不满足

1　2　3　4　5

*7. 你是否有理由怀疑自己曾经失去理智,或对行为、谈话、思维或记忆失去控制(在过去的一个月里)?

一点也没有　只有一点点　不严重　有些严重　非常严重

1　2　3　4　5

8. 你是否感到焦虑、担心或不安(在过去的一个月里)?

极端严重　非常严重　相当严重　有些　很少　无

1　2　3　4　5　6

*9. 你睡醒之后是否感到头脑清晰和精力充沛(在过去的一个月里)?

天天如此　几乎天天　相当频繁　不多　很少　无

1　2　3　4　5　6

10. 你是否因为疾病、身体的不适、疼痛或对患病的恐惧而烦恼(在过去一个月里)?

所有的时间　大部分时间　很多时间　有时　偶尔　无

1　2　3　4　5　6

*11. 你每天的生活中是否充满了让你感兴趣的事情(在过去的一个月里)?

所有的时间　大部分时间　很多时间　有时　偶尔　无

1　2　3　4　5　6

12. 你是否感到沮丧和忧郁(在过去的一个月里)?

所有的时间　大部分时间　很多时间　有时　偶尔　无

1　2　3　4　5　6

*13. 你是否情绪稳定并能把握住自己(在过去的一个月里)?

所有的时间　大部分时间　很多时间　有时　偶尔　无

1　2　3　4　5　6

14. 你是否感到疲劳、过累、无力或精疲力竭(在过去的一个月里)?

所有的时间　大部分时间　很多时间　有时　偶尔　无

1　2　3　4　5　6

*15.你对自己健康关心或担忧的程度如何(在过去的一个月里)?

不关心 0 1 2 3 4 5 6 7 8 9 10 非常关心

*16.你感到放松或紧张的程度如何(在过去的一个月里)?

松弛 0 1 2 3 4 5 6 7 8 9 10 紧张

17.你感觉自己的精力、精神和活力如何(在过去的一个月里)?

无精打采 0 1 2 3 4 5 6 7 8 9 10 精力充沛

18.你忧郁或快乐的程度如何(在过去的一个月里)?

非常忧郁 0 1 2 3 4 5 6 7 8 9 10 非常快乐

总体幸福感量表[General Well-Being Schedule(Fazio,1977)]是为美国国立卫生统计中心制定的一种定式型测查工具,用来评价受试对幸福的陈述。本量表共有33项,1996年国内学者段建华对该量表进行修订,即采用该量表的前18项对被试进行施测,单个项目得分与总分的相关在0.49和0.78之间,分量表与总表的相关为0.56与0.88之间,内部一致性系数在男性为0.91,在女性为0.95。

计分:按选项0—10累积相加,其中带*的选项为反向计分题。全国常模得分男性为75分,女性为71分,得分越高,主观幸福感越强烈。

第二章　高职大学生心理健康概述

高职大学生一般在18—22岁，从心理学的观点来看，正处于青年成长塑造期。高职大学生是一个以技能型学习为主要目的的特殊群体，不能完全等同于本科学历教育的学生，在学习内容、学习心理方面有些差异性。但是，高职大学的学习时期是人生的重要阶段，同学们既要学会如何尽快适应新生活、新环境，又要学会学习、学会处理好人际关系等，这一时期也是同学们经历人生的角色转型时期，当代高职大学生的这一时期恰好又处在社会发展与变革的时代背景下，应试教育的学习模式、传统文化教育、现代科学技术革新、高科技的应用等种种矛盾冲突交织出现，对同学们的心理成长、成熟都会产生广泛的影响，部分学生迷茫、困惑，甚至出现各类心理问题。因此，高职大学生必须学会怎样不断加强心理的适应性能力、承受力、调控力、意志力、思维力、创造力以及自信心等心理素质的教育与培养，以便真正懂得：未来，不仅要做好职业技能、思想品德、智能、体魄的储备，至关重要的是更要做好战胜各种困难挫折的心理准备。

第一节　高职大学生心理健康现状及影响心理健康的因素

根据一项以对高职大学生为对象的心理健康调查显示，有60.4%的学生存在迷茫心理困惑，11.2%的学生有个性缺陷，8.3%的学生有明显的心理障碍。近年来，随着招生规模不断扩大，学生因心理疾病、精神障碍等原因不惜伤害自己和他人的案例时有发生，且呈上升趋势。在高校和社会上都产生了很大的影响，引起了社会的广泛关注和深刻反思。

一、高职大学生心理健康现状

1.心理落差与困惑

很多高职大学生一进校门，发现三年教学计划安排，与自己理想中的专业有一定差距，易产生心理落差。一旦出现现实与梦想的落差，易产生偏执、逃避等消极情绪。这时高职大学生会自认为进错了门，因未能被大学录取成为正式的本科生而感觉低人一等，对自己的智力和能力产生了怀疑和动摇。有些同学来自于贫困地区的农村或城市低收入家庭，高等教育体制改革中的缴费上学带来的沉重经济压力，加上周围同学出手大方、超前消费，更引起他们心理失衡而产生自卑心理，从而引起了心理上的困惑和焦虑。

2.交际困难造成心理压力

高职大学生进入大学后，交往的范围比以前有所扩大，想着要和别人去交往，但是，据调查，60%的高职大学生都觉得不知如何与人交往，不懂交往的技巧与原则。有36%的高职大学生性格内向、非常胆小，并害羞或者害怕到公共场所，更有甚者，8%的学生有自闭倾向，不愿与老师和同学交往。这使得这些同学感到孤独无助，没有朋友，也没有倾诉对象。同时也为自己的无能害羞而惭愧、郁闷。

3.学习的压力

高职大学生刚进入大学，对新的环境、教学模式不适应，又未能掌握大学的学习方法，导致许多同学考试不及格，学习的自信心下降，有的同学还得了“考试恐惧症”，或产生其他一些问题，造成心理失调。根据调查统计，在大学学习中同学们出现考试不及格的概率为32%，缺乏自信心的同学达到36%。特别是那些高成就动机的同学始终关注自己的学业水平，目标较高，自己总感到没有达到理想状态，成绩不够理想，易产生紧张与焦虑的心理。

4.生活的压力

一些来自农村的高职大学生，因为家庭经济条件不好，家里无法负担他们高额的学费和生活费用，为了解决这个问题，许多高职大学生不得不向国家申请助学贷款，或者参加勤工俭学、校外兼职等活动。这使得他们中有些虚荣心太强的人，经不起贫困带来的精神压力，产生强烈的自卑感和羞愧心理，不敢面对贫困，与同学相处敏感而自卑，采取逃避、自我封闭的做法，有的同学甚至发展成抑郁症而不得不退学。

5.就业压力大

大学生，都期待能找到一份适合自己的工作，但是近几年来就目前社会就业情况和大学生自身情况来看，由于社会竞争的加剧，就业市场不景气，失业率极高，许多大学生都面临着一毕业就失业的危险，高职大学生的就业状况更因为社会偏见等因素而危机重重。大部分高职大学生都认为就业带来很大压力。这就可能给同学们造成过重的精神负担，产生焦虑、担忧而失去安全感和优越感，许多心理问题便随之产生。

二、影响高职大学生心理健康的因素

1. 环境的变迁

生活环境的变迁对大学新生是一个不小的挑战，这种变化的主要方面就是要自己独立生活，应付一切生活琐事。例如，几个同学共住一个寝室，彼此生活习惯、作息安排包括语言隔阂，都需要去面对和适应。尤其是许多新生是第一次远离家乡、父母亲人，且同学们当中还有一部分是独生子女，又有部分同学家庭经济比较好，从小生活养尊处优等，所以刚独立来到高校与同学相处，相互间都需要一个适应过程。

对于刚刚经历巨大环境变迁的新生来讲，对新环境的适应主要还包括对自己角色变化的适应。这种变化既包括全新的学习内容与学习方法，也包括新的人际关系、语言表达能力与未来发展定位等。全新的角色要求同学们重新评价自己与他人，更重要的还是同学们将面临一个如何自我调适，重新设计自我形象与成长、成才关系调整的目标过程。以前的新生入学教育中更多注重的是前者，对后者则相对不太重视。实际上，正是后者对同学们的心理健康状况影响较大。总的来看，无论是对学习和生活环境的适应，还是人际关系以及自我地位变化的适应，都会极大地影响到同学们的心理健康状况。

2. 人际关系

刚进入高职大学学习的学生大多存在与人交往和相处的经验较少问题，如要在短期内建立起一种和谐的人际关系，需要很多的技巧。从心理学角度看，人际关系更多反映人们的是性格特点和交往模式。因此，高职大学生的人际关系与学生正确的自我认知及认知评价他人的能力有关。学生一方面对良好的人际关系抱有极大的期望，希望能建立和谐、友好、真诚的人际关系，同时，这种期望又往往过于理想化，即对别人要求或期望太高又缺少正确的自我认识，造成对人际关系状况的不满。这种不满又会反过来对同学们的人际关系的建立带来消极影响。

在高职大学生中还有一种重要的人际关系就是异性交往，这既包括两性之间友谊的发展也包含爱情的成长。同学们在异性交往中需要重新认识与确立自己的方位与坐标，有的同学面对异性的追求茫然不知所措，明知不喜欢可又不知如何拒绝；有的同学想爱可又不知如何去爱，不懂如何把握爱的温度等；有的高职大学生将爱情置于学业之上，甚至认为有爱就有一切，当失恋的打击袭来时，没有充分的心理准备，不知如何有策略地去应对因失恋造成的痛苦，不知如何选择正确的方式方法面对分手，面对自己。有个别同学会表现出极端心理，做出极端行为伤害自我、伤害他人，在影响自我的同时，严重的还造成一定的社会影响。

3. 学业期望

高职大学生学习的重要特点是学习自主性，学生成为学习活动的主体，教师是学习活动的指导者。高职大学生首先要学会如何适应大学生的学习自主性与主体性，因此同学们将面临学习方法、学习内容与学习习惯的巨大转变，同时也包括对自己学习能力的重新培养。

高职的学习目的、学习方式、学习内容都随着社会对职业技术要求的提高而提高，用人标准的转变，促使很多大学生在校期间既要学习专业知识，还要选择学习如外语、计算机、汽车驾驶等，考取各类技能证书，以适应激烈的市场竞争。这时期同学们因学习方法不当，学习动机不强，学习目的不明确，自我约束能力弱，就容易出现焦虑、紧张等情绪反应，同时还会严重影响自信心，发生苦恼以及自我否定等心理问题，导致学业失败等极大地影响同学们的心理健康。

4.自我认知

其实，高职院校的大学生活是丰富多彩、令人向往的，然而学生进入大学以后，由于学习方式与生活模式的转变，以及自身所具备的特长等诸因素的影响，大多数同学对自我的评价也在逐渐发生转变。这些不仅表现在学习成绩、生活起居上，还表现在知识面、社会经验、人际交往以及个体综合能力等方面。自我认知可能会出现两极振荡，当取得一点成绩时容易自负，而遇到挫折时容易自卑，不断地调整自我认知对每位同学来说都是非常重要的。

从心理学角度看，人的现实自我与理想自我总有相当差距。如对这一客观事实认识不足，就会引起认知上的矛盾，从而严重影响人的心理状态。同学们在客观现实面前，有的能及时调整对自身的认识，重新确立目标，符合客观现实的要求，而有些同学则企图逃避与现实的矛盾冲突，出现消沉、颓废、苦闷、抑郁等心态，或耽于玩乐、放纵，发泄对现实的不满，以此来麻痹自己的心灵，甚至滋生自杀倾向等严重心理问题。

同时，处于高职大学阶段的青年大学生已能强烈意识到“自我”，也注意到了自我的脆弱，因而产生出强烈的充实自我、发展自我的需求。有的同学在追求自我发展中顾此失彼，没能达到期望的目标，从而产生了不良心理反应。还有的同学，在发展自我过程中放大了自我弱势、忽略了自我优势，由于害怕暴露自己的弱点而采取防御机制，由于缺乏必要的社会支持，甚至产生严重的烦恼和恐惧不安等。

5.心理冲突

心理冲突是指个体在有目的的行为活动中，存在着两个或两个以上相反或相互排斥的动机时所产生的一种矛盾心理状态。心理冲突常常会造成动机部分或全部不能满足，同时也使动机所指向的目标的实现受到阻碍，动机与挫折相关，也是造成挫折和心理应激的一个重要原因。大学生的心理冲突既有群体的如独生子女与贫困学生特有的心理冲突，也有个体发展中面临的升学与就业、学业与情感等发展过程中出现的问题心理冲突。

从发展心理学角度看，大学时代是心理断乳的关键期。心理断乳意味着个人离开父母家庭的监护，彻底切断个人与父母家庭在心理上联系的“脐带”摆脱家庭的依赖，成为独立的个体，完成自我心理世界的建构。当多重发展任务同时落到同学们身上时，必然会产生各种各样的心理冲突。事实上，大学生的心理冲突并非是否判断引起的冲突，而是由于选择带来的取舍。如升学还是就业，都只是人生诸多选择的一种，并不从本质上改变人生的方向；再如毕业后是否从事专业，都是在实践中再选择的过程。

6.生活事件

生活事件指人们在日常生活中遇到的各种各样的社会生活的变动，生活事件不仅是测量应激的一种方法，也是一项预测身体和心理健康的重要指标。大量的研究表明，即使是中等水平的应激事件，如果连续发生，对个体心理抵抗力产生累加影响，其结果也非常严重。如大学生经历人际关系的疏离、评优失败、失恋等都会出现明显的心理不适。

在生活事件中,"重要丧失"是指与家人、朋友,特别是异性(恋人)的关系,对大学生心理健康起着消极作用。生活中还有诸如重要人际关系的丧失、荣誉的丧失等等,一旦丧失或出现问题,不仅会影响到同学们的情绪以及学习和生活,更重要的是,可能会极大地影响到同学们对自身及今后人生的看法。其中失恋带来的挫折感对同学们情绪的稳定尤为重要。荣誉的丧失,一般表现在:很多认为可以获奖学金或评优、入党却没有实现目标的同学,或者如考试作弊、违纪受处分等。重要丧失在一定程度上影响到同学们心理健康,严重时会导致心理障碍。

生活事件与心理健康之间的关系进行解释时,一般认为生活事件的产生增加个体适应环境的能力。个体每经历一次生活事件,必须付出精力去调整由于这一事件的发生带来的生活变化,这也带来了个体抗挫折能力的提高。

7.家庭影响

家庭是人生的奠基石,父母是孩子的第一任老师,家庭对学生的成长与成才的影响是长久而深远的。家庭的影响主要包括家庭的情绪氛围、父母的教养态度、家庭结构、家庭经济状况等四个方面。家庭的情绪氛围是良好心理素质形成的前提,家庭成员间的语言及人际氛围,直接影响着家庭中每个成员的心理,对个性逐渐成熟的大学生影响更具有特别的意义。父母的教养态度和教育方法直接影响孩子的行为和心理,民主、平等而非命令、居高临下的,开明而非专制的,潜移默化而非一味娇宠的教养态度与教育方法有利于学生心理的健康发展;家庭结构的变化如单亲家庭、重新组合家庭等因素必然会对正在读书的大学生心理有一定影响;家庭经济状况特别是困难甚至贫困家庭的同学易产生心理不适感。由家庭环境带来的心理问题,其影响是深远而长久的。

→→→→→

【案例阅读】

“老师，我是一名大三学生，最近怎么也高兴不起来，原因是一周前相恋三年的男友向我提出了分手。一周过去了，我依然无法平静，可是我不能这么消沉下去，希望老师能给我一个建议和指导，帮助我尽快走出来……”5 月初，厦门某学院心理咨询中心的心理信箱中收到这样一封学生的求助信。

→→→→→

【名家感言】

在当代高职大学生这一时尚、敏感的群体中，让同学们倍感苦恼的“心理疑难杂症”还有很多，失恋受伤害、不会交际只是其中的一部分。

第二节 高职大学生常见的心理问题

一、心理问题概述

1. 心理问题的含义

心理问题指所有心理及行为异常的情形。心理的正常和异常之间并没有明确的和绝对的界限，一般认为，人的心理及行为是一个由正常逐渐向异常，由量变到质变，并且相互依存和转化的连续过程。因此，生活在现实社会中的每一个人都在一定程度上存在心理问题，即人的心理问题是普遍存在的，只是程度不同而已。

2. 心理异常的标准

从社会文化意义上讲，心理异常是对某一文化常模或社会准则的偏离，指行为对社会准则的破坏，或行为无法预测。

从统计意义上讲，心理异常指与某个确定的常模的偏离。

从个人经验上讲，心理异常指个体的不舒适感。这个标准依据人们自己感觉的判断，如果他自己倍感压力或者抑郁等不适，那么他就需要治疗。

从生活适应上讲，心理异常指行为适应不良。个体是否能够运用他的方式来适应生活，比如能够自如地应付工作，与家人朋友和睦相处等。

3. 心理异常鉴别方法

判断是否有心理问题，特别是判断是否有某种心理障碍或精神病，实质上是一个心理评估与诊断问题，需要专业人员，如临床心理学家、心理咨询师等，运用心理学和精神病学的理论、技术、方法和手段，根据严格的诊断标准，按照严格的程序去实施的一项专业性很强的工作。

4. 正确使用鉴别方法

是否有心理障碍或精神疾病，不能仅根据一些情绪或躯体现象就轻易做出判断，更不能简单地对号入座。人们在遇到挫折时，出现一些情绪反应和躯体症状，本来属于正常现象，可有些同学却盲目给自己诊断为某种心理障碍，如焦虑症、抑郁症、强迫症等，这对降低紧张情绪和缓解心理痛苦是很不利的，这种消极的暗示作用有时还会使情绪和躯体反应进一步加重，反而给身心调整带来障碍。

二、高职大学生常见心理问题

事实上，高职大学生中有心理障碍或精神病的学生极少，多数学生遇到的都是一般心理困扰。但是，即使一般性的心理困扰也会在很大程度上影响同学们的发展。

→→→→→

【案例阅读】

小芳从小生长在闽南北部某县的一个偏远小镇，家庭经济一般，父亲长期在厦门务工，母亲在家主要是以照顾他们姐弟生活为主，兼做一些小零活，2009 年高中毕业的小芳填报了厦门某高职院校并被顺利录取，开学后，小芳在宿舍里很少与同学交往，在同学中也没有好朋友，平时每周六会去看父亲一次，回到宿舍会带些高档水果说是他爸爸买的，日常生活中从不允许同学动她的所有东西。同学向心理老师反映小芳是个非常奇怪的人。

→→→→→

【名家感言】

小芳有着典型的自卑心理，自卑是人际交往的大敌。自卑的人悲观、忧郁、孤僻、不敢与人交往，认为自己处处不如别人，性格内向，总觉得别人瞧不起自己。

1. 孤独心理

孤独是一种感到与世隔绝、无人与之进行情感或思想交流、孤单寂寞的心理状态。孤独者往往表现出萎靡不振，生活中表现出典型的不合群，不主动与人进行交流，因而会影响到正常的学习、交际和生活。这类同学主要由以下几种原因引起：性格过于自负和自尊、生活中有严重的挫折感。有句话说得好：水至清则无鱼，人至察则无徒。自尊、自负、自傲都会引起孤独的产生。还有一种人比较容易孤独，那就是“喜欢做语言上的巨人、行动上矮子的人！”怎么样才能够改变这种心理呢？首先要把自己融入集体中，马克思说过：只有在集体中，个人才能获得全面发展的机会！一个拒绝把自己融入集体的人，孤独肯定格外垂青他！其次要克服自负、自尊和自傲的心态，积极参加交往。当一个人真正地感到与他人心理相融、为他人所理解和接受时，就容易摆脱这种孤独误区了！

2. 妒恨心理

嫉妒是在人际交往中,因与他人比较发现自己在才能、学习、名誉等方面不如对方而产生的一种不悦、自惭、怨恨甚至带有破坏性的行为。对他人的长处、成绩心怀不满,抱以嫉妒;看到别人冒尖、出头不甘心,总希望别人落后于自己。嫉妒还有一个特点,就是没有竞争的勇气,往往采取挖苦、讥讽、打击甚至采取不合法的行动给他人造成危害。这种情况严重阻碍了某些大学生的交际能力与心理健康发展,给大学生自身的成长和成才带来了莫大的困难,因为嫉妒会吞噬人的理智和灵魂,影响正常思维,造成人格扭曲!有嫉妒心的同学应多从提高自身修养方面上下功夫,多转移注意力,积极参加心理健康辅导学习将劣势转为优势,采取正当、合法和理智的手段来消除不良心理。

3.报复心理

所谓报复,主要体现在人际交往中,以攻击方法发泄那些曾给自己带来挫折的人的一种不满的怨恨方式。它极富有攻击性和情绪性。报复心理和报复行为常发生在心胸狭窄、个性品质不良者遭到挫折的时候。据社会心理学家研究表明,报复心理的产生不仅同个性特点有关,而且与挫折的归因和环境有关,报复常常以隐蔽的形式进行。因为报复者常常以弱者的身份出现,他们没有足够的心理承受能力和公开的反击能力,所以只有采取隐蔽的方式来进行报复!这种心理给报复者的人际交往带来了莫大的阻力和压力。想改变这种心理,需要提高报复者自身的自制力,要反思报复结果的危害性,学会宽容。俗话说:“宰相肚里能撑船”嘛!

4.异性交往困惑

异性交往本来是很正常的社交活动。有一些同学在不良心理因素的作用下,与异性交往时总感到要比与同性交往困难得多,以至于不敢、不愿甚至不能和异性交往。这些大学生主要因为不能正确区别和处理友谊与爱情的关系,部分同学划不清友情与爱情的界限,从而把友情幻想成爱情。高职大学生的年龄本来就是一个情愫迸发的年龄,对异性的渴望本是正常的事。但由于一些同学受传统观念的影响,认为男女之间除了爱情就没有其他什么了,使得他们还没有树立起正确“异性朋友观”。这必然会给同学们异性间交往带来一定的消极影响。再一就是受高中时期心理的影响,这又势必加重了异性之间交往的困难。要摆脱异性交往的困惑,首先要摆脱传统观念的束缚,要开展丰富多彩的集体活动,因为集体活动有利于男女同学建立自然、和谐和纯真的人际关系,其次要讲究分寸,以免引起不必要的误会!

【案例阅读】

小嫒平时在宿舍与美君关系较好，可是近来因美君积极参加学校组织的校园志愿者活动，得到老师与同学的好评，小嫒先是在宿舍不理美君并找到辅导员诉说，美君不关心班集同学的学习却参加校园活动，后来某天美君的笔记本电脑不见了，报案后查获是小嫒拿的。这在班级引起了不小的轰动，同时小嫒的行为也触犯了法律。公安机关根据小嫒事发后有主动配合追回电脑并退还给美君的行为，没有对其追究法律责任。经学校讨论研究给予小嫒留校察看一年处分，同时建议对小嫒进行心理辅导。

三、造成高职大学生心理问题的原因

1.个体原因

从人的发展阶段上来看，大学生处于青年期。青年期是由儿童向成人的过渡期，或者说是由儿童期走向成人期的转变期。青年期是脱离儿童期的稳定世界以后，进入成人期的固定的心理结构之前的不稳定的时期。因此，心理学家将青年期称为人生发展过程中的狂风骤雨时期，也称为人生的第二次断乳。在心理发展历程中，大学生在大学期间面临着艰巨的心理发展课题，如自我接纳、社会适应、人际关系、异性交往、社会责任等方面的问题。而刚进入大学校门的大学生们，由于心理发展不成熟，情绪不稳定，心理冲突时有发生，很容易产生适应不良，从而出现各种心理问题。

多数大学生的心理问题都是由于在完成自身成长过程中面临的发展课题方面遇到了困难而产生的，大学生的心理问题多数是发展性问题。

2.学校教育原因

长期以来,中学的应试教育使同学们在诸多身心发展方面受到的教育和培养受到严重制约和影响,致使同学们的许多发展课题延缓到了大学,心理素质不能达到应有的水平,无形中又增大了同学们在大学的成长负担,主要表现为自我管理能力差、人际沟通能力差、过于单纯和幼稚、情绪不稳定、性格懦弱、意志比较薄弱、挫折承受力低等等。

进入大学后,由于学习负担过重、专业选择不当、大学生活不适应、业余生活单调等因素,加上大学是一个竞争激烈的环境,有些大学生面临着很大的心理压力。

3.社会原因

许多心理问题是由于对环境适应不良而引起的。改革开放以来,中国社会发生了巨大改变。随着市场经济体制的确立,竞争机制的导入,人们的生活方式和价值观念都发生了重大变化,中西文化交叉,多种价值观冲突,大学生常常感到茫然、疑虑、混乱,特别是网络科技这把双刃剑在快速发展过程中对大学生产生负面作用,还有大众传播对大学生的思想及行为带来的消极的影响,阻碍了他们身心的健康成长。

4.家庭原因

一些大学生的家庭过度保护或过度严厉,导致大学生产生依赖、被动、胆怯、任性等心理倾向或冷漠、盲从、不灵活和缺乏自尊、自信的心理倾向。在大学生的各种典型心理问题和心理疾病中常常可以看到家庭影响的痕迹。

此外,遗传因素和突发性事件也是导致大学生产生心理问题,特别是一些严重心理问题的原因。

第三节 高职大学生心理危机干预

一、心理危机的内涵

心理危机这一概念是美国心理学家卡普兰(G. Caplan)首次提出的。他认为,心理危机是当个体面临突然或重大生活事件(如亲人死亡、婚姻破裂或天灾人祸)时所出现的心理失衡状态。他认为,每个人都在努力保持一种内心的稳定状态,使自身与环境稳定协调,当重大问题和剧烈变化使个体感到问题难以解决,平衡就会打破,正常的生活受到干扰,内心的紧张不断积累,继而出现无所适从甚至思维和行为的紊乱,进入一种失衡状态,这就是心理危机的状态。

心理危机发生后,如果得不到及时有效的帮助和支持,通过调动其自身的潜能重新建立和恢复其危机水平前的心理水平,则可导致精神崩溃,产生自杀或攻击他人的不良后果。当一个人出现心理危机时,当事人可能及时察觉,也有可能"未知未觉"。无论何种情形,当个体面对危机时会产生一系列身心反应,一般危机反应会维持6~8周。危机反应主要表现在生理、情绪、认知和行为上。生理方面:肠胃不适,腹泻,食欲下降,头痛,疲乏,失眠,做噩梦,易惊吓,感觉呼吸困难或窒息,有梗塞感,肌肉紧张等。情绪方面:害怕,焦虑,恐惧,怀疑,不信任,沮丧,忧郁,悲伤,易怒,绝望,无助,麻木,否认,孤独,紧张,不安,愤怒,烦躁,自责,过分敏感或警觉,无法放松,持续担忧,担心家人安全,害怕死去等。认知方面:注意力不集中,缺乏自信,无法作决定,健忘,效能降低,不能把思想从危机事件上转移等。行为方面:社交退缩、逃避与疏离,不敢出门,容易自责或怪罪他人,不易信任他人等。①

二、高职大学生心理危机诱因

高职大学生由于自身的局限性及心理与生理发展的不平衡,当面临来自个人、家庭、学校、社会的压力和生活事件时,有些同学就容易引发不良心态,从而产生一些负性情绪。这些负性情绪持续到一定时间,就可能诱发心理危机。如不及时疏导,不仅对身心造成危害,甚至会导致心理障碍或心理疾病。高职大学生产生心理危机的主要原因:

1. 学习成绩连续下降;
2. 学习、生活、行为反常且延续时间过长(2~6周);
3. 突发性的应激事件或长期的压力情境造成的巨大压力;
4. 亲人、恋爱、成绩、奖励等重要需要的危险、丧失;
5. 家庭经济条件差造成的较大心理压力;
6. 不能及时疏泄心理压力而造成的极度压抑;
7. 现实与理想的冲突而产生的巨大落差;
8. 对教学、管理的极度不满;
9. 就业观念滞后,就业期望值过高。

① 俞国良主编:《现代心理健康教育》,人民教育出版社2007年版。

三、大学生心理危机干预

1.营造良好的校园文化氛围，提高高职大学生的人文素养

人文素养对于一个人是否具有完善的人格具有重要作用，而提高高职大学生的人文素养不能仅仅依靠辅导员、班主任和任课教师的口头说教，更多的需要借助各种无形资源的渗透。良好优美的校园文化就是一种无形的资源，通过它可以使高职大学生的不良情绪得以释放，心灵得以净化，感情得到抚慰，人文素养得以提高，从而大大降低极端心理危机事件发生的概率。因此，学校应该组织各种校园文化活动来弘扬真善美，传达对学生的人文关怀，引导高职大学生在正确认识自己的基础上，学会欣赏、赞美周围的同学，在校园文化活动中体验到自信、快乐，树立积极乐观的人生态度，从而增强解决困难的能力和勇气。

2.重点关注高危个体

为了提高高职大学生的心理健康意识，学校应及时开展学生心理普查及心理档案建档工作，对可能有心理问题的同学进行早预防、早发现和早干预工作。其中，一些“高危人群”需要特别关注：

(1)在心理健康测评中筛查出来的有心理障碍或心理疾病或自杀倾向的同学；

(2)遭遇突然打击和受到意外刺激后出现心理或行为异常的同学：家庭发生重大变故、身体发现严重疾病、遭遇性危机、感情受挫、受辱、受惊吓、与他人发生严重人际冲突后出现心理或行为异常的同学；

(3)学习压力、就业压力特别大以及严重环境适应不良出现心理或行为异常的同学；

(4)因严重网络成瘾行为而影响其学习及社会功能的同学；

(5)性格内向、经济严重贫困且出现心理或行为异常的同学；

(6)有严重心理疾病(抑郁症、恐惧症、强迫症、癔症、焦虑症、精神分裂症、情感性精神病等)且出现心理或行为异常的同学；

(7)对近期发出下列警示讯号的学生，应作为心理危机干预的重点对象及时进行危机评估与干预：①谈论过自杀并考虑过自杀方法，包括在信件、日记、图画或乱涂乱画的只言片语中流露死亡的念头者；②不明原因突然给同学、朋友或家人送礼物、请客、赔礼道歉、无端致以祝福、述说告别的话等行为明显改变者；③情绪突然明显异常者，如特别烦躁，高度焦虑、恐惧，易感情冲动，或情绪异常低落，或情绪突然从低落变为平静，或饮食睡眠受到严重影响等。①

3.构建高校大学生心理危机干预的三级网络体系

学生心理自助与助人的一级网络。主要以宿舍或班级为单位招募心理学爱好者，经过系统的培训之后，给予学分，帮助其他同学开展心理自助与助人。学生辅导员和危机干

① 《湖北高校大学生心理危机干预及自杀预防实施方案(试行)》，http://www.hbe.gov.cn/content.php? id=3029，访问日期：2013年11月20日。

预兼职人员组成二级网络。培训老师敏感的洞察力和积极应对能力，使他们能迅速捕捉到危机产生的征兆，并当学生有危机发生时知道如何处理以及如何寻求专业人员的帮助。三级网络是大学生危机干预体系的坚实后盾，主要由高校心理咨询中心专业人员组成，他们必须具备扎实的理论基础和丰富的实践经验，经过危机干预和创伤处理的系统培训，能进行有效的危机干预，有个别咨询和团体辅导的能力。

→→→→→

【案例阅读】

湖北姑娘小珍19岁，2009年入读厦门某高校，据同学反映平时在校表现乐观开朗，10月中旬的一天黄昏时分，舍友进入宿舍发现她在自己的床位上割腕，左手腕部有三条划痕，血流不止，立即上报学校，学生处采取紧急救助预案，学生在送医院途中苏醒，情绪狂躁，并声称坚决不能告诉家长，不然拒绝配合抢救，对这一突发事件学校心理咨询中心进行及时性心理危机干预。通过心理咨询老师的帮助，小珍很快平静下来并配合医生的抢救治疗，且同意学校立即联系家长，在给家长通报情况后请家长速到校协助解决小珍的治疗与康复等问题。

此案例心理咨询师了解到突发的自杀事件起源于家庭问题，小珍的父母长期不和，其母亲爱玩，爱交友，酷爱打麻将，父亲是个工商干部，性格内向，当小珍得知父母第二天要办理离婚手续时，难以接受父母离异的现实，可又没法改变父母的决定，因而做出极端行为。

→→→→→

【心理游戏分享】

价值观大拍卖

人的一生是由无数次的选择所构成的，不同的选择，把人们导向不同的路途和方向，使各自的人生呈现出不同的色泽和价值，最终收获不同的果实。今天，我们进行一场拍卖会，在爱情、友情、健康、自由、美貌、爱心、权利、财富、欢乐、亲情、大学毕业证书、享受一次美餐、长命百岁、车子、房子这些东西面前，同学们是怎样选择的呢？我们的选择不一样，体现了我们对人生的追求和事业的追求也不一样。希望通过这次价值拍卖会，同学们能更清晰地了解到自己的价值取向，预测自己的生涯。

(1)拍卖的东西如下表，每一样东西都有它的底价(元)。

1.爱情	500	6.权利	500	11.长命百岁	1000
2.友情	1000	7.自由	1000	12.汽车	500
3.健康	1000	8.爱心	1000	13.享受一次美餐	500
4.美貌	500	9.财富	1000	14.房子	500
5.亲情	1000	10.欢乐	1000	15.大学毕业证书	1000

(2)每人有1000元,每人出价以500元为单位,价高者得。

(3)有效利用手中的1000元,尽可能买更多的东西。

想一想

1.你们买到你们想要的东西吗?有没有后悔得到你所买的东西?为什么?拍卖过程心情如何?——学会抓住机会,不要轻易放弃。引申到现在的学习中去,为了我们的理想,我们的目标,同学们要努力学习,不要浪费光阴,学会把握机会,向我们的目标奋进。

2.这么多项价值中,哪些价值是相对重要的,哪些价值是相对不重要的,为什么?——我们作出的选择体现了我们的价值观。

高职大学生的价值观并不是十分成熟,因此在作出选择时也并非完全正确。因此,学会选择,学会权衡利弊轻重。树立正确的价值观、人生观、世界观。

第四节　高职大学生心理健康教育

一、高职院校大学生心理健康教育的现实意义

心理健康是一个动态发展变化的过程,在人生发展的每一个阶段,都会存在心理健康与不健康的问题。特别是处于青春期向成人期转变的大学生,其生理、心理趋于成熟而尚未成熟,缺乏生活经验和社会阅历,自我定位高,成才欲望强,情绪易波动,面对强手如林的学习群体压力和竞争激烈的环境,同学们极易产生超负荷的心理压力和思想负担,从而产生诸多的困惑、苦闷、焦虑、抑郁和悲观,出现心理障碍或生理疾病,甚至导致生命危机。因此,高职院校加强心理健康教育,维护和增进大学生心理健康,促进大学生健康成长,对于大学生谋职立业、服务社会,无疑具有重要的现实意义。

(一)重视和加强大学生心理健康教育是高职院校素质教育的重要任务和内容

高职院校担负着为我国社会主义现代化建设培养高素质、高技能应用型人才的使命,高职大学生应具有良好的思想道德素质、科学文化素质、身体素质和良好的心理素质。在现代意义上,人的健康是生理健康和心理健康之和,心理健康是现代人的必备条件和基本要求。大学生除具有较强的学习、工作、生活能力以及专业实践能力和创造能力外,更要具备健全的人格、稳定的情绪、较强的适应能力和抗挫折能力,具有坚忍不拔的毅力和宽宏大量、团结容人的心理品质。只有这样,调整和控制情绪,及时解决某些尚处在萌芽状态的心理健康问题,同学们在激烈复杂的社会竞争和变革面前,在种种人际关系的冲突、难和挫折面前,才不至于心理失衡、丧失起码的生存适应能力。高职院校开展大学生心理健康教育是学校全面推进实施素质教育的一项重要内容,是促进大学生素质全面发展的

有效方式，也是提高大学生心理素质的重要途径。

（二）重视和加强大学生心理健康教育是高职院校大学生自身成长成才的客观需要

大学阶段是人生中的关键学习阶段，是大学生个体生理发育成熟时期，又是大学生心理发育不成熟、情绪不稳定时期，大学生面临的环境日益复杂，学习、就业、竞争、情感、经济、责任等压力越来越大，心理问题和心理疾患容易产生。然而，健康心理又是完成学业、掌握专业知识和技能的先决条件和基础。高职院校要从关心、爱护大学生成长发展的实际需要出发，重视和加强心理健康教育，帮助高职大学生疏导、调节、解决心理健康问题。

第一，学校开展心理健康教育对高职大学生学习能力提高和智力的发展有重要的促进作用，能使大学生在学习过程中形成朝气蓬勃的精神和愉悦的心理，调动自身智力活动的积极性，进而促进学习提高和智力发展。

第二，学校开展心理健康教育对高职大学生潜能的开发有着重要的作用，良好的心理素质和潜能开发是相互促进、互为前提的，它能不断激发大学生的自信心，帮助同学们在更高的层次上认识自我，并实现角色转换，提高对环境的适应能力，最终使自身潜能得到充分发展。

第三，高职院校开展心理健康教育对大学生预防和疏导精神疾病与心理问题的发生，有着重要的预防和指导作用，通过心理健康教育，高职大学生可以较系统地学习心理学知识，了解自身心理发展变化的规律和特点，学会心理保健的方法，自觉调整和控制情绪，及时解决某些尚处在萌芽状态的心理健康问题。

（三）高职院校开展心理健康教育既是大学生自身修养的需要，又是加强和改进大学生思想政治教育工作的需要

大学时期是一个人世界观、人生观、价值观形成的关键时期。大学生在成长过程中，现实生活会有许多地方与其认识、价值观念、情感态度、行为方式、利益要求相冲突，产生困扰和冲突，会形成一些不良的心理问题，而这些心理问题又往往同同学们的世界观、人生观、价值观交织在一起。大学生的心理问题既是其世界观、人生观、价值观问题在心理方面的反映，又是政治思想道德的反映，心理问题的存在，必然影响正确的世界观、人生观、价值观的确立。因此，高职院校开展心理健康教育，在加强和改进大学生思想政治教育中发挥着重要的作用，心理健康教育与思想政治教育有机融合，共同推进，为共同目标发挥着各自的教育特点。遵循思想政治教育与心理健康教育的规律和特点，对有心理疾患和心理问题的大学生提供及时、必要的心理援助，有利于消除和预防大学生不健康的心理，有助于大学生正确思想品质和价值观念的形成。

二、高职大学生心理健康教育的原则

把握学生的成长规律、从学生心理发展需要出发，注重形式多样性，讲求教育艺术，提高认可度，增强吸引力和实效性。其重点应是增强心理健康意识，开发个性心理潜能，促进心理素质与思想道德素质、科学文化素质、专业素质和身体素质的协调发展，并在具体教育过程中体现以下原则：

(一)普及教育与个体、团体咨询相结合的原则

随着社会经济的发展和社会竞争的日益加剧，心理健康教育愈来愈受到人们的重视，普及心理健康知识已成为高职大学生成长成才的客观需要。因此，加强对高职大学生进行心理健康教育的基础应是普及教育，使全体高职大学生能充分认识到心理健康教育的重要意义，以及如何预防和调试所出现的一般心理问题。在普及的基础上，对具有共性的心理问题，如如何处理人际关系、如何面对挫折等问题，有针对性地适时开展团体辅导或专题讲座，集中解决大多数学生面对的共同问题，这对强化相互关爱、团结协作、集体主义等精神具有重要的作用。

1. 个体咨询是心理健康教育的重要组成部分，也是心理健康教育要重点解决的问题。对个别有严重心理问题的学生，学校和相关老师要主动进行咨询、引导和干预，同时在咨询的过程中通过与学生家长及时沟通，对具有病理性的心理障碍建议及时进行治疗，会挽救这部分大学生的心灵，对家庭和社会都有着极其重要的意义。这种普及教育与个体咨询、团体咨询相结合的方式，对于高职大学生健康成长、调节心理状态、预防心理问题具有重要意义。

2. 全过程辅导与突出重点相结合的原则。高职大学生心理健康教育不是一时之事，而要贯穿于高职大学生生活的整个时段，贯穿于校园文化活动、课堂教学、人际交往等过程中，使高职大学生在各个方面、全方位得到心理锻炼。同时，还要根据同学们在不同阶段面临的不同心理问题，进行重点突出的、有针对性的心理健康教育和辅导，比如，新生的心理适应问题、低年级学生的学习心理和人际关系心理教育、高年级学生的恋爱心理教育、毕业年级学生的择业心理和社会适应教育等，使高职大学生能不断适应角色变换的心理要求，更好地健康成长。

(二)队伍建设和培训相结合的原则

建设一支以专职教师为骨干，专兼辅结合、专业互补、相对稳定、素质较高的大学生心理健康教育和咨询工作队伍，是做好大学生心理健康教育的根本保证。这支队伍应该包括专职的心理咨询教师队伍、兼职的学生工作者队伍以及辅导员辅助队伍。光有队伍建设还不够，因为这支队伍大部分在业务上还不能适应大学生心理健康教育的要求，必须采取有效措施，加强队伍的培训，不断提升业务素质，使他们真正掌握心理健康教育和咨询的理论与方法，提高教育和咨询的效果。

(三)专业咨询与全员参与相结合的原则

心理健康教育是一项科学性很强的工作，专业人员不可或缺，但仅仅依靠他们是不够的，必须充分发挥全体教师、辅导员、学生干部和家长的作用，形成全员、全方位、全过程关心大学生心理健康的合力。教师，特别是思想品德课教师，要在课堂教学中渗透心理健康教育的内容，帮助学生树立正确的成才观、苦乐观、恋爱观、择业观等思想观念，使大学生养成良好的行为习惯和健康向上的精神风尚。学生工作者和学生干部，要深入到课堂、公

寓中去，详细了解学生学习、生活的情况，把握同学们的思想动态和异常行为，做到心中有数。学生家长要经常与孩子交流、沟通，发现异常情况及时和学校联系，共同做好学生的心理健康教育工作。

（四）教育与自我教育相结合的原则

心理健康教育既要充分发挥教师的教育引导作用，也要重视充分调动学生自我教育的积极性和主动性，如组织心理拓展训练、心理适应性训练、磨难训练等，不断增强大学生的心理调适能力。

（五）预防与治疗相结合的原则

开展大学生心理健康教育的目的是促进大学生健康成长。预防心理疾病是实现这一目的的有效形式，要通过各种方法建立和完善大学生心理问题预警机制，积极做好心理问题高危人群的预防和干预工作，做到对心理问题及早发现、及时预防，有效干预。同时，对已患心理疾病的同学，要积极治疗，控制极端事件的发生。

（六）常规咨询与科研相结合的原则

大学生心理健康教育是一项系统工程，既有常规工作，又会面临很多新问题。因此，在做好常规工作的同时，要根据大学生心理特点和心理动态，以及咨询当中出现的新问题进行研究，提升心理咨询水平，做到常规咨询有科学研究，科学研究不脱离实际，从而提升常规咨询水平，使心理健康教育不断适应大学生的心理变化。

（七）传统咨询手段与现代咨询手段相结合的原则

传统的面对面、信函式个体咨询方式已经受到信息时代和网络时代的挑战，在心理咨询的过程中，也许一个在线问答、一个电子邮件、一个信息回复就有可能消除大学生的心理困惑。因此，学校在充分利用传统的面对面咨询、邮件咨询的同时，也要充分利用信息技术提供的现代咨询手段，比如电话咨询、电邮咨询和在线咨询等。丰富心理咨询的手段和形式，以满足高职大学生不同心理咨询方式的需求。

（八）课堂教育与课外活动相结合的原则

课堂教学传授心理健康知识是必要的，但还要通过各种活动加以消化吸收和锻炼。因此，要积极拓展心理健康教育阵地，强化活动载体，组织大学生参加陶冶情操、磨炼意志的课外文体活动，使课堂教学和课外活动有机结合，不断提高大学生的心理健康水平。

三、加强高职大学生心理健康教育的对策

1. 建立心理健康教育的保障体系

心理健康教育是一项系统工程，要使其正常有序地运转，就必须建立学校心理健康教育的保障体系。第一，教育部应正式出台有关高职大学生心理健康教育的一系列政策和

措施，明确各级教育行政部门的责任，对高职院校心理健康教育工作做出明确规定和要求；组织国内心理学专家、学者，以及高职大学生心理健康教育工作者对高职大学生心理健康教育工作进行研究、评价和指导；组织编写师资培训使用的正式教材和高职大学生心理健康教育教材及科普读物；组织建立可操作性的学生心理健康评估体系，评价结果作为对高职大学生心理素质培养、训练的检验，对未达标者进行有针对性的训练。第二，各级教育行政部门应把抓好心理健康教育作为一项具体任务，各地教育科研部门、高等师范院校也应积极配合，做好专业指导及师资培训工作。第三，学校党委、行政部门应把心理健康教育作为高校德育的重要组成部分，采取切实措施，从人力、物力、财力等方面给予支持。第四，要建立心理健康教育人员培训上岗制度，提高专兼职人员的素质，对专兼职人员的岗位要求、职称待遇做出明确规定。第五，建立心理健康教育中心或辅导中心等专门机构。

2. 加强对心理健康教育教师的培训

心理健康教育是一项专业性很强的工作，必须通过培训使教师掌握心理学的基本理论和知识，具备进行心理健康教育所需的知识和能力。一方面，积极开展对从事高职大学生心理健康教育工作的专、兼职教师的业务培训，通过培训不断提高他们从事心理健康教育工作所必备的理论水平、专业知识和技能，还要重视对班主任、辅导员以及其他从事学生思想政治工作的干部、教师进行心理健康方面的业务培训。另一方面，要逐步建立从事高职大学生心理健康教育工作专、兼职教师的资格认定体系，逐步做到持证上岗。

3. 优化心理健康教育方法

采取灵活多样、喜闻乐见、行之有效的心理健康教育方式方法，高职院校应该综合运用各种资源，采用灵活多样而又被学生喜闻乐见的形式，要把心理辅导、心理训练、社会实践以及学科渗透结合起来，充分挖掘心理健康教育资源，多学科、多层次、多手段结合起来，在实践中不断创新，与时俱进，如课堂渗透，挖掘本学科、本专业教学内容中丰富的具有育人功能的资源，使其潜在价值外显化。有意识引进、开发心理健康教育课程资源，开设心理健康教育课，普及心理健康常识，培养学生心理健康意识，使学生改变价值取向，在潜移默化中受教育、受感染；开展心理咨询，把学生心理方面的问题通过咨询工作扼杀在萌芽状态，消除消极因素干扰，卸下心理重负，让每一个学生都健康发展；举办心理健康讲座，研究学生中一些共性的心理问题，通过讲座，澄清认识，纠正错误的观念，鼓励学生消除自己不健康的心理，乐观积极地生活。在心理健康教育过程中，可以通过多种途径推广能够帮助学生解决具体问题的心理调节技巧，来帮助学生更有效地处理问题，保持心理的健康。

4. 提高心理咨询的问询率

高职大学生对于心理咨询的作用和有效性持肯定态度，但学校的心理咨询问询率却通常较低。究其原因，是因为学生对心理咨询仍旧存在一定的偏见，认为去寻求心理咨询的帮助是件丢人的事情而不好意思去寻求帮助。因此，如何打破学生的偏见是提高心理咨询问询率的关键。学校应该通过组织各种活动加大对心理咨询的宣传力度。心理咨询教师也可以定期在学校组织活动，通过“走出去”扩大和学生之间的交流，拉近和学生之间的距离，打破学生对心理咨询的偏见。此外，网络式心理咨询和电话心理咨询因匿名性高，获得很多高职大学生的认可。特别是网络式心理咨询受到的关注越来越多。学校除了设立心理咨询室外，还可以积极开展电话咨询、网络咨询等多种形式的咨询，尽可能多地消除学生对心理咨询的顾虑，让学生主动寻求心理咨询的帮助。

5. 提高心理咨询的持续性

很多高职大学生总是希望心理咨询能够像特效药一样产生立竿见影的效果。殊不知，心理问题的形成是个长期的过程，因此通过心理咨询进行改善和治疗也需要一定的时间。这往往和同学们的预期相反，导致有的同学进行一次心理咨询后感觉不能立刻帮助自己解决问题，而不再去寻求心理咨询的帮助。因此，学校可以有针对性地对心理咨询的效果进行宣传，加深学生的了解，使得学生能够正确看待心理咨询的效果。同时，也要加强对心理咨询老师的培训，提高自身的技术水平，在短时间内与来访同学建立良好互信的咨访关系。

第五节　积极维护高职大学生心理健康

一、正确认识自我、评价自我

认识自我就是要全面地了解自己的身体和自己的个性，包括自己的身体、相貌等生理特点，也包括自己的气质、性格、能力、兴趣、爱好、意志、品质等等心理方面的特质，还包括自己在群体中的位置、在周围人际交往环境中的形象，以自己的职业理想等等。一般来讲，自我意识形成和发展是通过认识他人、通过分析自己的活动结果和通过自我观察三条途径来实现的。因此，高职大学生逐步学会通过提高元认知水平了解自我，通过社会反映了解自我，通过社会比较了解自我，通过自我效能感了解自我，通过对自我评价的反思了解自我。

1.建立科学、正确的理想自我观

高职大学生一般都富有幻想,希望自己成为生活的强者,干出一番事业。不少同学把理想自我设计得很完美,对于理想中的自我要求很高,甚至于苛刻。理想与现实总是存在差距,这种落差太大往往使有些同学在理想与现实的矛盾中走向失望和消沉。因此,在设计理想自我的时候,高职大学生要面对现实,以现实为基础,不要把目标定得太高,最多是"跳起来摘果子",还要把长远目标分成一个个具体远近高低各异的短期目标和子目标,每一个子目标也要合理,经过努力可以达到,从而增强自信心。列夫·托尔斯泰说:"人活着要有生活目标:一辈子的目标,一段时期的目标,一个阶段的目标,一年的目标,一个月的目标,一个星期的目标,一天一小时一分钟的目标。"高职大学生可以一学期定为长期目标,确立以月、周、日为单位的短期目标,制定各门功课的阶段性目标,规定完成目标和学习任务的时间安排表,把一天中的全部活动(包括学习、娱乐和休息)纳入计划中,并做出周或日计划评价。由于时代在变化、个人在成长,昨天某样东西被作为理想去追求,今天可能不再是理想,因此,理想自我也要随着时代和个人的发展不断进行调整。总之,建立科学、正确的理想自我,不可为虚荣心所诱惑,不做力不能及的事情,不要单纯从自己的愿望出发,要从自己面临的实际出发,再根据当时的社会环境条件,把理想和现实结合起来,进行自我设计、展望未来。

2.创造机会获得成功体验

自信源于一点一滴的成功体验。成功的体验可以消除自卑、树立自尊,可以使人奋发向上。成功的喜悦将成为个人强大的内在动力,推动个人去争取更大的成功。大学校园生活丰富多彩,每个高职大学生都有自己的长处和不足,都必须在各项活动中发展自我。要使自尊心较弱的学生树立自信心,成功的体验显得更是至关重要。因此,高职大学生在参加活动前,要注意有所选择,不要盲目参加,以避免给自己带来的不必要的失败体验、烦恼和痛苦,要有意识地选择适合自己、有兴趣、有专长的项目参加,扬长避短,以自己的优势来证明自己的能力,享受成功体验。

3.及时调整自己的期望值

自我期望是指个人在进行某项实际工作之前估计自己所能达到的成绩目标,通俗地说法叫"抱负"。自我期望值是自我成功感和自我失败感的个人标准。自我期望值与实际成就之间的差距导致产生成功和失败两种情绪体验。自我期望值小于实际成就能体验成功的喜悦,自我期望值大于实际成就可体验失败的痛苦。高职大学生充满着幻想,为自己的未来规划美好的蓝图,其中一些人对自己的期望过高,以至于脱离现实。高职大学生既不要过分追求完美,也不要期望太低,只要学会调整控制自己的期望值,建立适中的理想目标,包括长期目标和短期目标,把自我期望和自己的实际情况紧密结合起来,才能符合现状、适应社会和发展自己,最终实现自己的理想。

4.积极理智乐观对待自己

理智、冷静地对待自我是要求高职大学生用全面、发展的眼光来分析自我,平静而又理智地看待自己的长处和短处,辩证地看待生活中的矛盾,冷静地对待自己的得与失。既不以虚幻的自我补偿内心的空虚,也不以消极回避的态度漠视自己的现实,更不以无休止的怨恨、自责以至厌恶来否定自我、畏缩自我。做到胜不骄、败不馁,荣辱皆忘。积极乐观对待自己是要求高职大学生树立远大的理想和志向，培养开朗的性格和乐观的生活态度，在困难面前不低头，对未来充满美好的憧憬。知晓道路是曲折的，相信前途是光明的。在消极不利的情况下，不妨进行积极的自我暗示，会起到平静心情、遏制愤怒的强度的作用。[①]

二、寻求心理帮助

（一）正确认识心理问题

心理困扰人人有，只是程度不同。大学生活的不适应，考试焦虑，人际关系不协调，恋爱困扰，择业的迷惘，欠缺自信或人际交往能力等都是大学生常有的心理困扰，都可以及时寻求心理帮助。产生中度以上心理障碍或心理疾病，用科学态度对待，积极配合治疗。

（二）科学理解心理咨询

“咨询”一词有询问、商议、建议、忠告、给人以帮助的意思。心理咨询（psychological counseling）是指来访者（即要求进行心理咨询的人）与心理咨询师之间建立相互信赖的工作关系，就来访者提出的问题和要求进行共同分析、研究和讨论，找出问题的所在，经过心理咨询师的启发和指导，促使来访者认识自己、接纳自己、进而欣赏自己，克服成长障碍，找出解决问题的方法，以克服情绪障碍，恢复与社会环境的协调适应能力，维护身心健康。心理咨询的终极目的是助人自助。它是一门使人愉快和成长的科学。这里的成长，是心理学意义上的人格成长，它包括心理成熟、增强自主性和自我完善并最终迈向自我实现。

① 慈航：《论高职大学生自我意识的完善》，《大学时代》2006年第11期。

美国《哲学百科全书》认为，咨询心理学有以下几个特征：

1. 主要针对正常人；

2. 为人的一切提供有效帮助；

3. 强调个人的力量与价值；

4. 强调认知因素，尤其是理性在选择和决定中的作用；

5. 研究个人在制定总目标、计划以及扮演社会角色方面的个性差异；

6. 充分考虑情景和环境的因素，强调人对于环境资源的利用以及必要的改变。

有接受过心理咨询的人描述：想象一片沙漠，你是那里唯一的跋涉者，你走得很累、很孤独、很焦渴，突然眼前出现了一片绿洲，感受一下此刻的心情；你捧起一汪清水，珍惜地开始滋润自己的嘴唇、喉咙、肠胃，及至全身；回头看看走过的路，看看这片绿洲，再看看前方的路，洗把脸，然后放步前行，体验一份值得！

三、避免心理咨询认识的误区

一般人对心理咨询的误解，认为找心理医生的人都是“疯子”“精神有毛病”，同学们作为大学生，应该科学看待心理咨询，避免这些认识误区。

1. 误区一：心理问题就是有精神病

心理问题与精神病是两个不同的概念。心理问题是日常生活中经常会遇到的，就这些问题求助于心理咨询并不意味着有什么不正常或有见不得人的隐私，相反，这表明了个体具有较高的生活目标，希望通过心理咨询更好地自我完善，而不是回避和否认问题，混混沌沌虚度一生。有相当一部分人认为精神病就是疯子，其实他们所说的精神病严格地来讲是重性精神病，如精神分裂症、躁郁症等，它与一般的心理问题和轻度心理障碍有很大区别。绝大部分精神病人对自己的疾病没有自知力，更不会主动求医。

2. 误区二：心理问题就是心理变态

心理咨询的对象主要是在日常生活中遇到困难或挫折而产生心理困扰的正常人群。

学校心理咨询主要是发展性的咨询，即帮助学生解决一般的心理困扰，协助学生更好地认识自我，开发潜能，使之获得更好的发展。主动寻求心理咨询可以及时调整心态，避免因时间的延误带来更多的情绪，避免心理、身体上的更大困扰。心理障碍患者只是咨询的一小部分，发病期的精神病人不属于心理咨询的范畴。我们每个人在成长的不同阶段及工作的不同方面，都有可能会遇到这样那样的心理问题，导致消极情绪的产生。对这些问题如能采取适当的方法予以解决，个体就能顺利健康地发展；若不能及时加以正确处理，否则会产生持续的不良影响，甚至导致心理障碍。

3. 误区三：心理咨询应该一次解决问题

许多初次心理咨询的人都幻想心理医生能够一次把自己长期的压抑与痛苦一扫而光，拨开心灵迷雾，远离烦恼与困惑，重见真我的蓝天，还我轻松心情与振奋的斗志。然而心理医生不是什么神仙，更无什么超出常人的功夫，解铃还须系铃人，心理咨询是帮助人自己解决自己的问题，心理医生不可能包办解决问题，只是提供一些正确地认识自己、分析问题、解决问题的具体方法，必须由求助者本人多次具体实践才能解决。除非是非常简单的心理问题,可以一次心理咨询能达到理想的效果。许多问题是冰冻三尺非一日之寒,有性格方面的问题,有些现实问题而且还可能涉及方方面面,心理咨询也不可能一次解决。心理咨询是帮助求助者认识自己、接受现实从而超越自我。所以心理咨询需要一个了解的过程,一个讨论、分析、反馈、修正、再实践的程序,一般不可能一次解决问题。并且心理咨询每次有时间的限制。过去心理咨询需要很长时间,几个月至几年,才能解决问题,现在由于理论和技术的改进大大缩短了疗程,但绝不可能都一次解决问题。

4.误区四:我的心理素质好,不需心理咨询

心理咨询不仅仅是解决你的心理危机和一大宗的心理问题。无论你多么坚强、聪明、正直、热情和博学多识,你都不可能十分了解自己,你需要从其他人那里了解自己。你不可能每时每刻反省自己,也不可能始终站在局外人的立场审视自己。从别人那里了解自己可能得到错误的暗示。心理咨询是一面比较标准的镜子,可以不变形地从各个角度正确了解自己。正确地了解自己可以扬长避短,促进人生发展与成功。越是高层次的人士越更需要心理咨询,心理医生也需要经常心理咨询。

5.误区五:心理咨询就是做思想工作

来访者中还有另一种极端的认识,就是认为心理咨询没多大用处,无非是讲些道理,因而忽视或未意识到心理问题是需要治疗的。一女孩因强迫观念痛苦异常前来就诊,家人反对并干涉:你就是死钻牛角尖,想开点就会好的。亦不让患者服药。患者得不到家人的理解支持,内心很绝望,从而影响到治疗的连续性和效果。心理咨询作为医学中的一门学科,有着严谨的理论基础和诊疗程序,它与思想工作是有本质区别的。思想工作的目的是说服对方服从、遵循社会规范、道德标准及集体意志,而心理咨询则是运用专门的理论和技巧寻找心理障碍的症结,予以诊断治疗,咨询者持客观、中立的态度,而不是对来访者进行批评教育。另外,某些心理障碍同时具有神经生化改变的基础,需要结合药物治疗,这更是思想工作所不能取代的。由于这种偏见,许多人不敢轻易去看心理医生,害怕别人以为自己精神不正常。实际上,去看心理医生的人之中,虽然有一部分有较严重的心理疾病,但是也有一大部分是正常人。不论是谁,只要你心理上、情绪上有痛苦烦恼,都可以去看心理医生。

如果你希望进一步改善自己的性格,就可以去请求心理医生给予指导。总之,只要遇到和心理有关的问题,你都可以去找心理咨询。特别是你的问题很严重,自己无法解决时,有心理医生的帮助,问题解决得会更好一些。许多对你来说极难解决的问题、长期困扰你的问题,在专家指导下都可以找到解决的办法。

四、需要心理咨询的情况

同学们,当出现下列情况时,应当想到心理咨询:

(1)当学习、生活、情感压力过大,如失恋、学习时无法集中注意力、人际关系不良、遇到难以抉择的两难情境等,令你感到困扰、焦虑不安、情绪不稳定、心情郁闷、失眠,甚至产生心慌、胸闷等莫名的身体症状,查不出原因的身体不适时。

(2)当与身边的人(如父母、老师、舍友、同学、朋友、恋人等)沟通无法顺利进行,无法

平静相处，甚至产生对抗情绪，感到无人可以理解，感觉异常苦闷时。

(3)当对于某些特定的物体或场所、情境，产生异常惧怕、回避的情绪，例如害怕与人交往，怕猫狗，或者当面对一些社会场景，例如广场、商场，都觉得焦虑不安，甚至呼吸困难，心跳加速，而这些已经影响了自己正常的生活时。

(4)当某些行为，如洗手、关煤气，表现出多次的反复，或对某些事情反复担心、检查，当对于某一事物的思维反复顽固地出现而无法摆脱，这样的情况已经持续了一段时间。

(5)当被一些性问题，如手淫、性取向、某些性偏好问题，所困惑烦扰时。

(6)当自己出现饮食方面的障碍，例如厌食、暴食然后呕吐等。

(7)当遇到危机、被非礼、自然灾害、威胁等突发事件之后一个月，如果继续经常被这些事件的记忆干扰日常生活，甚至经常发生噩梦、哭泣等情况时。

(8)不管什么原因，当觉得自己被某种不良心情压抑超过两周时间，并且这一情况还在持续时。

(9)当在某些时候觉得孤独或者想找人说说话，而身边又缺乏可以信赖的倾诉的对象时。

(10)当觉得需要一些精神层面的成长或回顾，需要对未来进行更好的设计与规划时。

当你遇到以上情况时，勇敢地求助于心理咨询吧。心理咨询提供一种合适的情感宣泄渠道，提供理解、关心、支持与鼓励，令你学会管理自己的情绪，帮你学会从不同的角度思考问题，让你有机会探索自己(包括意识和无意识)，助你恢复爱的能力，使你拥有健全的人格，陪伴你度过人生各个发展阶段的种种危机。

另外，当你发现你周围的同学或朋友、家人出现下列情况时，也要提醒他们去心理咨询：

(1)生活中遇有重大选择犹豫不定时。

(2)学习压力大，无力承受但又不能自行调节时。

(3)初涉世事，对新环境适应困难时。

(4)经受挫折之后，精神一蹶不振时。

(5)过分自卑，经常感到心情压抑者。

(6)在社会交往方面，自感有障碍的人(如怯懦、自我封闭)。

(7)经历了失恋、失去亲人等情况之后，心灵创伤无法自愈者。

(8)性格变化很大，或出现有奇怪的行为者，如暑天一个月不洗澡、无缘无故长时间不去上课等等。

(9)患有某种身体疾病，对此产生心理压力者。

(10)出现时常厌食或暴食者或感觉有睡眠障碍者。

拓展阅读→

性格与命运

李彦宏

虽然有人常说："性格决定命运。"但实际上对于这样的说法，我个人并不认同。我觉得无论你的性格怎样，你都有可能成功。

几年前，高盛公司前总裁在清华大学开了一门关于领导力的课程，专门邀请一些大型跨国公司的全球CEO去讲课。有一次，我也被邀请去讲百度的成功故事。当我给学生们讲完课之后，他跟我聊天说："Robin，看你的性格和一般人眼中的成功人士或者说企业家很不一样，因为你的性格很柔和，没有那么强硬。可是你做得也很成功啊，而且我相信你将来会更加成功。"

作为高盛的总裁，他几乎见过当今世界上所有成功的企业家。而从他对我的评价来看，各种各样性格的人都有可能成功，只不过是看你有没有利用自己的性格优势来做事情。

比如说，有的人就是善于与人沟通，那就应该朝自己擅长的方向努力。他们非常愿意和客户沟通，也许未来就可以成为一名很好的销售人员，这样也会取得成功。

而有些人的性格则是那种比较内敛的，就像一个技术工程师，我的性格里可能这方面就更多一些，在思维上比较严谨，逻辑性比较强一些。我不太愿意天天出去跟人喝酒，而更多的是愿意坐在计算机前面去感受那些新的互联网产品，去琢磨琢磨怎么样可以把它做得更好。

所以，我认为各种各样的性格都能够成功，关键是你要分析自己的实际情况来做一个判断，究竟自己的性格适合什么。上帝关上一扇门，一定会打开另一扇窗，每个人都应该去寻找适合自己的东西，做自己喜欢做的事情，做自己擅长做的事情，因为只有这样，你才能够坚持下去，你才能够在遇到困难的时候，不退缩、不轻易地去改变你的方向。我相信，做到这点，成功就会离你不远了，你的命运也会因此与众不同。

（资料来源：李彦宏：《命运掌握在自己手中》，http://tech.sina.com.cn/i/2009-09-04/10393410703.shtml，访问日期：2013年11月20日。）

拓展训练

心理健康自评量表：SCL-90

本测验适用对象为16岁以上。对大学新生和有需要心理测评的学生进行心理健康测评并建立学生心理健康档案。

《心理健康自评量表SCL-90》是世界上著名的心理健康测试量表之一，是当前使用最为广泛的精神障碍和心理疾病门诊检查量表，将协助您从十个方面来了解心理健康程度。

一、测验目的

本测验的目的是从感觉、情感、思维、意识、行为直到生活习惯、人际关系、饮食睡眠等多种角度，评定一个人是否有某种心理症状及其严重程度如何。它对有心理症状（即有可能处于心理障碍或心理障碍边缘）的人有良好的区分能力。适用于测查某人群中那些人可能有心理障碍、某人可能有何种心理障碍及其严重程度如何。

二、测验功能

SCL-90对有心理症状（即有可能处于心理障碍或心理障碍边缘）的人有良好的区分能力。适用于测查某人群中那些人可能有心理障碍、某人可能有何种心理障碍及其严重程度如何。可用于临床上检查是否存在身心疾病，各大医院大都要使用本测验诊断患者的心理和精神问题。本测验不仅可以自我测查，也可以对他人(如其行为异常，有患精神或心理疾病的可能)进行核查，假如发现得分较高，则表明急需治疗。

三、测验构成

本测验共90个自我评定项目。测验的九个因子分别为：躯体化、强迫症状、人际关系敏感、抑郁、焦虑、敌对、恐怖、偏执及精神病性。

以下列出了有些人可能有的病痛或者问题，请仔细阅读每一条，然后根据最近一星期以内下列问题影响你或者使你感到苦恼的程度，选择最合适的一项，请不要漏答问题。

1. 头痛(　　)

A. 从无　B. 轻度　C. 中度　D. 偏重　E. 严重

2. 神经过敏，心中不踏实(　　)

A. 从无　B. 轻度　C. 中度　D. 偏重　E. 严重

3. 头脑中有不必要的想法或字句盘旋(　　)

A. 从无　B. 轻度　C. 中度　D. 偏重　E. 严重

4. 头昏或昏倒(　　)

A. 从无　B. 轻度　C. 中度　D. 偏重　E. 严重

5. 对异性的兴趣减退(　　)

A. 从无　B. 轻度　C. 中度　D. 偏重　E. 严重

6. 对旁人责备求全(　　)

A. 从无　B. 轻度　C. 中度　D. 偏重　E. 严重

7. 感到别人能控制你的思想(　　)

A. 从无　B. 轻度　C. 中度　D. 偏重　E. 严重

8. 责怪别人制造麻烦(　　)

A. 从无　B. 轻度　C. 中度　D. 偏重　E. 严重

9. 忘性大(　　)

A. 从无　B. 轻度　C. 中度　D. 偏重　E. 严重

10. 担心自己的衣饰整齐及仪态的端正(　　)

A. 从无　B. 轻度　C. 中度　D. 偏重　E. 严重

11. 容易烦恼和激动(　　)

A. 从无　B. 轻度　C. 中度　D. 偏重　E. 严重

12. 胸痛(　　)

A. 从无　B. 轻度　C. 中度　D. 偏重　E. 严重

13. 害怕空旷的场所或街道(　　)

A. 从无　B. 轻度　C. 中度　D. 偏重　E. 严重

14. 感到自己的精力下降，活动减慢(　　)

A. 从无　B. 轻度　C. 中度　D. 偏重　E. 严重

15. 想结束自己的生命(　　)

A. 从无　B. 轻度　C. 中度　D. 偏重　E. 严重

16. 听到旁人听不到的声音(　　)
A. 从无　B. 轻度　C. 中度　D. 偏重　E. 严重
17. 发抖(　　)
A. 从无　B. 轻度　C. 中度　D. 偏重　E. 严重
18. 感到大多数人都不可信任(　　)
A. 从无　B. 轻度　C. 中度　D. 偏重　E. 严重
19. 胃口不好　(　　)
A. 从无　B. 轻度　C. 中度　D. 偏重　E. 严重
20. 容易哭泣(　　)
A. 从无　B. 轻度　C. 中度　D. 偏重　E. 严重
21. 同异性相处时感到害羞不自在(　　)
A. 从无　B. 轻度　C. 中度　D. 偏重　E. 严重
22. 感到受骗,中了圈套或有人想抓住您(　　)
A. 从无　B. 轻度　C. 中度　D. 偏重　E. 严重
23. 无缘无故地突然感到害怕(　　)
A. 从无　B. 轻度　C. 中度　D. 偏重　E. 严重
24. 自己不能控制地大发脾气(　　)
A. 从无　B. 轻度　C. 中度　D. 偏重　E. 严重
25. 怕单独出门(　　)
A. 从无　B. 轻度　C. 中度　D. 偏重　E. 严重
26. 经常责怪自己(　　)
A. 从无　B. 轻度　C. 中度　D. 偏重　E. 严重
27. 腰痛(　　)
A. 从无　B. 轻度　C. 中度　D. 偏重　E. 严重
28. 感到难以完成任务(　　)
A. 从无　B. 轻度　C. 中度　D. 偏重　E. 严重
29. 感到孤独(　　)
A. 从无　B. 轻度　C. 中度　D. 偏重　E. 严重
30. 感到苦闷(　　)
A. 从无　B. 轻度　C. 中度　D. 偏重　E. 严重
31. 过分担忧(　　)
A. 从无　B. 轻度　C. 中度　D. 偏重　E. 严重
32. 对事物不感兴趣(　　)
A. 从无　B. 轻度　C. 中度　D. 偏重　E. 严重
33. 感到害怕(　　)
A. 从无　B. 轻度　C. 中度　D. 偏重　E. 严重
34. 您的感情容易受到伤害(　　)
A. 从无　B. 轻度　C. 中度　D. 偏重　E. 严重

35. 旁人能知道您的私下想法(　　)
A. 从无　B. 轻度　C. 中度　D. 偏重　E. 严重
36. 感到别人不理解您、不同情您(　　)
A. 从无　B. 轻度　C. 中度　D. 偏重　E. 严重
37. 感到人们对您不友好，不喜(　　)
A. 从无　B. 轻度　C. 中度　D. 偏重　E. 严重
38. 做事必须做得很慢以保证做得正确(　　)
A. 从无　B. 轻度　C. 中度　D. 偏重　E. 严重
39. 心跳得很厉害(　　)
A. 从无　B. 轻度　C. 中度　D. 偏重　E. 严重
40. 恶心或胃部不舒服(　　)
A. 从无　B. 轻度　C. 中度　D. 偏重　E. 严重
41. 感到比不上他人(　　)
A. 从无　B. 轻度　C. 中度　D. 偏重　E. 严重
42. 肌肉酸痛(　　)
A. 从无　B. 轻度　C. 中度　D. 偏重　E. 严重
43. 感到有人在监视您、谈论您(　　)
A. 从无　B. 轻度　C. 中度　D. 偏重　E. 严重
44. 难以入睡(　　)
A. 从无　B. 轻度　C. 中度　D. 偏重　E. 严重
45. 做事必须反复检查(　　)
A. 从无　B. 轻度　C. 中度　D. 偏重　E. 严重
46. 难以作出决定(　　)
A. 从无　B. 轻度　C. 中度　D. 偏重　E. 严重
47. 怕乘电车、公共汽车、地铁或火车(　　)
A. 从无　B. 轻度　C. 中度　D. 偏重　E. 严重
48. 呼吸有困难(　　)
A. 从无　B. 轻度　C. 中度　D. 偏重　E. 严重
49. 一阵阵发冷或发热(　　)
A. 从无　B. 轻度　C. 中度　D. 偏重　E. 严重
50. 因为感到害怕而避开某些东西、场合或活动(　　)
A. 从无　B. 轻度　C. 中度　D. 偏重　E. 严重
51. 脑子变空了(　　)
A. 从无　B. 轻度　C. 中度　D. 偏重　E. 严重
52. 身体发麻或刺痛(　　)
A. 从无　B. 轻度　C. 中度　D. 偏重　E. 严重
53. 喉咙有梗塞感　(　　)
A. 从无　B. 轻度　C. 中度　D. 偏重　E. 严重

54. 感到前途没有希望(　　)

A. 从无　　B. 轻度　　C. 中度　　D. 偏重　　E. 严重

55. 不能集中注意(　　)

A. 从无　　B. 轻度　　C. 中度　　D. 偏重　　E. 严重

56. 感到身体的某一部分软弱无力(　　)

A. 从无　　B. 轻度　　C. 中度　　D. 偏重　　E. 严重

57. 感到紧张或容易紧张(　　)

A. 从无　　B. 轻度　　C. 中度　　D. 偏重　　E. 严重

58. 感到手或脚发重(　　)

A. 从无　　B. 轻度　　C. 中度　　D. 偏重　　E. 严重

59. 想到死亡的事(　　)

A. 从无　　B. 轻度　　C. 中度　　D. 偏重　　E. 严重

60. 吃得太多(　　)

A. 从无　　B. 轻度　　C. 中度　　D. 偏重　　E. 严重

61. 当别人看着您或谈论您时感到不自在(　　)

A. 从无　　B. 轻度　　C. 中度　　D. 偏重　　E. 严重

62. 有一些不属于您自己的想法(　　)

A. 从无　　B. 轻度　　C. 中度　　D. 偏重　　E. 严重

63. 有想打人或伤害他人的冲动(　　)

A. 从无　　B. 轻度　　C. 中度　　D. 偏重　　E. 严重

64. 醒得太早(　　)

A. 从无　　B. 轻度　　C. 中度　　D. 偏重　　E. 严重

65. 必须反复洗手、点数目(　　)

A. 从无　　B. 轻度　　C. 中度　　D. 偏重　　E. 严重

66. 睡得不稳不深(　　)

A. 从无　　B. 轻度　　C. 中度　　D. 偏重　　E. 严重

67. 有想摔坏或破坏东西的冲动(　　)

A. 从无　　B. 轻度　　C. 中度　　D. 偏重　　E. 严重

68. 有一些别人没有的想法或念头(　　)

A. 从无　　B. 轻度　　C. 中度　　D. 偏重　　E. 严重

69. 感到对别人神经过敏(　　)

A. 从无　　B. 轻度　　C. 中度　　D. 偏重　　E. 严重

70. 在商店或电影院等人多的地方感到不自在(　　)

A. 从无　　B. 轻度　　C. 中度　　D. 偏重　　E. 严重

71. 感到任何事情都很困难(　　)

A. 从无　　B. 轻度　　C. 中度　　D. 偏重　　E. 严重

72. 一阵阵恐惧或惊恐(　　)

A. 从无　　B. 轻度　　C. 中度　　D. 偏重　　E. 严重

73. 感到公共场合吃东西很不舒服(　　)

A. 从无　B. 轻度　C. 中度　D. 偏重　E. 严重

74. 经常与人争论(　　)

A. 从无　B. 轻度　C. 中度　D. 偏重　E. 严重

75. 单独一人时神经很紧张(　　)

A. 从无　B. 轻度　C. 中度　D. 偏重　E. 严重

76. 别人对您的成绩没有作出恰当的评价(　　)

A. 从无　B. 轻度　C. 中度　D. 偏重　E. 严重

77. 即使和别人在一起也感到孤单(　　)

A. 从无　B. 轻度　C. 中度　D. 偏重　E. 严重

78. 感到坐立不安、心神不定(　　)

A. 从无　B. 轻度　C. 中度　D. 偏重　E. 严重

79. 感到自己没有什么价值(　　)

A. 从无　B. 轻度　C. 中度　D. 偏重　E. 严重

80. 感到熟悉的东西变成陌生或不像是真的(　　)

A. 从无　B. 轻度　C. 中度　D. 偏重　E. 严重

81. 大叫或摔东西(　　)

A. 从无　B. 轻度　C. 中度　D. 偏重　E. 严重

82. 害怕会在公共场合昏倒(　　)

A. 从无　B. 轻度　C. 中度　D. 偏重　E. 严重

83. 感到别人想占你的便宜(　　)

A. 从无　B. 轻度　C. 中度　D. 偏重　E. 严重

84. 为一些有关性的想法而很苦恼(　　)

A. 从无　B. 轻度　C. 中度　D. 偏重　E. 严重

85. 您认为应该因为自己的过错而受到惩罚(　　)

A. 从无　B. 轻度　C. 中度　D. 偏重　E. 严重

86. 感到要很快把事情做完(　　)

A. 从无　B. 轻度　C. 中度　D. 偏重　E. 严重

87. 感到自己的身体有严重问题(　　)

A. 从无　B. 轻度　C. 中度　D. 偏重　E. 严重

88. 从未感到和其他人很亲近(　　)

A. 从无　B. 轻度　C. 中度　D. 偏重　E. 严重

89. 感到自己有罪(　　)

A. 从无　B. 轻度　C. 中度　D. 偏重　E. 严重

90. 感到自己的脑子有毛病(　　)

A. 从无　B. 轻度　C. 中度　D. 偏重　E. 严重

第三章　高职大学生的适应性教育

适应是社会发展的需要，更是个人生存所必然要经历的过程，高职大学生从入学到毕业都在经历着适应，如大一学生面临对新环境的适应，对独立生活的适应，对新的学习模式的适应，对新的人际关系的适应，大二对学习压力、学习目标完成的适应，大三面临毕业与就业、个人角色再一次转换的适应，毕业后到了社会还有许多的生活环境与所面对的困难等待同学们去适应，大学生在成长过程中，心理素质的作用变得愈来愈重要。

第一节　适应心理概述

一、适应心理的概念

心理学范畴里使用适应概念时通常有三个角度：一是生物学意义上的适应，即生理适应，如感官对声、光、味等刺激物的适应。二是心理上的适应，通常是指遭受挫折后借助心理防御机制来使人减轻压力、恢复平衡的自我调节过程。这是一种狭义的适应概念。三是对社会生活环境的适应，包括为了生存而使自己的行为符合社会要求的适应和努力改变环境以使自己能够获得更好发展的适应。这是社会适应的概念。

高职大学生心理适应过程，指当外部环境发生变化时，高职大学生通过自我调节系统做出能动反应，使自己的心理活动和行为方式更加符合环境变化和自身发展的要求，使高

职大学生与环境达到新的平衡的过程。①

二、心理适应的类型

关于适应的类型，可以依据不同的标准将其分为不同的类型。根据适应的对象可以将其分为对自然环境的适应和对社会环境的适应，根据适应的基础可以分为生理适应和心理适应，根据适应的程度可以分为浅层适应和深层适应，根据适应过程中是否有意识的参与可以分为有意识的适应和无意识的适应，根据适应过程中态度的积极或消极又可分为主动适应与被动适应等。这些分类各有自己的依据，都有一定的道理。还可以根据适应的效果分出消极适应和积极适应：(1)消极适应是个体改变自己的行为或态度以适合外部环境的要求。这是一种基本的、比较被动的适应方式。其作用只是求得一时的内心平衡。(2)积极适应是主体充分发挥自身的主观能动性，尽最大可能去改变环境使之适合自己发展的需要。这是一种比较高级、比较主动的适应方式。在个体发展过程中，生存与发展之间存在着十分密切的、相辅相成的关联。因此，这两种适应方式之间也存在着不可分割的联系。事实上，两种适应对人都有重要价值。首先要能够生存，然后才谈得到发展。生存是发展的基础，发展是生存的目的。②

三、心理适应的影响因素

(1)家庭环境的影响。我们常说"父母是孩子的第一任老师"。从个人的成长过程来看，一个人适应环境的基本生活常识和行为方式首先是从家庭中学来的。在家庭环境中，

① 贾晓波：《心理适应的本质与机制》，《天津师范大学学报》(社会科学版)2001年第1期。

② 贾晓波：《心理适应的本质与机制》，《天津师范大学学报》(社会科学版)2001年第1期。

家长的受教育程度、经济收入、居住条件、家长对孩子的教育观念和风格、家庭的文化氛围等对孩子的个性特征和行为方式都会起着潜移默化的作用。

(2)学校教育的影响。进入学龄期后,学校就成为影响个人环境适应的又一重要因素。学校教育对学生的影响是以有目的、有计划的方式进行的,它按照一定的培养目标和教育方针向学生系统地传授各种知识、技能和社会行为规范。同时,学校的课外教育为学生更好地适应环境奠定了坚实的知识、技能等方面的基础。

(3)社会环境的影响。社会环境是指家庭和学校以外的社会因素的影响,任何一个人都离不开社会这个大的生活环境,一个人要生存和发展,必须要遵守社会公德,形成和维持个人良好的人际关系,而这些对形成人的环境适应性发挥着很重要的作用。在社会环境影响的因素中,社会舆论和社会道德是较为常见的,它包括传播媒体的宣传和人们的传统观念等,对人的影响既有积极的一面,也有消极的一面,在实践中,要注意充分利用它积极的一面,促进人的观念和行为的健康发展,尽力避开它消极的一面,以形成个人良好的适应环境的能力和健康的心理。

四、心理适应与心理健康的关系

心理适应与心理健康之间存在着密切的关联。一方面,心理适应是心理健康的结果和外在表现;另一方面,心理健康又是心理适应的重要基础和保证。换言之,只有心理健康的人,才能在适应能力上达到较高的水平;同样,具有较强适应能力的人,其心理健康水平也一定较高。所以,大学新生提高心理适应能力将有利于心理健康水平的维护和提高。

第二节 大一新生的适应性问题

良好开端是成功的一半。对于刚刚跨入大学校门的每一位新同学来说，大一既是人生道路上的新起点，又是一个重大转折点。顺利地度过适应期，尽快地完成角色的转变，是同学们的心愿，也是家长所期待，更是心理健康教育工作者重要任务。

一、大一新生面临的适应性问题

大一新生在入学后的过渡期内所表现出的不适应情况是多方面的，并且这种表现也因人而异，程度上也各不相同。

1. 生活上的不适应

90 后学生普遍独立能力较弱，面对大学生活的独立性，如自主、自律、自理等，既是大学校园生活的特定条件所决定的，也是学校培养教育中对大学生成人与成才提出的基本要求。生活方式由依赖父母安排、难以独立生活，转为凡事要靠自己处理的集体生活；生活习惯上，饮食、气候、语言、作息制度与卫生习惯的不同，都会造成适应不良。许多问题就出现了，诸如自理能力差、以自我为中心，还有如何与宿舍同学共处等人际交往问题的解决束手无策，犹豫不决，更有因问题没有得到及时很好处理而感到苦恼和忧虑，因而心理失衡，产生紧张和自我角色变化不适应现象。

2.心理上的不适应

对刚进入高校的高中毕业生来说,同学们对大学的期望值与现实出现反差。特别是民办高校大学生的理想与现实矛盾冲突导致心理落差。大一是个特殊的阶段,同学们大多数是第一次真正离开家乡、父母、亲友,走出家门,来到大学求学。由于高校的办学条件与当代大学生在家生活条件是没法相比,新生入学后,无论是学习、生活还是文化娱乐方面条件都与期望值相差甚远,这给新生带来失落、部分同学还会有沮丧等情绪表现,明显感到现实生活的困难与对环境、角色的变化等心理产生的不适应感。有的同学,报到手续刚刚办妥就给家里打长途电话,说学校不是自己理想的学校,宿舍条件差,生活条件难以适应等等。由于理想与现实的强烈反差,有些同学不敢正视现实,也不敢改变自己时,一遇到挫折,就会产生苦闷、厌倦、消沉的情绪,直接影响到学习、生活和人际交往。

3.学习上的不适应

大学里的课程内容和教学方法与中学发生了质的变化。在中学,教师的授课方式是以学生能理解为目的,内容少,练习多,一切学习生活都有教师安排,学生处于被动接受知识的状态。然而,大学则不同,教师上课来,下课走,课程多,教材有取有舍,要求学生能独立思考、学习及自我管理。这种学习方法的转变,要求学生尽快调整自己所处的位置,达到"角色转变",然而,大一学生往往缺乏必要的心理准备,仍然抱着那种等待心理。在经历一个阶段的学习之后,便感到有些茫然失措,顿时情绪由兴奋转为自卑、消沉,部分同学处于难以适应学习的境地。个别同学的学习适应期长达半年到一年。更多的同学因适应不了快节奏的大学学习形式而出现紧张、焦虑的情绪。面对大量的课余时间,大部分同学又显得不知所措,不知道如何利用它去充实和完善自己,表现出空虚、无聊,一方面无所事事地过活,一方面又抱怨认为大学的教学管理不到位产生莫名的烦恼导致心理焦虑。

4.人际交往的不适应

当同学们还未适应新生活的时候,往往通过怀旧来调节孤独感、失落感和空虚感。于是就会有人沉醉于以往的美好回忆之中,忙于和朋友、家人的联系当中,错失了与周围同学建立友谊的最佳时机、延长了适应大学生活的时间。进入大学后,面对新的环境、陌生的人群,一些新生产生了社交恐惧心理,要与学校各方面的人员打交道,交往的范围一下子扩大了,一些新生在人际交往中出现了恐惧、冷漠、孤僻、自我封闭的现象。

5.不知该怎样合理地安排闲暇时间

大学的学习主要是靠学生自己,高职院校有着和普通本科院校不同的要求,它的培养特色是突出的实践技能和具体的操作能力。由于一部分同学对高职院校培养人才的要求不甚了解,认为"自由"的学习时间就是可以做自己喜欢的事情的时间,加上自己拥有一定的经济消费的权利,在这种"自由"的学习环境中,有的同学对课余时间的安排处于盲目和随大流状态,无所事事,浪费课余时间的现象较为突出,真正用于学习与锻炼技能和综合能力的时间都被其他五彩缤纷的娱乐或者庸俗的人际交往所占用。学习成绩日渐下降,学习兴趣也日渐消失,在夜深人静时,整天无所事事的感觉便困扰着无法入睡的心灵,惭愧之感涌上心头,痛下改悔的决心在第二天起床后就已经被忘得一干二净,于是日复一日,便形成了空虚和无聊的感觉。

二、不适应问题原因探析

90后高职大学生入学后在较长时间内出现不适应大学生活的现象，其原因是多方面的，既有中学教育方式、方法乃至指导思想上偏差的原因，也有来自于其成长的社会环境、家庭环境的影响，还有就是现代网络科技的快速发展带来的新问题，网络是一把双刃剑，促进并提高了现代科学技术的发展，同时网络所滋生的负面的文化对同学们的诱惑导致对网络的依赖严重地影响了学生的学习与适应。具体可分为以下三个方面的原因：

(一)父母期望有悖于现实需求

“望子成龙”的家庭环境和“襁褓式”的培养教育是90代学生成长过程中的一大特点。许多学生在家中处于“小皇帝”的中心地位，同时一些正常的交往和个人兴趣爱好的发展却受到家庭的限制和干预，独立意识的确立、良好品德的培养、健康人格的形成都被家庭所忽视。这种“襁褓式”的成长教育，不仅有悖于学生素质培养的要求和教育自身的规律，而且还为其进入大学后的快速全面发展留下了遗憾。

(二)高职大学生内在动力不足以支撑继续学习奋斗

从同学自身的思想行为来分析，高职大学生内在学习动力的不足，人生奋斗目标的迷失是某些同学产生不适应性的更为重要原因。另外，对完美与理想化的大学生活的期待，所有这些原因的存在，都使得新生在大学生适应阶段必然产生各种适应性问题。

(三)“应试教育”制约学生全面素质发展

目前国内中学普遍存在的片面追求升学率的“应试教育”模式是导致许多高职新生进入大学后不适应问题的重要原因。在这种模式中，考试已成为教育教学的最终目的，这使得教育具有的多样性、丰富性和创造性被弱化甚至被抹杀，许多中学缺少对学生实践能力和创造意识的培养，这样大学新生入学前应该实现的全面素质的培养无法落实，客观上造成了中学教育与大学教育的脱节，新生入学后出现的不适应学习现象由此而具有了一定的必然性。

三、新生适应障碍及消除

不少高职新生在头几个月，都会表现出不同程度的适应障碍。同学们满怀希望地来到学校，但如果面对各种变化没有足够准备的话，很容易产生心理困扰。这种变化包括文化环境的变化、学习环境的变化、人际关系的变化等。当环境发生变化时，个体会产生一系列身心反应去适应环境，适应是人生存的基本技能。如果环境变化非常强烈，而个体又缺乏必要的心理调适能力，就会出现适应障碍：(1)情绪低落、抑郁：觉得生活没有意义，无精打采，甚至想到死亡。(2)孤独和失落感：在陌生的环境，新的人际关系还没有建立起来，很容易觉得孤独。同时，理想和现实的差距，以及无法具有像以前那样的优越地位，觉得失落。(3)自尊和自卑的矛盾:适应的过程也是一个重新评价自己的过程,在此过程中,有的同学会发生一些偏差,从而导致自卑。但内心里又有很强的自尊心,于是经常处于矛盾之中。(4)轻度神经衰弱:容易因一点小事而引起强烈的情绪反应,对机体内的感受或外界刺激过敏,感到头昏脑涨,入睡困难,心悸心慌等。

高职大学生该如何消除新生适应障碍呢?

第一,客观评价自己,重新认识自己。也许你感觉不如以前那么优秀,但这并不说明你就变差了,而是因为你周围的同学发生了变化。拥有自信,再加上努力,才有赶超他人的可能。调整好心态,重新确立自己的位置。竞争可以促进自己更大的进步。竞争不是你死我活,竞争的最终目的是共赢。

第二,积极主动与人交往,尽快建立需要新的人际关系。朋友能让人迅速走出无助与孤独,因此要主动交往,千万不要被动等着别人来找你说话,为什么我们不能先伸出热情之手呢?另外,在集体生活中,要学会宽容,求同存异。

第三,要掌握消除不良情绪的方法。当忧郁、孤独时,学会宣泄,学会放松,学会转移注意力。最后,要合理安排自己的时间,按时学习,按时休息,有规律地生活。这样才能增强人的自控感和胜任感,从而增强人的自信,使人适应并战胜环境。

第三节 重视入学教育 尽快融入大学生活

一、高职院校入学教育的意义

高职院校通过系列入学教育活动,引导学生树立正确的世界观、人生观和价值观,让同学们尽快适应校园环境和大学生活,养成良好的文明习惯和学习风气,尽快完成从中学生向大学生的角色转变,了解高职教育教育理念,掌握自己的专业发展方向,确立自己的生涯规划和人生理想。入学教育工作的好坏,直接影响着同学们的发展与成才,影响着高校今后的教育与管理,关系到一所高校学风与校风的形成,对高职大学生个人、高校乃至社会都具有重要的意义。

1. 入学教育是构建和谐校园的重要教育内容

大学生入学教育不仅是思想政治教育的起点,更是和谐校园建设的第一步,是和谐校园文化建设的基础性工作。坚持以学生为本的教育理念,在构建和谐校园当中,就必须将大学生教育作为一项首要的重要工作来抓,并贯穿于整个大学教育阶段。站在和谐校园建设的高度来认识入学教育,深度关注大学新生的生活细节、学习特点、情感动向、理想信念等,坚持以学生为本,紧紧抓住"入学教育"这个基点,在新生入学之初就拉小大学生"现实大学与理想大学"的心理落差,教育新生正确看待大学生活、学习、爱情、理想、网络、就业等等关键词,提前给新生可能出现的心理问题打足够分量的"预防针",对构建和谐校园具有非常重要的意义。

2. 入学教育是大学生思想政治教育的重要环节

入学时新生的角色转换任务为大学教育提供了一个良好的、重要的思想政治教育契机。大学新生正处于道德人格完善、心理趋于成熟、生活相对独立、价值观初步形成的重要时期，高校教育工作者要善于利用这一契机，有针对性地进行思想政治教育。目前，大学生当中普遍存在理想虚无、信任缺失、道德异化、金钱主义、追求消费、心理贫困、人格扭曲等令人担忧的现象，为此，入学教育中应当着重理想信念、诚实守信、家国责任等教育，要结合学费交纳、贷款还贷、诚实考试等具体问题以及学生的实际，以理想信念教育为主线，以"三观"教育为主导，以诚实守信教育为主体、以家国责任教育为重点，富有成效地开展思想政治教育工作。

3. 入学教育是提高人才培养质量的基础性工作

入学教育的好坏直接影响着新生适应大学生活的速度，也将影响学校人才培养的质量。入学教育对人才培养质量的提供集中并主要体现在职业生涯规划教育上面。"21世纪职业教育要达成的最终目标应该是培养具有主体性、创造性的独立个体。"现代人人格精神的养成是提高人才培养质量的重要方面。入学教育必须重视培养大学生的人格精神特别是诸如责任、规范、质量、服务、沟通、团队等现代职业精神。在新生入学伊始就开展职业意识训练，可以帮助学生增强职业修养的自觉性和针对性，从而在新生自身这个层面上提高了人才素质，从而为学校人才培养质量工作奠定基础。

4. 入学教育是大学生成才成长的导航灯

良好的开始是成功的一半。能否有一个好的开端，关系到新生的整个大学生涯，甚至对同学们今后的发展与成才都产生深远影响。入学教育是高校教育管理工作中最关键的基础教育，其目的在于对新生给予及时科学的学习和生活指导，使同学们尽快地熟悉、适应大学生活，完成从高中生到大学生的角色转变，开启大学学习和生活的良好开端，为成长、成才、成功打下坚实的基础。为此，导向性、方向性、基础性就成为入学教育的基本属性。①

二、高职院校新生入学教育的主要内容

1. 熟悉环境、消除陌生感与建立和谐融洽的同学关系教育

高职院校新生多数都是外地生源，部分新生由于对环境和同学的陌生而产生恐惧感和孤独感，以致无法安心学习，因此，这个问题最好在入学初期就得到解决。新生都是初次远离父母、远离家乡，"独在异乡为异客"，而且年龄只有十八九岁，生活自理能力不是很强，大多数新生也没有住过集体寝室的经历，突然间面对来自各地的陌生同学会感到很不习惯，寝室里又是七八个人住在一起，时常还会因为不同个性、不同生活习惯发生一些不愉快。因此，新生入学初期，无论是领导还是辅导员、任课老师都要对新生给予更多的人性化关怀，要经常深入寝室、课堂，与新生交心谈心，了解新生所思所想，为新生排忧解难，

① 梁芷铭：《大学新生入学教育的价值功能及其意义》，《学理论》2011年第21期。

同时要仔细为新生做好各方面的介绍和解释，如学校软硬件设施、学校周边环境和本地风土人情等等，使同学们尽快熟悉环境，适应本土生活。还要充分利用晚上休息和军训休息时间组织新生做些小游戏或拉歌比赛等活动，帮助新生消除彼此间的陌生感和距离，同时还要教导新生为人处世的方式、方法以及宽容、忍让的道理，最好打印一些有关同学之间、寝室内部和睦相处的资料，专门抽时间组织新生学习，使同学们顺利地度过心理不适应期，尽快建立起和谐融洽的同学关系，以充沛的精力投入学习之中去。

2.安全与法制纪律教育

高职院校新生的安全教育主要包括三个方面：首先是人身安全教育，刚步入高职院校的新生，大家都想对学院所在地有更多了解，可能会独自或三五成群到处游逛，所以很容易发生危险，同学们尽量在校园内活动，如果要离开校园最好找老生陪同，以防迷路丢失或对环境、交通路线的陌生而发生意外。其次是财产安全教育，初次远离父母独立生活的新生们，基本上都是第一次自己掌管较大数目的生活费和一些贵重物品，或多或少都有些不知所措，同学们除了每月支出的生活费用以外，其余的钱全部存入银行，而且密码不要用生日或手机号等容易破解的数字。如此之类的细节，都要一一教给新生。贵重物品同寝室同学要相互关照，长时间离开寝室要锁好门，共同形成一种“守家”意识等等。再次是消防安全教育，俗话说“水火无情”，火灾是可怕的，一旦发生后果不堪设想。要教育新生，不私接电线或使用大功率电器，并要教给新生一些消防常识，一旦发生意外首先切断火源，扑灭火苗，同时拨打 119 或学校保卫处电话，最好将学校与学生工作密切相关的部门、领导以及系领导、辅导员、任课老师的电话号码打印，发给每个寝室贴在最醒目处，以便新生急用。有关安全教育问题还可以摘录一些大学生安全实用知识，组织新生学习。

法制纪律教育对于高职院校新生是非常重要的。由于社会上相当一部分人对高职教育认识的偏差，很多高职新生对前途感到迷茫，部分新生还会放松对自己的要求，有些同学甚至会发展到我行我素、为所欲为，违反校规校纪或触犯法律，所以要认真做好新生的法纪教育，利用各种形式组织新生认真学习《大学生手册》《高等教育法》等，讲解校规校纪，违纪处罚条例、奖学金条例、住宿管理规定、水电管理规定等，同时还可以请公安局等部门或思想政治理论课教师作有关法制方面的讲座，结合典型事例以案说理，以事论理，效果会更好，为建设良好的班风、学风和寝室之风打下坚实基础。

3.激发学习兴趣，掌握学习方法，提高学习效率，确立奋斗目标

高职教育是以就业为导向的职业教育，高职新生的学习是在确定了基本专业方向后进行的，其学习的职业定向性较强，即为将来走上工作岗位，适应社会需要而学习。这就要求新生了解和喜欢自己所学的专业。如何让新生了解和喜欢自己所学的专业，是新生入学教育不可忽视的一项重要工作。(1)深入了解本专业所需要的知识结构、发展方向、就业前景，从而明确学习目的，激发学习动机。认识大学的学习特点，掌握大学学习方法，提高学习效率。因为大学的学习更多强调的是学生的主体性、主动探索性，要求学会独立思考，积极开发利用新的学习环境，提高自己的知识水平，完善知识结构，克服依赖性，培养其独立学习能力。(2)入学后，要经常问自己“我来大学干什么”“我今后应该成为一个什么样的人”。在熟悉环境后，应立即确立一个新的学习、奋斗目标，从心理学的角度来说，有正确的目标导向，会使心理指向集中于一处。这样会转移注意力，削弱心理问题对

心理的影响，摆脱因不适应带来的心理问题。并且有了明确的目标后，也就有了内在的驱动力，这样可使个人变得积极向上，从而更有利于克服各种心理问题和疾病。(3)在确立目标的过程中，应合理、适当，遵循循序渐进的原则，由低到高逐步实现。心理学研究表明，一个人从事某种活动的动力，取决于他对行动的全部结果的期望值和达到目标的可能性。因此，确立适合自身实际情况的奋斗目标，对于实现理想、发挥潜力、适应大学生活都有益。从而，促进学生在校园里尽可能的心智成熟，人格稳定，圆满地实现自我的学习目标与训练自身成才的重任。

4.心理教育与励志教育

在激烈的高考竞争中有幸能进入高职院校的新生，基本上可以说是竞争的胜利者。但部分新生自认为高考发挥不好，没有进入名校，读高职院校是不得已而为之，因而产生自卑心理。还有部分新生进入高职院校后发现，在群英荟萃、强手如林的环境下，以往的优势不复存在。加之高职院校的学习从内容、方式到要求都不同于以往的教育，感到不知所措，而产生自卑心理。具有以上两种自卑心理的新生常常会情绪萎靡不振，对前途悲观失望，因此，万万不可忽视高职新生的良好心理发展教育。要耐心细致地做好心理辅导工作，教导新生学会学习，学会认知社会，学会做人，学会协作，学会生存，可以用大量高职院校毕业生大有作为的实例以及许多省、市对高职毕业生的认可度，如目前深圳市的高级技工就享受硕士生待遇等事实引导教育新生。还可以请本校往届优秀毕业生做亲历报告或请社会上德高望重的老同志进行人生理想教育，使新生化解消极心理，振奋精神，树立奋斗目标、实现人生价值。

5.重点关注需要关心的弱势群体

(1)帮助家庭有经济困难的学生。调查表明，现在扩招后的高校一般有20%～30%的贫困学生，因高职院校以培养一线管理型技能人才，所以部分家庭贫困生会选择入读高职大专，可以切实解决一些家庭实际困难，学校也会有相关政策帮助学生使之安心学习，并给予他们更多的尊重、信任、鼓励和肯定，更不可歧视和冷落他们。(2)对有严重心理问题的新生。老师和同学们给予他们更多的爱心，并经常与其家庭保持联系，密切关注其思想和心理动态，与之相应的心理问题采取了合理处施与方法给予适当帮助。

三、新生教育途径

1.加强班集体建设，形成良好的人际关系

大学新生来自五湖四海，由于风俗习惯、饮食习惯、生活习惯、兴趣爱好及性格上的差异，加上语言上障碍，相互了解甚少，同学间不轻易吐露真情，交流思想。以往所熟悉、所信任、所依赖的老师、同学、家长都不在身边。在这个陌生的环境里，如果缺少温暖和真情，自然会产生一种孤独感。他们也迫切希望有良师益友，得到他人的理解和亲近。班集体建设就显得十分重要。辅导员及学生管理工作者应当多下教室和寝室，及时了解学生学习、生活和思想，有针对性地开展工作。

一方面，要在管理工作中激励学生树立正确的世界观、人生观和价值观，学会用客观的思想方法去分析问题和解决问题，客观地分析社会和周围环境。既要看到自己的优点，又敢于正视自己的短处，能够辩证地看待成功和挫折、顺境和逆境，正确处理个人与他人、集体和社会的关系。另一方面，要引导学生利用余暇时间，开展第二课堂活动，培养广泛的兴趣。学生在丰富多彩的业余文化生活中，增加人际交流，提高同学间的亲和力，增进同学间的相互关系，推动群体中互助互爱的精神。如果把同学间的这些情感适时地给予激发与引导，使之与集体荣誉等结合起来，就能形成一种强大的凝聚力，进而形成一个良好的班集体。新生在这样的环境中生活充满乐趣，孤独感也自然而然地淡化以至消失。

2. 积极发挥辅导员、学生干部、学长的辅导作用

新生入校时最先认识和日常接触最多的就是辅导员，因此辅导员可以采用对集体新生做报告，辅以个别谈心式的教育方法，让新生逐步接受已成为大学普通一员的事实，能够接纳自我。适时解答新生的诸多角色定位问题，如“我来大学干什么”“我在今后应该成为一个什么样的人”等，明确大学生的求学目标，有利于同学们快速地适应新环境。可以采用“以老带新”的办法，通过老生口耳相传式的教育，让新生在认识、评价自我的同时，也对心目中的大学形象进行调整，使其回归到现实中，以减少理想大学与现实大学间的冲突而导致的心理落差和失衡，增强学生对辅导员信任感。在对大学新生的教育管理，要以启发和引导他们通过多角度全面认识自我为切入点，使同学们明确差距，树立理想，进而鼓励他们朝着目标去努力、去实现。要发挥学生干部的桥梁作用。选拔一批思想积极向上、素质全面、有奉献精神的优秀学长分配到新生中，对应辅导同专业新生。通过与新生对话等形式解答新生入学后的学习生活中的困扰和问题，指导新生拟订学习计划，合理安排时间，熟悉大学生活环境，提醒新生如何上好每门课，指导新生如何处理好学习与社会实践的关系，如何处理同学关系等。调动各方力量帮助新生更好更快地熟悉环境、适应大学生活，成功开始大学生涯。

3. 抓住军训机会磨炼意志

军训是新生步入高职院校学习的第一课，是教育部要求每一个大学新生的必修课，是磨炼新生意志、增强新生组织纪律观念和集体荣誉感的最好课堂，也是观察每个新生行为及个性的极好时机。军训中，新生由于身体疲劳，其个人言行和品德会毫无遮掩地真实展现出来，这时观察到的新生情况基本上是真实可靠的。因此，通过观察新生的言谈举止、性格爱好、为人处世行为、为同学们服务的意识，再结合档案中记载的新生以往表现、学习成绩、家庭状况、奖惩、是否当过学生干部等，就能更全面、更准确地掌握每个新生情况，为今后班级管理、班干部选拔和思想政治教育工作储备好具有说服力的资料。在此基础上还要加强对新生的组织纪律观念、吃苦耐劳精神以及建立和谐融洽的同学关系教育。

第四节　挫折对高职大学生心理健康的影响

一、挫折概念

人的行为总是从一定的动机出发达到一定的目的。如果在通向目标的道路上遇到了

障碍，那么就会产生三种情况：改变行为，绕过障碍，达到目标。如果障碍不可逾越，可能改变目标，从而改变行为的方向。在障碍面前无路可走，不能达到目的，人就会产生挫折。

由此可见，挫折指人们在通向目标的道路上遇到障碍无法克服，而又不能改变这个目标时产生的紧张情绪反应。这一概念应包括三个方面的含义：挫折情境，挫折认知，挫折反应。

1. 挫折情境

挫折情境指人们的需要不能获得满足的内外障碍或干扰等情境因素，如考试不及格，比赛未取得理想名次，受到讽刺、打击等。

2. 挫折认知

挫折认知指人们对挫折情境的知觉、认识和评价，挫折认知既可以是对实际遭遇的挫折情境的认知，也可以是对想象中可能出现的挫折情境的认知。如有的人总是怀疑别人在议论自己，虽然事实并非如此，但他在心理上因此而产生与他人关系不和睦。另外，不同的人对相同的挫折情境所产生的主观心理压力也不尽相同，个人的知识结构也会影响其对挫折情境的知觉判断。

3. 挫折反应

挫折反应是人们伴随着挫折认知，对于自己的需要不能满足时产生的情绪和行为的反应，常见的有焦虑、紧张、愤怒、躲避或攻击等。

从上述分析可以看出，当挫折情境、挫折认知和挫折反应三者同时存在时，便构成典型的心理挫折。但如果缺少挫折情境，只有挫折认知和挫折反应这两个因素，也可以以构成心理挫折，这是因为主体认知不当的缘故。所以，在挫折三要素中，挫折认知是最重要的因素，挫折情境与挫折反应没有直接的联系，其关系要通过挫折认知来确定。所以，挫折反应的性质及程度主要取决于挫折认知。

二、高职院校新生挫折感的主要表现

高职院校新生挫折感，比较普遍存在。有研究者明确指出，在高职院校新生中，“高考失败”的挫折感及由此产生的自卑感，是个突出的问题。同时，大量的研究发现，高职院校新生存在较大程度的心理问题，这些心理问题一定程度上是由高职新生挫折感导致或强化的。

高职院校新生挫折感的主要表现如下：

(1)自卑感。“高职文凭含金量低”，“低人一等”，高职大学生是大学生中的“弱势群体”等观念充斥学生的脑海。学生把上高职院校当成无奈选择，有些学生甚至不愿告诉别人自己是高职大学生。自卑、压抑感严重，自信心受挫，这些感受多通过自我封闭或过分自傲的方式表现出来。

(2)失落感。没有考上理想的大学，内心很失落、沮丧；沉浸在过去的梦想之中，不能正视、面对现实。

(3)消极心态。感到失去理想、目标，对现实非常不满，不能建立新的目标，缺乏学习动力，只想“混日子”。在学习中，主要表现为注意力不集中、学习不努力。

(4)相关的心理症状。如强迫症、人际关系紧张、敏感、抑郁、焦虑、敌对、倒退等，在各种心理调查中反映出来。

三、挫折的影响

从积极方面看，挫折有利于磨炼高职大学生的性格和意志，有利于增强高职大学生的情绪反应能力和解决实际问题的能力，有利于高职大学生正确地认识自我，提高生活适应能力。

同时，挫折毫无疑问地会给高职大学生带来消极影响。如可能降低高职大学生的学

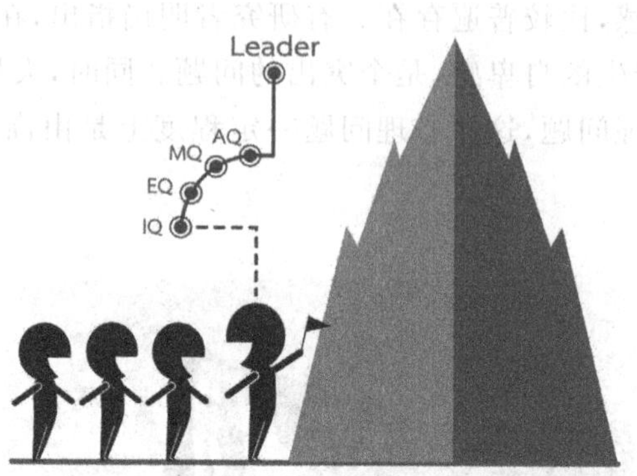

习效率，可能降低高职大学生的思维能力与生活能力，可能损害高职大学生的身心健康，可能促使高职大学生改变性格甚至出现行为偏差。

四、高职大学生如何积极面对挫折

第一，找出受挫原因，理清思路。当受挫时，同学们先静下心来把可能产生的原因写出来，再寻逐条求解决问题的方法。例如，可以通过自己喜爱的集邮、写作、书法、美术、音乐、舞蹈等方式，使情绪得以调适，情感得以升华。

第二，学会宣泄，摆脱挫折带来的压力。面对挫折，有的同学惆怅，有的同学犹豫，此时不妨找一两个亲近的人、理解你的人，把心里的话全部倾吐出来。合理地宣泄可以消除因挫折而带来的精神压力，可以减轻精神疲劳；同时，宣泄也是一种自我心理救护措施，它能使不良情绪得到淡化和减轻。

第三，向心理咨询师求助。当同学们遭遇到挫折不知所措时，不妨求助于心理咨询机构。心理咨询师会对你动之以情，晓之以理，导之以行，循循善诱，使你从"山重水复疑无路"的困境中，步入"柳暗花明又一村"的境界。

第四，同学们学会幽默，自我解嘲。同学们，当你遭受挫折时，不妨采用阿 Q 的精神胜利法，比如"吃亏是福"、"破财免灾"、"有失有得"等等来调节一下你失衡的心理。或者"难得糊涂"，冷静看待挫折，用幽默的方法调整心态。

拓展阅读→

大一新生易患三种心病

专家简介：武雅学，北京回龙观医院临床六科主治医师。

擅长治疗：职业压力管理，青少年心理健康管理，心理咨询等。

出诊时间：每周三全天（北京安定门门诊部）

心病之一：失眠

很努力适应却总做不好

案例：小张自打开学就经常失眠，到现在快一个月了，有时好不容易睡着了，却总做梦，以至于第二天无精打采。不但如此，白天他还总是焦躁不安，总觉得有什么没做好。小张因此非常烦恼，到校医那里开安眠药吃，大夫说："你小小年纪吃什么安眠药啊，是不是有什么心事啊？还是去学生心理辅导中心看看吧。"

心理分析：原来，小张是一个个性要强的男生，从小就品学兼优。他的父母为了让他静心学习，无微不至地照顾他的起居。大学一开学，他发现自己不会自理生活，遇到了很多困难，但他并不服输，一心要把这些事情都做好。于是他开始变得焦虑，甚至连自己本来能做好的事情也开始怀疑。

焦虑情绪的产生是因为我们有改变现状的渴求，却缺乏足够的能力。但焦虑并不完全是坏事。适度地焦虑可以成为改变的一种动力。焦虑情绪过于严重，就会影响健康。

医生提醒：大学生适应不良最常见的表现就是焦虑情绪，表现为心神不宁、焦躁不安、失眠，无端担心自己做得好不好，甚至将自己没做好的事情的负面影响扩大化。

支招：在这里给小张几点建议：首先是学会接受现实。的确，他和其他生活自理能力强的同学相比是有些不足，但这是现实，急也没用，倒不如坦然接受。其次是虚心学习。别以为书本里的知识才叫学习，生活本身就是一门学问，如果你不会，同样要把它当作自己的必修课来学习。再次，不可急于求成。学习是一个过程。越是着急想要做好，焦虑情绪就越严重。

心病之二：忧郁

梦想破灭看什么都烦

案例：人如其名，乐乐在高中时是个非常开朗的女孩子，但是自从进入大学后，她就变得郁郁寡欢，整天唉声叹气、愁眉不展，几乎不和同学们说话了。有时，同学们还在熄灯后听见她在被窝里偷偷哭泣。同学们都怀疑她患了抑郁症。

心理分析：原来，乐乐在高中时学习成绩非常好，由于高考时失利，乐乐填报了这所外地的二类本科大学，并且专业是自己并不擅长的理工科。大学一开学，她发现自己根本听不懂课程，于是开始后悔自己的高考失利，更无法接受现在的这所大学，整天沉浸在后悔与自责的心境中，学习成绩也越来越差……

每个同学都是带着对大学生活的憧憬走进来的，一旦现实与梦想之间产生落差，就会对新生活产生抵触，落差越大，这种情绪就越强，忧郁情绪也就随之而来了。

医生提醒：大学新生适应不良的第二种常见表现是忧郁情绪，自卑、自怨自艾或怨天尤人，不爱和同学们交往，自我封闭。也可能会出现一些不适，如头痛、恶心、腹泻等。乍一看像是抑郁症，但实际没那么严重。

支招：乐乐需要重新调整自己的心态，放弃自己不现实的梦想，用心去感受大学的快乐生活。同时，学校的老师、同学也应该多多帮助她，父母多多打电话来聊天，都可以缓解她的紧张情绪，帮助她恢复往日的快乐。

心病之三:迷失自我

上网成瘾其实只是想减压

案例:小龙在中学时是个出名的乖孩子,平时按时作息,从小到大都很听话。然而,父母做梦也没想到他在上大学后迷恋上了网吧。短短三个月间,小龙已经多次旷课、夜不归宿,违反宿舍管理制度。父母早在一个月前就发现了小龙的异常行为,并打电话严厉地批评了小龙,然而小龙对此无动于衷,直到班主任通知父母来学校解决小龙的“网瘾”和旷课问题……

心理分析:其实,小龙从小就受到非常严格的家教。小龙其实一直很羡慕人家能玩网络游戏。上大学后他在学习方面遇到了很多困难。有一次,为了排解烦闷的心情,他跑到网吧打了会儿游戏,没想到感觉太好了。于是,此后每当他遇到麻烦时就会去玩游戏,最后难以控制自己。

家庭教育是规范孩子行为的关键。然而,很多家长片面强调孩子行为的规则性,而忽视了孩子好动好玩的本性。其实,游戏也是孩子自我减压的方法,但如果父母过分严厉管束,孩子要么会反抗,要么把欲望强压下去。

医生提醒:有的学生会在对大学生活不适应或遇到挫折的情况下表现出品行方面的问题,如违反学校纪律、旷课、酗酒、沉迷上网……在过去这些孩子很容易被学校和家长误认为是品行低劣的孩子,但如果不深入了解原因而轻易给以惩罚的话,有可能会将孩子推向更糟糕的局面,甚至因此而毁掉孩子的前程。

支招:小龙这种情绪需要看心理医生,而小龙后来也发现心理医生更能理解他内心的渴望。心理医生并没有禁止他去玩游戏,但是要求他上课,并且尝试自己管束。其实他也认识到了自己的行为是不对的,然而父母越是说教,他就越烦,越烦就越想去上网,于是形成了恶性循环。

最后在心理医生的建议下,小龙和父母、心理医生、班主任达成了一个“四方协定”,父母不再去直接管束小龙,而让班主任定期向父母反映小龙的学习情况,小龙则在心理医生的指导下逐渐养成自己约束自己的习惯。小龙迷恋网络的问题在半年后被他自己克服了。

每个人都是带着憧憬走进大学校园的,期待着大学生活的丰富多彩,但是往往发现幻想很美好,现实很残忍。同学们在经历了最初的不适应后,只要能正确面对,不要抱着过高期望,绝大多数人都会重新感受到大学生活的快乐。

武雅学医生送给大学新生们四句话:“学业功课不放松,校园活动多参加,遇到问题多请教,心态调整是关键。”记住这四句话,积极乐观地面对自己的问题,再难的问题都能克服,快乐总会比痛苦多的!

(资料来源:《大一新生易患三种心病》,《健康时报》2009 年 9 月 14 日)

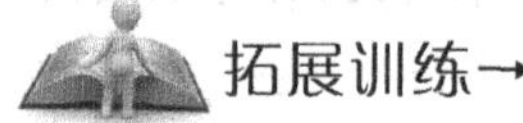
拓展训练→

心理适应性量表训练

本量表共 20 道题目,每题有 5 种答案。请在阅读每题后,从答案中选择符合你的实际情况的一种，并记录你的答案。

1. 假如把每次考试的试卷拿到一个安安静静、无人监考的房间里去做，我的成绩一定会好一些。( )

A. 很对　B. 对　C. 无所谓　D. 不对　E. 很不对

2. 夜间走路，我能比别人看得更清楚。( )

A. 是　B. 好像是　C. 不知道　D. 好像不是　E. 不是

3. 每次离开家到一个新地方，我总爱闹点毛病，如失眠、拉肚子、皮肤过敏等。( )

A. 完全对　B. 有些对　C. 不知道　D. 不太对　E. 不对

4. 我在正式运动会上取得的成绩常比体育课或平时练习成绩好些。( )

A. 是　B. 似乎是　C. 吃不准　D. 似乎不是　E. 正相反

5. 我每次明明把课文背得滚瓜烂熟了，可在课堂上背的时候，却总要出点差错。( )

A. 经常是　B. 有时是　C. 吃不准　D. 很少这样　E. 没有这样

6. 开会轮到我发言时，我似乎比别人更镇定，发言也显得很自然。( )

A. 对　B. 有些对　C. 不知道　D. 不太对　E. 正相反

7. 我冬天比别人更怕冷，夏天比别人更怕热。( )

A. 是　B. 好像是　C. 不知道　D. 好像不是　E. 不是

8. 在嘈杂、混乱的环境里，我仍能精力集中地学习、工作，效率并不大幅度降低。( )

A. 对　B. 略对　C. 吃不准　D. 有些不对　E. 正相反

9. 每次检查身体，医生都说我“心跳过速”，其实平时我脉搏很正常。( )

A. 是　B. 有时是　C. 时有时无　D. 很少有　E. 根本没有

10. 如果需要的话，我可以熬一个通宵，精力充沛地工作或学习。( )

A. 是　B. 有时是　C. 无所谓　D. 很少是　E. 完全不是

11. 当父母或兄弟姐妹的朋友来家做客时，我尽量回避他们。( )

A. 是　B. 有时是　C. 不一定　D. 很少是　E. 完全不是

12. 出门在外，虽然吃饭、睡觉、环境等变化很大，可是我很快就能习惯。( )

A. 是　B. 有时是　C. 不一定　D. 很少是　E. 完全不是

13. 参加各种比赛时，赛场上越热烈，观众越加油，我的成绩反而越上不去。( )

A. 是　B. 有时是　C. 不一定　D. 很少是　E. 不是

14. 上课回答问题或开会发言时，我能镇定自若地把事先想好的一切都完整地说出来。( )

A. 对　B. 较对　C. 不一定　D. 不太对　E. 不对

15. 我觉得一个人做事比大家一起干效率高些，所以我愿意一个人做事。( )

A. 是　B. 好像是　C. 不一定　D. 好像不是　E. 不是

16. 为了求得和睦相处，我常常放弃自己的意见，附和大家。( )

A. 是　B. 有时是　C. 不一定　D. 很少是　E. 根本不是

17. 当着众人和生人的面，我感到窘迫。( )

A. 是　B. 有时是　C. 不一定　D. 很少是　E. 不是

18. 无论情况多么紧迫，我都能注意到该注意的细节，不丢三落四。(　　)

A. 对　　B. 较对　　C. 不一定　　D. 不太对　　E. 不对

19. 和别人争吵起来时，我常常哑口无言，事后才想起该怎样反驳对方，可是已经晚了。(　　)

A. 是　　B. 有时是　　C. 不一定　　D. 很少是　　E. 不是

20. 我每次参加正式考试或考核的成绩，常常比平时的成绩更好些。(　　)

A. 是　　B. 有时是　　C. 不一定　　D. 很少是　　E. 不是

计分方法：

(1)凡单号题(1、3、5……)，从A到E五种回答依次记1、2、3、4、5分，即很对(1分)，对(2分)，无所谓(3分)，不对(4分)，很不对(5分)；凡双号题(2、4、6……)，从A到E依次记5、4、3、2、1分。

(2)全部20题得分之和与心理适应性的关系如下：

81～100分：适应性很强。

61～80分：适应性较强。

41～60分：适应性一般。

21～40分：适应性较差。

0～20分：适应性很差。

第四章　高效学习　超越自我

大学是知识的殿堂，高职高专是技能型一线管理人才培养的摇篮，学知识、学技能，学习是大学永远离不开的主话题。是否具备学习能力，决定着学生的可持续竞争力。处在青春到青年过渡期的高职大学生不仅需要学习，更要会学习，学会高效率地学习。应该充分利用好大学的资源，充实自我，丰富人生。有人总结，在任何一个学校，平庸的大学生是相似的，不平庸的大学生各有各的辉煌，同学们不能满足于平庸，应该以更好的方式开始新一天，而不是千篇一律地在每个上午醒来。大学，是我们由幼稚走向成熟的地方，在此，同学们应认真学习专业知识，拓展自己的知识面，培养自己的能力。相对来说，大学的课程比起高中较于轻松，大学里的学习主要靠自觉，除了掌握老师课堂上讲的内容，还要利用课余时间阅读其他相关的书，查找资料，在提高自己专业知识水平的基础上，学习专业技术，有目的地丰富各方面的知识。

第一节　学习与心理健康

一、学习与学习心理

孔子说："学而时习之，不亦说乎？"在教育学领域中，一般认为学习是人类个体在认识与实践过程中获取经验和知识、掌握客观规律、使身心获得发展的社会活动。学习的本质是人类个体的自我意识与自我超越，把学习当作一种社会活动来考察。而心理学领域内大家比较赞成的是，学习指人和动物因经验而引起的倾向或能力相对持久的变化过程，着重考察的是学习的心理机制。

依据教育系统中所接受经验的内容不同，可以将学习分为知识的学习、技能的学习和社会规范的学习三类。

(1)知识的学习：即知识的掌握，是通过一系列的心智活动来接受和占有知识，在头脑中构建起相应的认知结构。具体来讲，知识的学习是通过领会、巩固和应用三个环节完成的，每一环节又有其特殊的心智动作。知识的学习要解决的是认识问题，即知与不知、知之深浅的问题。

(2)技能的学习：通过学习或练习，建立合乎法则的活动方式的过程。有心智技能学习和操作技能学习两种。技能的学习比知识的学习更为复杂，不仅包括对活动的认识问题，还包括活动或动作的实际执行问题。不仅要知道做什么、怎么做，同时还要能够实际做出动作。技能的学习最终要解决的是会不会做的问题。

(3)社会规范的学习：又称行为规范的学习或接受，是把外在于主体的行为要求转化为主体内在的行为需要的内化过程。社会规范的学习既包含规范的认识问题，又包含执行及情感体验问题，因此比知识、技能的学习更为复杂。

学习心理主要指学生学习过程的心理反应、特点及活动规律。包括了高职大学生学习过程中的心理结构、心理特点和心理规律。学习心理有健康和不健康之分。一般而言，心理健康的高职大学生，学习成绩优于心理不健康者。良好的心理健康状况，即正常的智力、健康的情绪、坚强的意志、良好的个性、正确的自我认识、和谐的人际关系、较强的适应能力等等，对高职大学生的学习有很大的促进作用；反之，如果心理健康状况不佳，甚至有心理疾患，则不同程度地妨碍高职大学生的学习，抑制其潜能的开发，甚至使某些高职大学生中断学业。因此，培养健康的学习心理是高职大学生心理健康教育的重要内容，同时对提高高职大学生学习质量和效率有重要意义。

二、心理健康对大学生学习的影响

学习与心理健康的影响是相互循环，互为影响的。对于所有高职大学生来讲，学习不仅是天职且是一种求发展的过程，学习更是成才与成功的重要标志之一。高职大学生学习成绩的好坏受很多条件与因素支配。从个体的发展来看，影响个人学习的条件有遗传因素、个体生理健康因素、环境因素、个体心理因素等。就同学们而言，由于我国现行的高考选拔制度，高职大学生入学时，学习成绩相差不大，但入学后，在同一高校、同一班级、同一教师授课，同学们成绩却有明显的好坏之分，造成成绩差距的主要原因是个体心理因素。同学们心理健康状况良好，可以激发积极学习动机的产生，形成良好的情绪情感，坚定意志，促进积极个性的形成，进而对同学们产生促进作用。如兴趣，高职大学生有学习兴趣后，可以更加刻苦钻研，向着更高目标迈进。因此，高职大学生的学习活动既离不开学习兴趣，又离不开勤奋努力，兴趣与努力不断互相促进，才能获得预期的学业成就。反之，若心理健康状况不良，甚至有心理疾病，则会不同程度地影响非智力因素，妨碍同学们学习，阻碍同学们潜能的发挥，严重者甚至无法学习。

1. 自我意识对学习的影响

自我过程包括自我认知、自我体验和自我控制。大学的学习特点之一就是将学习的选择权利交给了同学们自由决定，很大程度上，学什么、怎么学都是由同学们自己做主的，这对自我认知产生了深远的影响。通过选择科目不断尝试新的领域，通过对专业的学习更加系统地认识某个领域，通过实践亲身体会某个领域是否适合自己，这都会影响到同学们对自己的认识：我是一个什么样的人，我喜欢什么，不喜欢什么，适合什么，不适合什么，慢慢都有了一个答案。

对自我的认知随着认知结构的丰富，也愈加完整了。同时这种自由还对自我控制提出了更高的要求。如何做到主动学习、经受住各种娱乐休闲的诱惑将是大学学习过程中的一个难题，也正是通过不断拒绝诱惑、合理安排时间，自我控制感才不断得到加强，自我控制能力才会相应提升。

2. 认知风格对学习的影响

认知风格也称认知方式，是指个体在认知过程中所表现出来的习惯化的形式。认知风格多种多样，如独立型和依存型、思索型和冲动型、整体型和分析型。不同的专业甚至一个专业的不同领域都会对学习主体的认知风格产生影响。如学习建筑装潢艺术设计或者环境设计的同学会倾向于分析型认知风格，文科同学可能更倾向于整体型认知风格，对营销专业感兴趣的同学可能是冲动型认知风格，而财经类同学可能更倾向于思索型认知风格。专业的影响是深远的，这在很多关于职业病的笑话中也可见一斑，但是需要强调的是，认知风格并没有好坏之分，不同的专业、领域、职业可能需要的认知风格完全不同。

3. 大学生情绪意志对学习的影响

学习是大学生生活中最重要的任务之一，因此它的过程和结果都会影响到同学们的情绪。同时，大学学习要求更强的自主性、选择性，这对学习主体的意志力也会产生影响。具体来看，情绪的产生是与需要和动机紧密相连的。大学生在学习过程中所接触到的更加专业、兼顾广度和深度的系统知识会对其认知内容产生较大的改变，正是这种对周围事物更为深刻和广泛的认识引起学习主体需求的改变：通过专业课和通选课可以较为深刻同时也广泛地了解一些专业的内容，从而对自己喜欢哪个专业或者专业的方向有了更为理智的判断，也就自然地对不同的领域有了不同的需要。所以说，大学学习的广度和深度会影响主体的需求结构。可能正是通过学习园艺知识，某位同学发现了自己的爱好，从而决定献身园艺事业，这时对园艺知识的学习就成为这位同学重要的社会需求或高级需求。

大学学习的自主性和选择性既给学习主体提供了检验自己意志力、自我控制水平的机会，也对主体提出了提高自控力和意志水平的要求。正是由于时间和自由度增加，外界监督减少，大学生必须通过自己的努力和自控力来完成大部分学习任务，此时学习成绩和结果的好坏与主体自控能力和努力的相关程度增加，成绩可以较大程度地反映自控能力的高低。一个每天按时上课、保质保量完成作业、主动涉猎相关知识的同学所获得的成绩和一个经常逃课、作业抄袭、从不将课余时间花在学习上的同学取得的学习结果肯定是完全相反的。正是这种高度相关，使得大学学习对意志力提出了高要求，为大学生培养更高的意志水平提供了可能。以意志力当中的自信举例，能够在学习活动中获得好成绩可以带来自信心的提高，自信心的提高又可以反过来促进学习的进步。这说明学习和意志情绪其实是一种相互影响的关系。

→→→→→

【案例阅读】

小玲，19岁，厦门某高职高专院校大二学生，来自大西南某小城，父母是普通工人，她高中时学习成绩名列前茅，与同校同级一位男生恋爱，高考后男朋友以优异的成绩报考了南方某重点高校，她由于高考失利，分数与重点名校相差甚远，只能追随男友报南方某高职高专院校，当小玲被现在的学校录取时，得知她的男友所报的南方某校与她所在的学校根本就不在同一省份，因报志愿时男友没告诉她实情。失恋被骗的感觉，高考的失败，她心里充满悔恨与失望。小玲入校时情绪低落，经过一段时间学习与调整后，加入了学生社团，在社团学姐的帮助下参加勤工助学小组，每周六、周日、节假日下午外出勤工俭学，从大一下学期开始没在用过家里一分生活费，通过大一的学习与训练，加之她本人对工作的认真负责，又熟悉了勤工俭学流程，大二时期同时被几家相关企业选派为勤工助学组负责人，她所组织的勤工助学组，每次都顺利地完成企业交给的相关工作任务，她也每次都参与到具体的实际工作中，认真带动每一位同学，由于她出色的表现，几家企业都表示希望她毕业实践就能去该企业正式工作。小玲的工作影响了学习吗？我们来看看她的学习成绩榜，第一学年平均成绩在本专业考核排名前五位，顺利通过英语四级考试(她是非英语专业学生哟)，被评为院级优秀三好学生。那小玲又是怎样兼顾学习与勤工助学的呢？她是这样告诉老师的，记得学校英语四、六级考试那几天，她的背包里随时都放着要去勤工助学的学生名单，离开考场的第一件事就是边往校门口走，边打电话集合学生，以避免延误企业交代的工作任务。她还自豪地告诉老师说，通过带队她学到了怎么样组织管理队伍，怎样与企业洽谈工作事宜与劳动报酬，同时也深刻得体会到什么是责任感、责任心。当问她学习是怎样安排的呢，她说这很简单，如果是下午要出去工作，那就上午完成学习任务，上午出去同样下午完成学习任务。小玲还用勤工俭学的钱给自己添置了摄像机，因为她平时有个爱好，学习工作闲暇之余喜欢摄影，她要把美丽的厦门带回家去让父母看看。

三、学习对大学生心理健康的影响

1.端正学习动机,促进心理健康

苏联心理学家列昂捷夫说:“学生学习的自觉性是和动机分不开的。事实上,有正确学习动机的学生才有主动性,学习劲头大,能克服困难,提高学习效果。”学习动机是复杂而多样的,同学们在学习活动中,都会同时存在着一系列不同性质和不同水平的学习动机,都会对学习活动产生一定的影响。学习动机分为外部动机和内部动机两种。外部学习动机就是被外部条件激发而来的学习动机,如食物、玩具、物品、金钱以及名誉、威望、各种竞赛及评优等等。在学习活动中,父母的奖励、教师的表扬、同伴的尊重、学生相互之间的竞争评优等,都可以成为激发同学们学习动机的外部条件。但是,过分强调外部学习动机,会使同学们的行为变得更加功利性,逐渐变得唯利是图、投机取巧、拈轻怕重,进而形成意志力差、害怕困难、缺乏学习的自觉性和主动性等不良个性特点。内部学习动机就是由学生内部心理因素转化而来的学习动机。同学们对学习活动的兴趣、愿望、需求、好奇心、求知欲、学习热情、自信心、自尊心、好胜心、责任感、义务感等等,都可以直接转化为内部学习动机。内部学习动机不仅对学生的学习活动的影响较大,维持的时间比较持久,而且内部学习动机还有利于学生心理的健康发展。因为在学习过程中,有效地培养内部学习动机的过程,实质上,就是有目的地培养那些能直接转化为内部学习动机的有关心理因素的过程。这些良好的心理品质,既是同学们健康心理的重要组成部分,也是同学们心理健康发展的基本条件。

2.缓解学习压力,促进心理健康

学习压力是一个很普遍的现象,适度的学习压力是激励同学们学习的重要因素,它使高职大学生在不断调整自己学习投入的过程中,来改变学习方法并提高学习成绩。学习负担过重,容易造成心理压力,造成精神高度紧张;学习难度过大,容易产生畏难情绪,甚至失去信心。当然,如果能够正确对待压力,压力就可以变成动力。现代社会,高职大学生面临的第一个问题就是压力问题。不好好学习,就没有知识和能力,面对压力,应该勇敢地迎上去,在压力的磨炼下,同学们的人格、修养和学识都会一步步成长。这对于同学们形成个性、提高素质以及心理健康都具有十分重要的意义,勇于面对压力是人生成功的前提。

3.高效的学习方法,促进心理健康

古语早有言在先,工欲善其事,必先利其器。高职大学生学习的注意力往往总是习惯性地停留在学习什么上,却忽略了更重要的——怎样学习。学习方法在学习当中是一个必不可少的东西,它来源于学生对学习的正确认识。现代社会,高效率才是同学们学习所追求的目标。同学们如果学习方法得当,就会学得轻松而富有成效;如果方法不得当,则浪费精力,事倍功半。并且如果学习方式方法不当,学习成绩长期得不到提高,容易导致自卑心理,甚至自暴自弃;劳逸结合不当,过度疲劳,容易对身体健康造成危害,进而影响心理健康。明智的学习,带着高效方法的学习,同学们可以使自己的智能得以有效开发。

→→→→→

【案例阅读】

有个叫婷婷的大三女生，认为只有提高学历才能找到更好的工作，在同学们都去社会实践时，她一直坚持在校努力学习，每天早上6时起床就到教室学习，连吃饭都怕耽误时间，常常带些简单食物到教室一坐就是一天。几个月坚持下来，不但没有考上专升本，还因过度学习、休息不好、焦虑紧张、身体消瘦等原因被通知家长带回家休养调整身心。

第二节　高职大学生学习特点

一、高职大学生学习现状

当前，总的来说，高职大学生十分珍惜学习机会，学习情况良好，但是随着逐年的扩招，高职院校招收的学生整体素质也出现了明显下降，学生的学习积极性不高、缺乏学习的主观能动性，主要表现为没有明确的学习目标和学习计划、精神状态懒惰松懈、缺乏求知欲和上进心、感受不到学习压力、缺乏社会责任感等等，当学习上遇到困难时，没有信心、毅力和能力去克服，而是选择放弃努力，甚至放弃学业，经常出现上课迟到、无故缺课、旷考、考试作弊等现象。近期，对600名学生就学习状况进行了问卷调查，调查结果显示：课后自主学习时间能达到课余时间1/3的同学仅占24%，有67%的同学下课后偶尔主动去学习，还有9%的同学从来不学习；调查中有56%的同学表示所学课程听不懂、学不会；对部分班级期末考试结果统计显示，很多班级不及格率在22%以上。总体来看，大多数高职同学学习的积极性、主动性不高。

二、高职大学生学习存在的问题

1. 盲目型

这类学生没有明确的学习目的，甚至来上学、所学的专业都是被安排的，尚能坚持听课，完成学校和老师规定的硬性学习任务，但是缺乏学习的热情，没有自主学习的动机和能力，需要像高中那样，时刻要老师引领学习，自己不会去总结、积累学习方法，一旦遇到学习方面的挫折，不坚持努力、克服困难，而是轻易便放弃，这些同学学习只是为了能通过考试，课余时间也不知道该怎样利用，对课外的学习和活动，很少主动参与，所学知识得不到拓展和巩固，学习的能力得不到提高，浑浑噩噩地度过大学生活，这类学生占大多数。

2. 功利型

这类学生来上学的目的很功利，就是想通过学校做翘板找个工作，因此，他们对待学习的态度就是用最少的付出去应付各门课程的学习，而不是把学习当作自己的主要任务，考试考什么就学什么，超过考试范围的、拓展能力的知识一概不学；对专业课重视、对基础课忽视；作业能抄就抄，能省则省，得过且过；不时地逃课，考驾照、亲朋结婚等任何事情都可以成为他们请假的理由；考试前搞突击，60 分为目标，经常因为考试不及格而补考、重修；他们以拿到毕业证为最终目的，不考虑毕业后的发展，学习只是为了应付眼前的考试。

3. 放纵型

这类学生一般在高中时就不学习，以较低的分数进入高职院校，各项基础较差，没有学习的兴趣和习惯，不但专业课不学，其他课程也不学。夜晚上网酣战，白天逃课睡觉；有时间就谈情说爱，热衷于倒腾点小生意，赚点小钱；把相当多的时间和精力倾注在课堂与书本之外，把学习以外的事当主业，把学业当副业，随便放弃考试。在这些学生中作弊现象频现，学习对他们来说就是一种负担，他们把学业完全抛到脑后，毕业时一无所获，连毕业证都拿不到，这类学生虽然为数不多，但是他们的行为产生的负面影响却不可小觑。①

4. 被动型

高职大学生学习基础薄弱，学习态度缺乏主动性，自控能力也较差，加上缺少科学的学习方法，许多学生学习目标不明确，不能按照专业要求拓展自己的知识储备。过多地依赖教师授课，把学习内容仅局限于课堂学习，很少有学生对自己的专业知识进行深入思考，欠缺主动学习的意识。

5. 纠结型

有些高职大学生有着明确的学习目标，但由于缺少坚定信念和自律意识，往往有想法但没行动，经常错过学习时间后又后悔没按计划完成学习目标，又不知该如何弥补，导致思想情绪不佳。

---

① 符娟：《高职学生的学习现状、成因及对策浅析》，http://wenku.baidu.com/link?url=VZyDYbAOW4Y79huCjMpxInYMDAMbzpMY-_gLqgqV0_H2RRkrB-zxIceIk0hXRWlzCP856Zg0A0JhBV3PtX_g4Ke9IL8vfDUl7yOr5Nb287K，访问日期：2013 年 11 月 12 日。

6.悲观型

许多高职大学生在学习上遇到一点困难就退却，不愿意钻研和深入学习，经常抄袭作业、考试作弊，存在蒙混过关的侥幸心理。面对学习和就业的压力，不少高职大学生出现悲观失望，在思想情绪上多呈消极、忧郁、自我否定等状态，极大地影响学习效果。①

→→→→→

【案例阅读】

萌萌，名美，人更美，167 厘米的个子，可是家庭就很不美了，那是在她 8 岁时，父母就离异了，妈妈带着她和 5 岁的弟弟跟外婆一起生活，用她的话说，从小就是在白眼与责备中长大，母亲一人靠做小生意艰辛地带着他和弟弟，很少给她好脸色，因为她是判给爸爸抚养，可从来没跟爸爸生活过一天，爸爸也从没付过一分生活费，是在外婆的坚持下，母亲同意帮她负担部分生活学杂费，因此才有机会上大专，直到毕业学费也没付清，因为爸爸该付的那一半学费还没交缴。最大的打击是来厦门上学没多久从小带她的外婆病逝了。带着内心的伤痛她走进了心理咨询室。经慎重考虑后，她加入了社团，通过认真学习社团的工作要领，积极参加社团组织的各类自愿者活动，积极勤工俭学，减轻妈妈的负担，当老师看到她身着围裙在学校对面小餐馆洗碗、择菜、扫地等做着最苦的小时工，问她为什么要这样做，你可以找一些更好一点的助学工作呀，没想到美丽的萌萌微笑着告诉老师，知道这里挣不到多少钱，可她需要这样的心理磨炼，她还幽默地说，当有同学开玩笑要她请客时，她讲我赚钱这么辛苦凭什么要请客。她通过不断努力，大二学年成功地竞选上了社团负责人，毕业时通过选拔以优秀毕业生推荐到相关企业工作。经过几年的工作历练与自学，目前她已经成为厦门一家知名外企的中层管理者且发展前景被该企业董事会看好。

三、高职大学生学习状况不佳原因分析

1.大学生自身的原因

(1)自我认识不全面。自我代表着一个人如何对待自己、他人和世界的独特方式，是每个人心理活动的核心，一个人对自我认识有多深，也就决定了他人生的路能走多远。而在传统的应试教育模式下，分数成为评价一个学生优秀与平庸的标准，高职大学生在这种评价体系下无疑是失败者，并且形成了“我的学习成绩不好”、“我是差生”等自我认识。这种不正确的自我认识常常使高职大学生看不到自身的优点，自信心严重缺乏，没有学习动力，觉得自己在学习上“不争气”、“不成器”，感到自己无论多么努力，也学不好，从而产生学习挫折。

(2)负面的学习经验影响。有不少的高职大学生在从小到大的学习过程中虽有过成功的学习体验，但是更多的高职大学生在学习上体验到的是失败。因此，他们在学习方面的成就感不足，常常产生习得性无助。据调查，相当一部分高职大学生在面对高考失利这

① 刘苗:《高职大学生学习态度存在问题及对策探析》,《科技致富向导》2013 年第 23 期。

一挫折时，也曾有强烈的学习动机，想在大学里有一个新的开始，改变过去的学习状况，好好学习，但随着时间的推移，学习内容和难度不断增加，受负面的学习经验影响，他们对待学习消极被动，渐渐失去学习兴趣。在负面的学习经验影响下，高职大学生的学习挫折极易出现。

(3)学法不正确。据国内外研究表明，学习者学业成就与学习方法使用情况有密切关系。很多高职大学生没有掌握科学、正确的学习方法，存在一定的学法障碍。高职大学生习惯了教师教什么就学什么，不教的不学，没有学习的主动性和自觉性。在学习过程中，很多高职大学生遇到困难总是绕着走，几乎很少向老师、同学请教，而总是热衷于考试前开始突击复习，或是抱着侥幸心理等着学校清考，常常是为了考试而考试，读了三年大学，有的学生甚至从来没进过图书馆自习。高职大学生在学法不当的情况下学习，是非常容易导致学习成绩不佳，产生学习挫折的。

(4)学习目标不明确。在高中阶段，“考大学”成了学生的学习目标，但是当上了大学之后，学习是为了什么？很多高职大学生不清楚，不明白，混日子，放松对自己的要求。没有明确的学习目标，不少高职大学生迷失自我，找不到方向感，随波逐流，很少能体会到学业成功的幸福感，更多的是遭受学习挫折。

(5)学习无计划。每天的时间怎么安排、学习什么、学习多少内容、如何在多门课程中合理分配时间和精力，对这些问题不作打算。过一天是一天，做一天和尚撞一天钟。没有适合自身的职业生涯规划方案，也没有系统的学习体系。

(6)归因不当。归因是关于结果产生的原因的评价。在学习过程中，学习困难、考试失败、作业错误等等是每个同学可能经历过的挫折。面对这些挫折，有些同学会向自身寻找原因，认为是自己的努力不够或是学习态度、学习方法不当造成失败；有些同学则会将原因归结为一些外部的因素，如运气不佳、学习任务难度太高、老师教得不好等等。不少高职大学生面对学业失败，常常把原因归结于一些难以控制的外部因素，而不是先查找自身原因，整日怨天尤人，埋怨命运的不公，从而不能使个体主观能动性得到充分发挥，学习中遇到挫折也在情理之中。

2.外部环境因素

(1)社会影响。大学生就业问题已经引起社会的广泛关注，据报道，有的高职毕业生就业的起薪还赶不上农民工，这让那些身在校园的高职大学生感受到巨大的就业压力。研究表明，适度的压力是有必要的，没有压力可能一事无成，但是如果压力过大，就会走向反面，造成精神紧张、焦虑。过大的就业压力使有些高职大学生寝食不安，萎靡不振，总是在担心毕业后找不到工作，认为在学校读书无用，是在浪费时间和金钱，感到前途渺茫，对学习产生抗拒心理，不愿投入学习中去，这必然会导致学习挫折。

(2)教学环境。高职教学与普通本科教学有着显著的差异，其强调实践教学，提倡实行“教、学、做”一体化的教学模式，注重培养学生的职业技能和职业素养。但是，目前在高职院校中，很多教师的教育教学理论以及实践水平不符合高职教育的要求，教学方法单一，还是坚持“老师台上讲、学生台下听”；教学内容陈旧落后，与岗位实际要求相脱节，枯燥乏味；教学方式缺乏创新，吸引不了学生的注意力，导致学生失望、悲观和厌学。此外，有些高职教师不懂得尊重学生，不理解学生的内心体验，对他们的能力、成绩不能客观全面的评价，往往只用分数作为评价学生的唯一标准，看不到学生身上的闪光点，在这样的环境下，学习挫折就不可避免。[①]

第三节　高职大学生学习策略

一、深化学习动机

学习动机指的是学习活动的推动力，又称“学习的动力”，是同学们将学习愿望转变为学习行为的心理动因，是发动和维持学习行动的力量。高职大学生深化学习动机的基本途径和做法包括：

1.重新树立学习理想

列夫·托尔斯泰说过：“理想是指路的明灯，没有理想，就没有坚定的方向，没有方向，就没有生活。”学习理想是一种与个体的现实学习生活密切相连的对未来的向往、憧憬，它是由多种心理因素构成的，在一定程度上表现出个体的整个学习心理状态。学习理想是学生学习行为的精神支柱。学习理想是否远大、是否具有较高的社会意义，决定同学们是否能抑制私利和战胜自我，决定同学们能否在学习困难面前不低头，自强不息。不同类型、层次的学习理想对高职大学生学习的主动性、自觉性作用不同。因此，高职大学生学习科学知识、实践技术和能力的同时，应重新修正自己的世界观、人生观，树立远大的学习理想和志向。同学们可以多参加一些有针对性的社会调查和社会实践活动，开拓认识视野，培养社会意识、国家观念，增强社会责任感、使命感，结合所学专业技术在社会生产、生活、管理中的运用，提高对自己所学专业的社会价值的认识，增强专业学习的动力。

2.培养学习兴趣

“兴趣是最好的老师”。同学们从事与自己兴趣一致的学习活动时便感到轻松和愉快，反之则容易感到烦躁和疲劳。学习动机的内驱力来自于浓厚的学习兴趣、强烈的求知欲望和自我报偿因素。高职大学生的学习动机易受外界因素的影响，比如因为喜欢某门课或对某位老师的讲课风格感兴趣，就会自觉努力地学好这门课，而对不感兴趣的课，因高职院校的管理不同于中学的严格管理，甚至会出现逃课、上课打瞌睡、写信之类的现象。真正对学习有兴趣的同学，他的学习活动主要不是为了获得他人的赞许，也不是为了获得经济保障或寻找职业，而只是为了直接从学习中获得乐趣，对这样的同学来讲，学习本身就是一种报偿，是一种可使他们获得满足的活动。一般而言，由兴趣而引发的学习动机往往更深入更持久。因此，高职大学生尤其要注意学习兴趣的培养。首先，要培养专业兴趣。要加强自己对本专业的了解，多参加有关本专业发展前景的专题讲座活动，多了解本专业学生毕业后成才、创业的优秀典范。同学们还可以加大实践活动，学会运用所学的理

---

① 黄静宜、李松：《高职大学生学习挫折成因分析及对策》，《当代经济》2013年第23期。

论知识解决实际问题，体验科学知识的价值和趣味。同学们必须要清楚，高职大学生走向社会后要取得社会生活的资格，必须要有扎实的基础知识和过硬的专业技术能力，而这种智能素质临到毕业前再做准备是来不及的，进而将这种紧迫感逐步转化为学习动力。

3. 激发学习成就动机，提升内心积极体验

学习成就动机直接影响学习毅力，是学习动力永不枯竭的主要保证。学习情绪积极健康的同学，对成功的期望估计比较高，而成就动机弱的同学则相反，对成功没有多大的追求，反而害怕失败，畏首畏尾，焦虑程度高，对未来成功的期望估计偏低。高职大学生学习基础相对比较薄弱，可能在某些时候达不到任课教师的要求，这时候同学们应该多激励、鼓舞自己，增强学习的自信心，降低对学习的恐惧感。但是，如果只注重学习成绩的提高，忽视了其他方面的发展，同学们因学习而产生的积极的情绪体验就会消失。所以，同学们应该采用各种途径和方法，不断创造条件提升学习积极情绪体验，催生自己学习的成就感和满足感。

4. 提高学习自信心

缺乏学习自信心的同学，最好的办法就是，不管目前的学习成绩和状态如何，都要集中注意力继续努力学习，持之以恒，取得成绩，从而尝到学习的甜头。例如，同学们自主地策划一些成功的活动，重新认识自己的力量、能力、长处。同学们可以列举自身的闪光点，并加以肯定和放大，多做一些自己擅长的事情。同学们还可以寻找自己身边学习成功者的实例，观察学习他的学习方式、学习安排，再结合自己的实际情况，列出具体可行的学习经验，在今后的学习活动中加以借鉴。

二、提升学习策略

学习策略，指在学习活动中，为达到一定的学习目标而做出的学习规划、采用的方法和技巧等。高职大学生学习策略的好与坏，直接决定着高职大学生的获取知识的能力。因此，高职大学生在日常学习过程中应自觉运用恰当的学习策略，以提高获取知识的学习能力。

1. 确定明确的学习目标

学习目标是学习活动所追求的预期结果，是激发学习积极性并使之产生自觉行动的必要前提。高职大学生要意识到确立个人目标的重要性，确定一个可以达到的目标，就可以避免无目的、无方向的生活，就可以最大限度地实现自己的人生。将个人目标与学习目标结合起来。

→→→→→

【案例阅读】

去年，王斌（化名）从某高职院校会计与审计专业毕业，多次参加了招聘会后发现，招聘企业招会计的寥寥无几。晃了大半年，他从应届生变成了往届生。新一届的毕业生又开始涌入市场，他急了。明显感觉到自己当初完全是凭个人臆想在填报专业，那时候觉得

会计与审计应该蛮吃香的，毕业后出来做审计师，社会地位高，工资也高，又是事业单位性质。可在毕业找工作时他却发现，审计部门根本就不会在招聘市场招工，那是要参加社会工招考试，考进的难度也很大，王斌有点悲凉地自我调侃："我就是一个苍蝇人，趴在玻璃上，前途光明，却找不到出路。"

2. 改进学习方法

高职大学生学习动力缺失除基础薄弱外，不当的学习方法也是造成学习不适应、学无成效的一个重要因素。因此，改进学习方法，是消除学习动力障碍的重要环节。学习困难的高职大学生，要侧重解决学习的不适应问题。正确的学习方法，就是最适合自己的方法。如果同学们能认清自己的学习个性特征，学习上就会有针对性，学习的效果就大为提升了。

第一，顺利度过学习适应期。高职大学生因为中学学法的定势作用，难以适应高校的综合性学习方法特别是自学方法。学法过渡，是必须经历的适应期。同学们好思想准备，积极观察、思考，掌握适合自己的学习方法就能少走弯路，减少心理压力，促进学业成绩的提高。

第二，从实际出发，拟订切实可行的学习计划，恰当地设计自己的学习目标，安排好学习任务和学习时间，制定具体的学习措施。

第三，学习形式多种多样。在大学，虽然课堂教学还是主要形式，但大学生可以依靠多种渠道来获得知识，特别是高职大学生的实践性教学活动占有很大的比重。因而要通过自学、讨论，听学术讲座，参加第二课堂等活动来获取知识，加强实验、实习、社会实践等实践性的环节，这些都是增长知识和才干的重要途径。

第四，有效地利用学习载体、学习手段，寻求可以请教的资源。高职大学生要了解图书馆的性质、分类法、借阅办法，学会利用图书馆，要正确看待电视、网络、电子阅览室等学习工具的两面性，合理开发其学习资源。同时，在学习过程中，同学们要积极寻求他人的帮助和指导，通过老师、同学、毕业工作的校友、同专业的外校学生等人的学习激励或支持，改进自己的学习方式。

第五，培养自己独立思考和独立决策能力很关键。大学期间，学习专业知识固然重要，但更重要的还是培养自学的能力，也就是主动查找资料学习、独立思考、无师自通的能力，具备举一反三的变通能力，只有这样，大学毕业生才能适应瞬息万变的未来世界。经过大学阶段的学习能力转变后，同学们走上社会工作岗位，自我继续学习的能力决定了你的社会实践竞争力。

三、培养良好的学习品质

1. 养成自觉的学习习惯

良好的开端就是成功的一半。同学们人校时，虽然家庭背景不同，个性特征不同，但对新校园、新班主任、新老师的好奇心是一样的，对新环境融入的期待心情是一样的。在这个阶段，着手培养自觉的学习习惯非常重要。同学们要从第一堂课、第一次作业、第一次考试、第一次活动开始，就严格遵守考勤制度，杜绝迟到、旷课、抄袭、舞弊等现象，持之以恒，自觉的学习习惯自然就养成了。

2.形成自主的学习意识

高职大学生在学习中往往表现得比较被动，对教师的依赖性比较强，不会合理地安排自己的学习活动，对自己的学习效果不能进行科学的评价，如有些同学上课很少主动发言，课余时间无所事事，总是以成绩衡量自己的学习，自主学习意识较差。同学们要长期地、有计划地培养自主的学习意识，激发学习的兴趣，在内心深处产生对新知识的渴求。同学们要做好预习，上课时带着疑惑进入新课，有了兴趣，自然而然就会逐渐产生主动学习的意识。

3.刻苦的学习精神

缺乏勤奋学习、刻苦钻研的精神是高职大学生中较为普遍的现象。有些高职大学生表示，知道学习重要，也很想学习，可就是静不下心来，听不进课、看不进书，思想老开小差，新鲜劲一过又没劲了。要解决惰性这一困难，最重要的就是提高自控能力，要从小事抓起，从细节抓起，培养自己吃苦耐劳、坚持不懈的意志品质。如交作业要按时按量并保证质量、实训必须善始善终、请假必须有手续、锻炼活动和劳动必须参加。

四、培养良好的考试心理

高职大学生要树立正确的考试观念、掌握考试策略、减轻考试焦虑、做好应考期的身心保健与自我调适等，培养良好的考试心理，促进身心健康。

1.正确看待考试，克服考试焦虑

高职大学生多数经过中考或高考中失败，甚至是屡次失败，这样在多次失败的刺激后，就形成了对考场恐惧与焦虑的定势。正确看待考试，克服考试焦虑，最常见的是深呼吸——深深吸气，缓缓呼出，重复几遍，可以缓解紧张情绪。试卷发下来时不要忙于作答，可先浏览题型和题目大意，了解清楚题量和题目深浅度，以便分清轻重缓急，掌握好答题时间，待心情平静后再动笔。另外，每次考试后，不要过分关心考过科目题目的对错与否，特别是后面还有考试时，不要马上去对答案，以免让自己心慌。应将已经考过的科目暂时抛开，全心全意考好后面的科目。只有这样，才能保持平静的心态，而不出现过多的考试焦虑，顺利地通过考试。

2.正确处理好学习与考证的关系

英语等级证、计算机等级证、会计证……大学考证，名目繁多，各种证书是同学们求职的敲门砖。这些考证，对激发同学们的学习热情，增强同学们的实践能力，为毕业后尽快就业具有一定的积极作用。有些同学却顾此失彼，片面追求职业资格证书，忽视相关专业知识学习，出现了学生基础理论不扎实、实践能力不强，虽然有职业资格证书，但后劲不足或名不副实等现象。所以，同学们在校学习期间一定要一心一意、扎扎实实地学习好基础理论知识，掌握基本技能，在此基础上再参与考证，真正做到学习考证两不误。知识没学好，为了考证而考证，只能是得不偿失。

拓展阅读→

读书之我见

俞敏洪

读书就像谈恋爱一样，需要环境。读书一定要有书的香味，书的形状，书的个性，并根据书的内容的不同，你还需要选择不同的地点和时间来读……

优秀的书籍就像难得的朋友，在你不需要的时候，你感觉不到他们的存在；在你需要的时候，他们总是及时地来到你的身边……

不管走到什么地方，我都随身带上一本书，并不是一定要读书，也并不一定是因为一寸光阴一寸金的紧迫感，只是觉得走到任何地方，如果手里没有一本书，总觉得不对劲，总觉得心里空空的，手不知道往哪里放。晚上睡觉前要是不拿本书在手中，就觉得世界末日快要来了，其实拿了也不一定读，但心里踏实，在枕头边放着一本书，可以安心睡觉了。每次出差，我都像搬运工似的在行李箱里放上一摞的书，结果经常发现带的很多书连翻都没有翻开过，所以告诫自己下次不要带那么多书。但下次出差仍然还是带很多书，沉甸甸地背出去，再原封不动地背回家，即使一字不读，也好像这些书在旅途中填补了心灵某个角落的空白。

在别人面前读书和自己一个人读书，会有很不一样的感觉和选择。在别人面前读书的时候，你总会有意无意地拿一些别人认为值得读，或者看上去很深奥的书，免得别人以为你太没学问。一个人独处的时候是读书最快乐的时候，你读什么书完全由你自己选择。我最喜欢读的书是漫画书，就像我看电影最喜欢看卡通电影一样。虽时常怀疑自己的智商停留在了儿童时期，仍会每次拿到一本漫画书就喜上眉梢。蔡志忠的漫画书我读了无数遍，最近又把韩国作家李元馥的漫画系列读了个遍。

读书就像谈恋爱一样，需要环境。我从来不在电脑中读任何书籍，在电脑中读书，就好像和机器人谈恋爱。读书一定要有书的香味，书的形状，书的个性。根据书的内容的不同，你还需要选择不同的地点和时间来读。古代人读书要焚香洗手，有时候甚至还要有美女相伴，这种境界我们现在是没办法达到了。但我们依然可以创造一些小环境。比如读古文的时候要在深夜，点上一根蜡烛，沏上一杯清茶，一字一句地慢慢读、慢慢品味；读诗歌的时候最好是在下雨天，听着窗外的雨声，轻轻把诗歌读出来融入雨中，想着诗人跌宕起伏的命运，读着诗歌中梦牵魂绕的语言，不禁悲从中来，号啕大哭；读小说的时候最好在野外，或湖边或山脚，把自己沉浸在小说的情节中，大悲大喜都有山川河流相呼应，不亦快哉；读哲学书籍应该去闹市，在人声鼎沸之处思考存在的意义和出世的意义，即使思考不出所以然也不会出问题，因为你一抬头就看到了热闹的人间。

优秀的书籍就像难得的朋友，在你不需要的时候，你感觉不到他们的存在；在你需要的时候，他们总是及时地来到你的身边，忠诚地守候在你生命的左右，随时宽解、充实你那不安、寂寞的灵魂。

（资料来源：俞敏洪：《读书之我见》，《新东方英语》2006 年第 6 期）

拓展训练→

一、你的学习方法正确吗？

请对下列各题作出是或否的回答。

1. 准备考试时，我先写好各道复习题的答案全文（或抄别人的），然后把它背熟，以便考试时能全部默写出来。

2. 在某些主要学科或某一门学科中，我认为特别重要的或特别难学的章节，我总争取作预习（在课前或前一晚上）。

3. 我平时没有订什么学习计划，即使是寒暑假期间或复习迎考阶段也是这样。

4. 阅读课本或其他读物时，我自己很少用红蓝笔或其他笔画线、做记号。

5. 每天晚上我复习当天功课并完成当天作业都已经来不及了，所以第二天的功课我一般都不作预习。

6. 在寒暑假期间，我常常要制订一个学习计划并努力按计划去学点新知识。

7. 在背诵课文时，我常常在诵读几遍后开始试背，然后再打开书诵读几遍，再试背，也就是让诵读和背诵交替进行。

8. 我常常把一些我认为写得好的文章（包括语文课本中的课文）反复诵读。

9. 学习时，我时常把教材内容分解为若干部分或若干要点。

10. 上课时，我尽力想象老师所讲的某些内容。

11. 我一般是没有先复习功课，就动手做作业。

12. 学习时，我偏重于理解，不大重视记忆，以致有些重要的定义、定理、公式、结论，我能理解却记不熟。

13. 做作业时碰到难题，我常常找其他人帮助解决，免得自己花太多时间去琢磨。

14. 写文章或做问答题时，我常常先列出大纲或要点（同时还对列出的要点进行增删），然后才下笔。

15. 我尽量做到当天的功课当天复习并做完作业。

16. 我重在平时复习，考试前夕倒不怎么紧张，有时反而去玩一玩，让头脑休息休息。

17. 我平时没有时间去复习每门功课，一般都是老师要考哪一科时我才去复习哪一科。

18. 我喜欢独立学习、独立思考，但遇到问题时也喜欢和同学一起讨论。

19. 听老师讲解一种知识时，我自己往往还联想起与此有关的一些知识或事例。

20. 读物理、化学时，我很重视书上说的各种实验，尽力想象实验进行的实际情景。

21. 学习时，我经常把新材料和已有的知识经验联系起来。

22. 学习比较抽象的材料时，我总是努力联系实际，或举出一些具体的例子去说明它。

23. 听课时，我往往把不理解的或联想起来困难的问题记下，以便课后进一步思考、弄清。

24. 由于种种原因，我很难每天在固定的时间开始做功课。

25. 学习各门功课时，我不单用头脑想，只要可能，我总是动手去试做一下。

26. 听老师讲课时，我总喜欢动笔记一些要点、纲要。

27. 在回答问题时，我喜欢根据自己的理解，用自己的话去回答，很少硬背书本上的字句。

28. 我认为学习时能记住概念、定理、公式、结论就可以了，至于它们是怎么产生的，我往往不够重视。

29. 考试时，我总是先把考题看一遍，把容易做的或得分多的题目先做了，把难做的题目留到最后去想。

30. 在准备考试时，我常常根据书本写出各道复习题的答案要点(不是全文)。

31. 发回的卷子或作业，如果有做错的，我总要弄清楚为什么错了，重做才对。

32. 我极少运用参考书和辞典。

33. 在复习功课时，我喜欢把详尽的材料变成简要的提纲，以便更好地记住。

34. 我常常把学到的各种知识进行比较，发现它们之间的异同和联系。

35. 在准备考试时，我不是系统、全面地复习，而是猜想老师可能出什么题，然后有重点地复习一些内容。

36. 复习功课时，我常常把学过的知识列成表或画成图，借以揭示各种知识(如各种概念、定理、公式、事物的特性等)的区别和联系。

评分规则：题目分两种类型，一种从正面阐述问题，一种从反面阐述问题。

第3、4、5、11、12、13、17、24、28、32、35题为反向题目，这些题目选择“是”计0分，选择“否”计1分；其他题目为正向题目，选择“是”计1分，选择“否”计0分。将各题得分相加，得到总分。

你的总分：__________

总分在0～36分，分数越高说明你的学习方法越好，反之则表示你的学习方法不够正确，适当的调整势在必行。

二、学习动机测试

1. 如果别人不督促你，你极少主动学习。

2. 当你读书时，需要很长的时间才能提起精神。

3. 你一读书就觉得疲劳与厌烦，只想睡觉。

4. 除了老师指定的作业外，你不想再多看书。
5. 如有不懂的，你根本不想设法弄懂它。
6. 你常想自己不用花太多的时间成绩也会超过别人。
7. 你迫切希望自己在短时间内就能大幅度提高自己的学习成绩。
8. 你常为短时间内成绩没能提高而烦恼不已。
9. 为了及时完成某项作业，你宁愿废寝忘食、通宵达旦。
10. 为把功课学好，你放弃了许多感兴趣的活动，如体育锻炼、看电影、郊游等。
11. 你觉得读书没意思，想去找个工作做。
12. 你常认为课本上的基础知识没啥好学的，只有看高深的理论、读大部头才带劲。
13. 只在你喜欢的科目上狠下功夫，而对不喜欢的科目得过且过。
14. 你花在课外读物上的时间比花在教科书上的时间要多得多。
15. 你把自己的时间平均分配在各科上。
16. 你给自己定下的学习目标，多数因做不到而不得不放弃。
17. 你几乎毫不费力就实现了你的学习目标。
18. 你总是同时为实现几个学习目标忙得焦头烂额。
19. 为了对付每天的学习任务，你已经感到力不从心。
20. 为了实现一个大目标，你不再给自己制定循序渐进的小目标。

选“是”计 1 分，选“否”计 0 分，将各题得分相加，算出总分。

总分 14～20 分：说明学习动机上有严重问题和困扰，需调整。

总分 6～13 分：说明学习动机上有一定问题和困扰，可调整。

总分 0～5 分：说明学习动机上有少许问题，必要时可调整。

第五章 悦纳自我 完善人格

"人是什么?"这是一个古老而又永恒的命题,也是每一个人毕生都在探讨和不断获得不同答案的问题。斯芬克斯最为得意的一个谜语:"在早晨用四只脚走路,当午用两只脚走路,晚间用三只脚走路,在一切生物中这是唯一的用不同数目的脚走路的生物。脚最多的时候,正是速度和力量最小的时候。"俄狄浦斯一字中底,谜底是"人",因为"在生命的早晨,人是软弱无助的孩子,他用两脚两手爬行;在生命的当午,他成为壮年,用两脚走路;但到了老年,临到生命的迟暮,他需要扶持,因此拄着拐杖,作为第三只脚"。斯芬克斯之谜、写在太阳神阿波罗神殿上的箴言"认识你自己"和中国人熟知的那句"人贵有自知之明",都表明人类在认识自然的同时,提出了认识人本身的要求。从某种意义上讲,人认为自己是怎样一个人,比他真正是怎样一个人更重要,因为每个人都是按照他自己认为是怎样一个人而行动的。高职大学生只有对自己各方面都有比较明确的了解,才能在环境的适应、个体的发展上,获得较满意的结果,形成正确的自我意识,悦纳自我,完善人格。

第一节 自我意识概述

一、自我意识的概念

自我意识(self-consciousness)也称自我或自我概念,是一个人在社会化过程中逐步形成和发展起来的对自己内在的身心状态及对自己与客观世界的关系的认识。包含了对自己存在的觉察，自己认识自己的一切。也是对自己各种身心状况以及自己和周围关系的一种认识，体验和评价。是人认识自己和对待自己的内在统一的外在现象。自我意识是意识的最高级形式，它不是单一的心理品质，而是认识、情感、意志的融合体，是一个完整的心理结构。

二、自我意识的心理结构

自我意识的心理结构是从自我意识的三层次，即从知、情、意三方面分析的，是由自我认知、自我体验和自我调节（或自我控制）三个子系统构成，三个方面互相联系、有机结合，构成了一个人的人格结构中的核心内容。

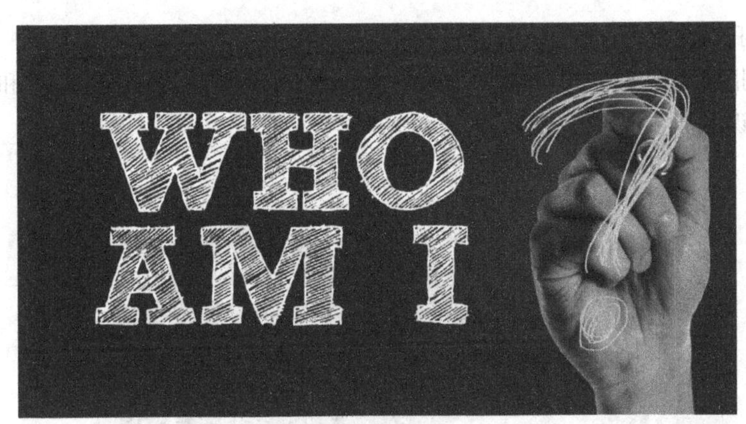

1. 自我认识

指一个人对自己各种身心状况的认识。它包括自我感觉、自我观察、自我观念、其中自我分析和自我评价更是自我结构的核心。自我认知对于个体的情绪体验、行为应对及协调个体在社会群体中的人际关系都有重大的影响。它主要涉及“我是一个怎样的人”“我为什么是这样一个人”等问题。

2. 自我体验

指在自我认识的基础上产生的对自己所持的情感体验。它包括自我感受、自尊、自爱、自卑、责任感、优越感等。它主要涉及“我接受自己吗”“我喜欢自己吗”及“我对自己满意吗”等问题。其核心“自尊是最重要的”。

3. 自我控制

主要表现为人的意志行为，它监督、调节、控制人的行为活动，调整自己对自己的态度和对他人的态度。它包括自主、自立、自强、自卫、自制、自律等。其中不受外界诱惑因素影响，能够自己调节和控制自己的情感冲动和行为，是一种意志力强的表现。自我控制涉及的是“我怎样调整自己”“我如何改变自己”“我怎样成为理想中的自己”等问题。意志行为的核心力量中最主要的是自我控制。

三、自我意识的内容

1. 生理自我

生理自我指个人对自己身体的认识，包括占有感、支配感和爱护感。这是自我意识的最原始形态。

2. 社会自我

社会自我指个人对自己在社会关系、人际关系中的角色、地位的意识，对自己所承担的社会义务和权利的意识等。

3. 心理自我

指个人对自己心理活动的意识，它包括对自己性格、智力、态度、信念、理想和行为等的意识。

4. 道德自我

道德自我指对自己遵守道德行为规范、遵守法纪、思想政治品质、生活和思想作风等方面地自我认识和自我评价。

四、自我意识的特征

1. 社会性

自我意识是个体长期社会化的产物。这不仅因为它是在社会实践中产生的，而且因为它的主要内容是个体社会属性的反映。对自我本质的意识，不是意识到个体的生理特性，而是意识到个体的社会特性，意识到个体的社会角色，意识到个体在一定的社会关系和人际关系中的地位和作用，这是自我意识发展到成熟的重要标志。

2. 能动性

自我意识的能动性不仅表现在个体能根据社会或他人的评价、态度和自己实践所反馈的信息来形成自我意识，而且还能根据自我意识调控自己的心理和行为。个体的能动性使个体不仅自觉积极认识自我，而且能够自觉地进行自我监督、自我批评、自我鼓励、自我教育。例如，在同一社会环境中不同的人，有的能够客观评价自我，表现出谦虚好学，不断进取，而有的人则相反。

3.同一性

心理学研究表明，自我意识一般需要经过 20 多年的发展，直到青年中后期才能形成比较稳定、成熟的自我意识。虽然这种自我意识有可能因个体实践的成败和他人的评价的改变而发生变化，但到青年期以后，个体会对自己的基本认识和态度保持同一性。正因为自我意识的同一性，才会使个体表现出前后一致的心理面貌，从而使自己与其他人的个性区别开来。

4.形象性

自我意识是个体在周围人们的期待中，以及周围人们的评价过程中，通过自己的主观体验而逐渐发展起来的。当个体觉察到对方的态度和言语中所包含的内容时，自我意识的内容也就得到了丰富。因此，个体的自我意识从本质上说，就是从他人对自己的情感和评价中发展自我态度。心理学家柯里把自我意识的这一侧面称为“自我形象”。他说：“人与人之间相互可以作为镜子，都能照出他面前的人的形象。”人们由于把自己的容貌、姿态、服装等作为自己的东西，通过对镜子中的形象的观察，以一定的标准衡量美丑，便会产生喜悦和悲哀。同样个体在想象自己在他人心目中关于自己的姿态、行为、性格时，也会时而高兴时而悲伤。一个人正是这样在与周围人们的接触中，注意到他人对自己的态度，想象他人对自己的评价，并以此为素材构成一个客观标准而内化到自己的心理结构之中，形成了自我形象。

五、自我意识的作用

1. 提高认识功能

自我意识使人能把自己的心理活动也当作客体加以反映，这就大大提高了人的认识活动的效能。人的认识活动不论感觉、知觉、记忆、想象、思维等，都由于自我意识的存在而更加自觉、更加合理、更加有效。近年心理学界对于元认知的研究日益关注。简单说来，元认知就是对认知过程的认知。人不仅能对外部世界的对象进行感觉、知觉、记忆、想象和思维，人还能对自己的这些认识过程本身进行认知，即对这些过程加以分析、监督和调整。通过对自身认识过程的认知，人就有可能发现原有认识活动的不足，可能选择和运用更好的认知策略，从而使认知活动更加完善，更加有效。不难看出，个体对自身认知过程的监控和改善，意味着人在认识和改造客观世界的同时，也可以改造他的主观世界。

2. 形成丰富的感情世界

儿童所意识到的现实只是外部世界，还不能意识到自己的内心世界。只有进入青少年期，自我意识发展逐渐成熟，心中“自我”概念逐渐明晰和稳定，青年人才发现自己的新的情感世界。他们意识到“自我”的独一无二、与众不同，才会逐渐产生“孤独”之感；他们体验到自尊的需要，才会产生与自尊感相联系的“羞赧感”和“腼腆感”。由于他们发现了一个自己的内部世界，他们才时常感到“内在”自我和“外在”行为的种种不符或冲突，从而产生苦闷、彷徨等新的情感。青年人能把感情世界作为自己意识的客体，才得以忽然发现大自然的美丽，发现人类创造的艺术品(音乐、绘画等)的美丽，从而体验种种美感。总之，是自我意识的存在和发展，才使得人的情绪生活变得日益丰富、细致而复杂。

3. 促进意志发展

意志以人确定自觉的行为目的为开端。而自觉目的的提出又是以自我意识的存在为前提的，因为任何自觉行为总有自觉的主体，那就是“自我”。自我的自主性的实现需要个人监督，需要意志的力量，无论其表现形式是施力于外部，促使环境服从主体的要求，还是施力于内部，促使自身特性与需求适应环境，都离不开自我意识的作用，离不开在意识中对自我和环境的明确的区分。

个体意志力的表现同动机的性质和力量密切相关。诸多动机之中，个体自尊的维护和自尊的水平，是影响意志力的重要因素。而自尊的水平及其发展，是直接同自我意识的水平和发展密切相关的，前者是后者的表现形式之一。谈到动机的性质，心理学早已指明，社会意义丰富的动机通常比社会意义贫乏的动机更能支持人的意志行为。但社会意义的丰富与否，是要通过行为者的个体意识从主观上加以认定的。个人主观上如何判断他的“自我”同客观社会利益的关系，则涉及个体的价值取向，涉及他的道德面貌。

4. 道德的必要前提

康德曾经指出，人的自我意识是道德和道德义务的必要前提。他说：“人能拥有自己的自我表象这一点，使人大大高于地球上的一切生命体，因此人才是人，又由于意识在人可能发生种种变化的情况下具有统一性，人才始终是个人，亦即有身份和尊严的、不同于物——例如无理性的、可以任意处置和支配的动物的存在物。”人不是游离于社会之外的抽象的个体，他的自我概念就不能不受到他生活于其中的社会规范的制约。每个个体都在社会体系中处于一定的角色地位，社会对他有着一定的角色期望，这些角色期望承载着社会规范，去要求、约束个体的心理和行为。因此，社会道德就在个人的自我意识中找到了可以存在的处所，也找到了可以调节、激发(或抑制)个体心理与行为的杠杆。就个体方面来说，一个人的自我意识里，就包容了道德、信念和道德体验，以及与之相联系的诸如责任、义务、使命、荣誉等价值观念的内容。由此看来，自我意识不仅极大地促进了人类个体的认识、情感和意志等心理功能的发展，而且使人成为拥有道德意识和道德行为的个体，从而极大地丰富了人的社会属性；自我意识不仅提高了人类认识客观世界的效率，而且开拓了人类认识和改造主观世界的可能性，从而极大地增加了人类意识的主观能动性，提升了人的意识的反映层次。

5. 监督、调节和矫正作用

个体因为有了自我意识，不仅能对作用于主体的客观对象产生相应的心理和行为，而且还能对心理、行为的发出者——自我进行监督、控制和调节。当个体正在思考问题时，他能对正在进行的思考活动本身进行反思，以检点自己正在思考的内容和方式是否恰当；当个体正在操作活动时，他能对正在进行的操作活动本身进行反省，以审视自己的操作是否妥帖。个体正是凭借自我意识的这种功能，随时监督自己发生的心理和行为是否符合个体发展的具体目标，并及时调控自己正在发生的心理和行为。当个体发现自己的心理、行为发生偏离时，便自觉地采取补救措施予以矫正。有人发觉自己脾气暴躁、遇事爱发火的毛病，便以“忍”字为座右铭，时刻提醒自己以矫正自己的不良个性；有人感到自己学习能力较差，便笨鸟先飞，以勤补拙，以弥补自己能力的不足。个体正是在这种监督、调节和矫正功能的作用下，不断地自察自省，扬长避短，最终达到自我完善。

第二节　高职大学生自我意识发展特点

大学时期是个体自我意识迅速发展的重要时期，高职大学生作为大学生中的新兴群体在自我意识方面既有普通大学生的共性，又有自己的特性。近几年，高职大学生的队伍不断扩大，由于教育内容、教育手段以及社会期望等因素的不同，高职大学生的自我意识发展呈现出自己的特点。

一、自我认识方面的主要特点

1. 自我认识的广度和深度大大提高

大学这一特殊的学习、生活环境，为大学生提供了一个博览群书、自由发展、自我实现的新天地。这个新天地使同学们的自我认识向广度和深度发展提供了有利条件。大学生的视野更开阔了，关心的社会问题也多了，社会对同学们的期望也比较高。这时，同学们的自我认识不只涉及自己的气质、风度和性格等一般问题，而且还涉及自己的社会地位、社会责任、自我的价值等问题。通过对这些问题的分析和思考，高职大学生自我意识达到新的广度和深度。

2.自我认识的自觉性和主动性明显提高

大学是高职大学生走向社会前的最后学校学习阶段。学习期间，在同学们面前摆着许多深刻的课题：我将来做个什么样的人？成就什么事业？我能为社会做些什么贡献？……求知欲正强烈的大学生，总是十分感兴趣而又急切地思考着这些问题，强烈地期待着一个满意的答案。这种思考比少年时期更主动、更自觉，具有较高水平。

3.自我评价能力提高

随着大学生活的继续，高职大学生的知识增加了、社会经验也丰富了，大多数同学对自己的分析、评价逐渐变得全面、客观和主动，对自己的优缺点有了较正确的认识和评价，并能选择自己的长处进行发展，开始具备在自觉基础上的“自知之明”，但是大学生自我评价的能力有很大的个体差异。

4.自我认识的迫切和片面共存

进入高职院校学习后，随着独立生活的开始，高职大学生进入“自我发现”的新时期，急于想认识自己、评价自己。这种认识和评价不仅仅针对仪表外貌，更多的是对自己的能力、性格、人生价值等深层问题的探讨，如“我是一个什么样的人”“我应该成为什么样的人”“我的前途在哪里”等。由于个体认识能力的局限，高职大学生对自我的理解和判断常常会流于浮浅和片面。这里主要分为两种情况：一种是家长和学生本人都希望考上本科院校，但因高考成绩不理想，又迫于家庭压力（如复读的经济压力和风险等），才勉强就读高职，因而对自我认识产生较大的心理落差，这类问题以来自普通高中的学生居多；另一种问题来自职业学校的学生，他们在职业学校时期多为学校的佼佼者，对大学生活充满了神秘和浪漫的憧憬，但是，目前许多高职院校的校园环境、教学设施、教学管理和师资条件等都有待改善，与学生理想中的大学相去甚远，他们认为这些因素将影响到自身的未来发展，因此失落感油然而生。至于普通高校附设的高职，学生更能时刻感受到自己与本科生的差距，看不到自己的特长与潜能，其失落感更为强烈，甚至自我厌恶、自我放弃。

二、自我控制方面的主要特点

1.自我控制能力明显提高

在成年人眼中，青年人是精力旺盛、富有朝气的，但也是极为冲动、多变的。这是因为青年人的自我控制能力还较差。处于大一年级的高职大学生，冲动性还较明显。进入大二年级，特别是进入大三年级后，随着知识积累、生活阅历的增加，就业的要求，学生自我认识和自我评价水平增强，同学们能够根据别人的评价和自己行动结果进行反省，能根据社会的需要、就业的要求及时调整自己的行为和目标。这说明高职大学生行为的自觉性和自我控制能力明显增强，而盲目性和冲动性则逐渐减少。

高职大学生自我控制能力明显提高，还表现在同学们的行为和目标能以社会期望和社会要求为转移。例如，在我国市场经济初步建立的今天，社会对大学生的要求越来越高，不单看文凭，更看重大学生的专业技能和竞争意识。面对社会的期望和要求，大学生能对自己的目标进行及时的调整，在掌握专业知识的同时，注重外语水平和计算机水平的提高，注重各种技术能力的培养，以便能更好地适应社会发展需求。

2. 自我设计的愿望强烈

高职大学生能根据自我设计的"最佳自我形象"不断地充实自己的知识、培养自己的能力、形成自己良好的性格与品德。大学生的成就动机是最强的，同学们不愿做一个庸庸碌碌无为的人，都想干出一番事业，能对社会、对祖国有所贡献，以实现自己人生的价值。但是大学生的自我设计常会产生与社会要求不一致的矛盾。

3. 强烈的独立意识和自信心

独立意识，也叫独立感，是指个体力图摆脱监督和管教的一种自我意识倾向。高职大学生在生理发育上已完全具备了成人的特点，心理成熟和社会成熟也已达到较高的水平。通过对自我的认识、体验和控制、调节，同学们的心目中已逐渐确立一个新的自我——成人式的自我，成人感特别强烈。自信心是从独立感中派生出来的一种相信自己精力和能力的自我意识倾向。青年大学生有体力充沛、精力旺盛、思维灵活、记忆力最强等优越条件，这是同学们产生自信心的生理及心理基础，而"时代宠儿"的优越感，则是大学生充满自信的社会基础。青年期学生的独立意识和自信心十分宝贵，它是蓬勃向上、积极进取等优良品质的心理基础。因此要加以适当的保护和引导，而不要因为一时的偏差而冷眼待之。一般来说，随着自我评价能力的提高和知识经验的积累，高职大学生的独立意识和自信心会逐步表现得客观和稳定。

4. 自我调控的自觉和薄弱同在

由于知识经验的逐步丰富、思维水平的提高和活动范围的扩大，高职大学生的心理和行为活动，已从过去的模仿、顺从、外部控制，转向更多的自我调节和控制。同学们倾向于更多地按照自己的认识来选择自己的行为方式，希望独立自主地处理生活和学习中出现的各种问题，在自我调控上开始有了明显的自觉性和主动性。但是有些同学在走向独立的过程中有时会矫枉过正，表现出对家长和教师盲目的、非理智的反抗，从而给独立意识的正常发展带来消极影响。另外，高职大学生整体的文化底蕴、思维方式、情商水平等跟普通高校大学生相比有一定差距，有些同学往往对自己的定位较低，认为不需要学习太多的知识，只要掌握基本的专业技能，将来能找到工作即可，缺乏奋发向上的动力，自我调控能力总体还比较薄弱。

三、自我体验方面的主要特点

1. 丰富性

目前高职大学生丰富多彩的学习生活为同学们发展的自我体验的丰富性提供有利条件。例如，由于意识到自己的成熟就产生了成人感，由于意识到自己的能力和品德的高低而产生了自豪、自尊或自卑、自惭等体验，由于意识到自己的社会角色和社会地位而产生了社会责任感和义务感。一般来说，在自我体验方面，男生比女生更有自信心、更富于活力，但容易急躁，女生则更热情、内心舒畅感更明显，但容易多愁善感。高职大学生自我体验的情感基调是积极的、健康的。大学生要注意增强自我意志的指向能力，提高自我认识水平，这将有助于大学生自我体验的丰富性向健康方面发展。

2. 敏感性和波动性

高职大学生由于对自我的认识还在不断进行中，个性还不够成熟和稳定，也缺乏驾驭情感的意志力量，因此同学们的情感体验表现出明显的敏感性和波动性。同学们可能因一时的成功而产生积极的、愉快的情感体验，甚至骄傲自满、忘乎所以；也可能因一时的挫折、失败而低估自我或丧失自信心，甚至悲观失望。到了高年级，当高职大学生的自我认识和自我控制比较确定后，这种波动性才逐渐降低。

3. 深刻性

高职大学生的自我体验是深刻的。同学们的自我体验不仅与自己的个性特点相联系，而且还与自己的生活信念和人格倾向相联系。当自我的生活信念和人格倾向为别人所悦纳，或客观事物符合自己的生活信念和人格倾向时，同学们就产生愉快的情感体验，否则就产生消极、不愉快的体验。

4. 自我体验的强烈与焦虑相依

随着自我评价由自我的外层深入到自我的内层，青年学生的自我体验也渐趋深刻。高职大学生也不例外，开始重视自己在集体中的角色和位置，对他人的言行和态度十分敏感，对涉及自己的名誉、地位、前途、理想及异性交往等方面的问题，更易引起强烈的关注。常面临“理想的我”与“现实的我”、“自我肯定”与“自我否定”等矛盾，表现出心理上的不平衡，情绪体验强烈。近年来，许多用人单位在人才招聘中盲目追求高学历，社会对高职教育不甚认可，甚至把高职院校与职高相提并论，这在一定程度上挫伤了高职大学生，使同学们感到前途渺茫，感到正当的自我实现愿望得不到舒展，情绪处于青春激情与焦虑乃至恐惧感交织的状态之中。

第三节　高职大学生自我意识分化与整合

一、自我意识的分化

自我意识的分化是自我意识走向成熟的标志。随着自我明显的分化，大学生们开始主动、迅速地关注自己的内心世界和行为，对生理自我、心理自我、社会自我每一细微变化产生新的认识和体验，自我反省能力增强，自我形象的再认识更加丰富、完整和深刻，由此而来的种种激动、焦虑、喜悦增加，自我体验更加丰富多彩，自我思考增多。

1. 主观我与客观我之间的矛盾

自我有主观我与客观我之分，英语中的 I 与 Me 能很好地区分这一含义，前者是主观我，用来表示我是什么，我做什么，后者作宾语使用，表示怎样看待我，给我什么。主观我是一个人对社会情境做出的反应，是自我中积极主动的一面。主观自我与客观自我应该是统一的，这种统一是个人对客体的认识与个人愿望的统一，是个人与社会的统一，是“自我同一性”的形成，更是良好的自我意识的标志。但是，由于自我的结构是多种多样的，每个所处的社会环境存在着很大的差异，主观我与客观我并不总是存在着统一。

大学生的主观我与客观我的矛盾相对突出。作为同龄人中能够接受高等教育的人，大学生对自我有较高的积极评价，但由于同学们远离社会缺乏社会经验，在校园浓郁的学习与文化氛围中生存成长，对社会的了解缺乏切肤的实际与客观的目光。另外，社会上对当今大学生“重理论轻实践、重专业轻基础”的偏见，特别是随着高等教育大众化进程的推进，适龄青年接受高等教育机会的增加，社会对大学生的评价更趋客观。大学生回归本位，身上光环的消失使有些同学产生失落感。

2. 理想我与现实我的冲突

理想我是指个人想要达到的完美的形象，是个人追求的目标，它引导个体实现理想中的个人自我。现实自我是个人从自己的立场出发，对现实中自我的各种特征的认识。现实自我又称个人自我，主观性较强。在现实生活中，理想自我与现实自我总是存在着一定差距的，合理的差距能够使人不断进步、奋发有为。但是，如果差距过大，则有可能引起自发的分裂，导致一系列心理问题。

青年时期的大学生，心中承载着无数的梦想，每个人都渴望一把登天的天梯，有抱负、有追求、有理想，成就动机强烈，特别是当市场经济将人们的成就意识凸现时，很多大学生心中涌动着比尔·盖茨般成功的梦想，他们为自己设定了一个美丽的“理想我”，也对大学生活进行了理想化的设定。但当他们一脚踏入大学时，现实与心中的理想形成了巨大的反差，新生出现了“理想真空带”与“动力缓冲带”，一时间找不到自己生活的方位。对理想自我的渴望与对现实自我的不满构成了这一时期大学生自我意识发展的重要组成部分。值得重视的两个方面：一是理想我与现实我有一定距离是正常的，它可以激励同学们奋发图强、积极向上，向着梦中的方向飞奔；二是当现实我距离理想我太过遥远时，同学们会产生各种各样的心理不适甚至自暴自弃，变得平庸无为，变得无所事事，变得没有动力。

当理想我与现实我发生冲突，积极的自我调适便非常必要。这时，同学们要重新调整和评估自己的理想，直到通过努力可以达到为止。

3. 独立与依附的冲突

大学生生理与心理的成熟使同学们渴望独立，以独立的个体面对生活、学习与工作中遇到的问题，但由于长期的校园生活使同学们应有的社会阅历与经验相对匮乏，当应激事件出现时，却又盼望亲人、老师、同学能够替自己分忧。另外，大学生心理上的独立与经济上的不独立也形成了明显的反差。在同学们迫切希望摆脱约束、追求自立的同时，却又不可能真正摆脱家长、老师的支持和帮助。特别是对于某些独生子女来说，由于长期受到父母的溺爱，这种独立与依赖的矛盾就表现得非常突出。

但独立并非意味着独来独来，独立并非不需要任何人的帮助和指导，并非不需要依赖别人，而在于个人必须对自己的行为负有责任。“一个好汉三个帮”，即使是一个独立性很强的人，也有依靠别人的需要。不同的是，独立的人更多的是依靠自己的力量和努力去克服或解决自我的问题，而不是完全依靠他人的帮助或依赖于别人；独立的人能够权衡利弊、审时度势，能够勇敢做出决定并能够勇于承担自己的行为责任。

过分的依附会使学生缺乏对客观事情的判断能力与决断能力，显得优柔寡断，缺乏主见；而过分独立又使部分学生陷入“不需要社会支持”及“凡事都要靠自己”，采取我行我素、孤傲自立的行为方式，但在遭遇挫折时又会出现不知如何寻求帮助的情况。事实上，任何心理成熟的独立的现代人，都需要他人的帮助，广泛的社会支持是个体心理健康不可或缺的。

4.渴望交往与心灵闭锁的冲突

人生没有哪个时期比青少年时期更加渴望友情与爱情的滋养，更加渴望同辈群体的认同与归属感。在这个时期，每个人都渴望着爱与友谊，渴望着交往与分享，渴望着自我价值得到实现，渴望着探讨人生的真谛，寻找人生的知己，希望成为群体中受尊敬与欢迎的人。然而，大学生的自我表露又受着心灵闭锁的影响，总是不经意地将自己的心灵深藏起来，与同学有意无意保持着一定的距离，存在着戒备心理，不能完全敞开心扉交流与沟通思想。这也是大学生常常感到的"交往不如中学那么自如真诚"的原因所在。

5.自负与自卑的冲突

自信是一种健康的心理，是一种健全自我意识与成熟人格的标志。但是，由于同学们的自我意识尚在发展过程中，心理尚未完全成熟，不可能对自己有正确的认知，因而对自己的认知往往会出现自信的偏差：自卑或自负。自负是一种过度的自信，拥有这种心理的人，缺乏自知之明，往往以为自己对而别人错，把自己的意志强加在别人身人，不能与人和睦相处。自卑是一种自我否定，表现为对自己缺乏信心，对自己不满和否定，拥有这种心理的人总以为自己存在着缺乏、不足与失误，因而遇事总会胆怯、心虚、逃避、退缩，缺乏独立主见。自负与自卑总是紧密相连的，自负表现强烈的人往往也是极度自卑的人。与其他群体相比，大学生体现出较高的自尊与自信，同学们渴望成功，不甘落后，对成功的渴望与预期高，特别是当小小的成就来到身边时，很容易表现出骄傲自大、唯我独尊、自我中心，相当自负，好像世界尽在手中的控制感。当遭遇失败与挫折时，有时甚至是小小的失利如考试失败、恋爱失败等，这些同学便开始怀疑自己的能力，进而产生自我否定、自我怀疑甚至自暴自弃，陷入强烈的自卑之中。这些都与大学生自我认知不良、自我定位不准确有关。

6.理智与情感的冲突

大学生情绪的一个显著特点是容易两极分化，或高或低，波动性大，易冲动，不易控制。但随着身心的发展，认知水平的提高，大学生渐渐成熟，在遇到客观问题时，既想满足自己情绪与情感的要求，又想服从于社会及他人的需求。特别是当遇到失恋等人生打击时，尽管理智上能够理解，却在感情上难以接受。

二、自我意识的整合

自我意识的矛盾冲突，常常会给成长中的大学生带来不安或心理痛苦，同学们总是力图通过自我探究来摆脱这种不安与痛苦。在自我意识的矛盾冲突中，学生的自我意识也在不断调整、发展。在自我意识的不断调整、发展的过程中，同学们极易寻求新的支点，寻找自我意识的统一点，整合自我意识。由于自我意识具有复杂性与多维性，大学生逐渐在多向度中审视自我、调整自我，向理想自我靠近。这也是我们常说的自我同一性的建立。从多维度观察的自我同一性越高，大学生自我意识的发展越好，人格越完善。但是，由于大学生的成长背景、家庭教养方式、社会经济地位、个人人生志向、职业目标的不同，同学们的自我意识整合的结果与类型也不同。从自我意识的性质看，大学生自我意识的整合结果表现在三个方面：

1.积极自我的建立：自我肯定

肯定自我，即对自我的认识比较清晰、客观、全面、深刻。这种积极自我的特点是在经过痛苦的选择与调整之后，大学生逐渐成长，使自己的理想我与现实我趋于统一，主观我与客观我趋于一致，对自我的认识更加深刻、客观、理性。积极的自我不仅了解自己的长处与优势，也了解自己的不足与劣势，他能够分析哪些是通过努力可以达到的，哪些是属于无法企及的，从而进行积极的自我肯定，向着理想自我迈进。

2.消极自我的建立：自我否定

悲观消极的自我意识分为两个方面：自我贬损型与自我夸大型。自我贬损型的人由于总在积累失败与挫折的经历，对现实自我的评价较低，并时常伴有没有价值感、自我排斥、自我否定。这些同学不但不接纳自己，甚至自我拒绝、自我放弃，表现为没有朝气、随波逐流、缺少激情，生活没有目标，其结果则更加自卑，从而失去进取的动力。自我夸大型的人正好相反，他们对自我的评价非常高，往往脱离客观实际，常常以理想自我代替现实自我，盲目自尊，虚荣心强，心理防御意识强。其行为结果要么表现为缺乏理智，情绪冲动，忘记现实自我而沉浸于虚无缥缈的自我设计中，要么自吹自擂、自我陶醉，却不去为实现自我做出努力。自我贬损型与自我夸大型的共同特点是对自我评估不正确、理想自我不健全，缺乏实现理想自我的手段，形成后的自我虚弱而不完整，是一种不健康的自我整合。虽然，大学生中这种类型的人较少，但严重者可能用违反社会规范或违法犯罪的手段来谋求自我意识的整合。

3.自我冲突

自我冲突是难以达到整合的自我意识，它表现为自我评价始终在真实自我上下徘徊，自我认知或高或低，自我体验或好或坏，自我控制时强时弱，心理发展极不平衡，有时显得自信而成熟，有时又表现出自卑而不成熟，让人无法评估。自我冲突的人表现为两种类型：自我矛盾型与自我萎缩型。自我矛盾型的大学生，内心冲突激烈，持续时间长，自我认识、自我体验、自我控制不稳定，新的自我无法整合。例如，有的大学生可能既是一个自信的人，也可能是一个自卑的人，既是一个诚实的人，也可能是一个骗子，既是一个性格孤僻的人，也是一个善于交际的人。自我萎缩型的大学生缺乏理想自我，但又对现实自我深感不满，他们消极放任、自怨自艾，甚至麻木、自卑，以至于越来越消沉、对自己丧失信心，严重的还可以导致精神分裂症或绝望轻生。因此，自我冲突的大学生要逐渐调整自己的自我认知，客观认识自己与他人，客观看待成功与挫折，这样才能使自我意识在良性轨道上循环。

三、自我意识在分化整合基础上的发展

1.独立意向的发展

随着高职大学生自我意识的分化与统一，自我意识的独立意向迅速发展，表现在不再简单认同别人的观点，而是有自己的独特理解，开始独立地看待权威集体和社会，独立体

验自己的内心情感，经常陷于自我思索、自我感受中，独立地控制自己的行为，调节自己行动的方向，同学们在内心里建立起了一个全新的成人式的自我，并以这个自我作为思想和行动的出发点。但是，高职大学生特别是低年级学生由于自我意识分化统一不够成熟，所以当面临不熟悉的情境或复杂的事态时，往往会感到心中无数，无从把握，对自己做出的选择缺乏信心，从而导致独立意向与依赖心理的冲突。一般说来，到了高年级，由于知识和经验的积累，独立意向才基本成熟，显得平稳而实在。

2.自我评价的发展

随着自我意识的分化与统一，高职大学生自我评价能力形成了有别于其他群体的显著特点：一是自觉性提高。同学们经常把自己与周围的同学、教师或典型人物做比较来评价自我、调整自己，并试图把理想的人格内化为自己的品质。二是丰富性增强。同学们积极投身各类社会活动，在活动中开阔了视野，增加了认识的内容和深度，丰富了自我评价。但是，由于高职大学生心理发展尚未完全成熟、稳定，知识和阅历毕竟浅薄，对社会和自我的认知仍有许多不全面、不辩证之处，理想自我与现实自我之间常常会有较大差距，这就容易导致自我评价产生偏差，集中反映在评价偏高和评价偏低两方面，不利于同学们最大限度地发挥自己的潜力和才能，在学习和工作上难以取得如意的成绩，容易引发情感挫伤和内心冲突。

3.自我体验的发展

高职大学生自我意识的分化使同学们的自我体验超越了中学时期被动、肤浅的层次，同学们能够自觉地去感受和体会内心的情感，具有如下突出特点：一是敏感性增强。凡涉及"我"的事物都会引起同学们的关注，诱发同学们的连锁反应。同学们因为关心自己在别人心目中的形象与地位，关心别人对自己的意见和看法，有时别人无意间的一句话，也会在同学们心头引起轩然大波。二是深刻性加深。对与自我有关的活动或事物的体验较少年时期明显深刻。阅读文学作品时，同学们能把自己沉浸到作品之中，体验人物的心态，揣摩人物的情感，而少年是很少这样的。三是丰富性与波动性明显。高职大学生的自我体验包括肯定和否定的体验、积极和消极的体验、紧张和轻松的体验、敏感和迟钝的体验等，丰富多彩，同时又容易随情境的不同发生较大的波动。

4.自我控制的发展

与中学时期的冲动、自控力差相比，高职大学生不仅能在感知水平、表现水平上驾驭自我，而且能在信念水平上驾驭自我，对自己的控制方式逐步从外部控制向内部控制转变，行为过程中常能以内心信念和社会期望来规划、要求自己，按照自我设计的目标自觉调节行为，自控能力显著提高。一般情况下，大多数同学能够理智地处理同学之间的矛盾与冲突，克服自己对专业学习的厌倦情绪，顺利通过考试，按学校的规章制度和要求管理自己。但少数同学还存在自我控制力差的一面，因此，高职大学生中违纪现象时有发生，同学之间矛盾激化的情况也时常出现。一旦发生问题，还需辅导员、班主任经常为这些鸡毛蒜皮的小事做调解工作，实施教育和引导。

总之，个体自我意识的发展是一种螺旋式上升的趋势，青年期是自我意识迅速发展并趋于成熟的关键时期，其自我意识正经历着一个矛盾—统一—新的矛盾—更高层次的统一的过程。同学们应把握高职大学生自我意识分化与统一发展的规律，通过外部引导和自我教育两个方面，在社会环境中、在与他人的互动与自我反思中不断提升自我意识水平。①

第四节 高职大学生自我意识的完善

一、高职大学生自我意识的几种偏差

1.不合理的认知与评价

有些高职大学生表现为过度自我接受，他们过高地评价自我，用放大镜看自己的长处，很少认识到自己的缺点和短处，用显微镜看他人的短处，很少看到别人的长处。他们对自己的肯定评价远远超越自己的实际水平，容易产生盲目乐观情绪、自以为是，不易处理好周围的人际关系。当他们取得一点成绩时，容易滋生骄傲，对自己提出过高的要求，并因承担无法完成的任务而导致挫败感。与此相反，有些高职大学生表现为过度自我拒绝，他们严重低估自我，看不到自己的价值，只看到或夸大自己的不足，感到自己什么都不如他人，处处低人一等，丧失信心，严重的还可能由自我否定发展为自我厌恶甚至走向自我毁灭。例如，某些学生目标不能实现时，不能原谅自己，深深自责，甚至怀疑自己的能力，从而灰心丧气、自我否定、自我拒绝。过度自我拒绝会压抑积极性，限制对生活的憧憬和追求，易引起严重的情感损伤和内心冲突。

2.过强的自尊心

自尊心过强的高职大学生缺乏自我批评，常常回避、否认自己的缺点，不能与人和谐相处，容易失败，也容易受伤害。例如，有些同学有很强的自尊心，总担心自己的行为会当众出丑，于是为了维护自己的自尊，便遇事回避，处处退缩，什么事都不敢去做，结果丧失了许多锻炼的机会。这就形成了一个恶性循环，因为"不敢做"就"不去做"，"不去做"就"不会做"，结果就不会进步不会有成就，就越来越没信心。这种自尊不但没有消除自卑，反而陷入更深的自卑。

3.过分追求完美

有些高职大学生苛求自我，过分追求完美，不顾自己的实际情况，期望自己完美无缺，只接受自己幻想中"完美"的自我，不肯接纳现实中的有缺点的平凡的自我；他们不能容忍自己的"不完美"表现，对自己"不完美"的地方看得过重，总对自己不满意，严重影响了自己的情绪和自信心。

4.自卑

有些同学由于对高职教育普遍缺乏较为全面的认识和了解，加之与同龄人高考竞争中的失败经历，经常表现得自我价值感不足。在大专文凭不高、经济压力较大、高职特色

---

① 庄建东:《大学生自我意识的分化与统一探析》,《科技信息》2011年第32期。

不强、就业渠道不畅的情况下，很多高职大学生心存自卑，甚至产生不同程度的心理障碍，在心灵深处表现为对现实选择的无奈，心理困惑较多，对自己的人生未来缺乏面对的信心和勇气。

5. 从众

从众是一种普遍存在的心理现象，它是在群体舆论的压力下，放弃个人意见而采取与大多数人一致的自我保护行为。有些大学生性格内向，独立能力差、无主见，甘当配角，缺乏独立意识和对问题的独到见解，具有趋同性，缺少独当一面的勇气。从众心理过强，会使高职大学生缺乏个体倾向性的人生观、价值观和世界观，自我意识薄弱。

二、高职大学生自我意识偏差的原因

1. 社会方面的原因

当前高等职业教育占高等教育的半壁江山，虽然国家非常重视高等职业教育的发展，但是鄙薄职业教育的现象依然很严重。在高考录取时，高职院校属于“第三批次”，就是其他普通高校都去不了了，不得已才进入高职。此外，近年来，社会用人单位片面追求高学历，使高职大学生和普通大学生相比往往处于劣势。这些社会因素导致高职大学生感觉比别人低一等，甚至有些高职大学生，看到课本封面上印着的高职高专教材字样，就感到特别自卑。

2. 学校方面的原因

大部分高职院校是中专合并转升高职的，无论是硬件还是软件实力都不够，这与学生理想中的大学有较大差距，学生感到非常失落、沮丧。高职定位是培养实用性人才，但由于与理论配套的设施不齐全、不充足，学生大部分时间都是在学理论知识，实用技能的锻炼非常缺乏，即使毕业后，也不能马上适应相应岗位。有很多学生对这些怨声载道，有的学生想既然学不到期望的技术，而三年高中过得太辛苦，现在不如放松放松，于是高职院校呈现出“学风不浓，玩风过盛”，旷课厌学成了校园流行病。

3. 家庭方面的原因

一些高职大学生家长对高职院校缺乏正确认识，对子女进入高职非常不满，甚至产生自卑，家长的自卑进一步加重了高职大学生的自卑感。这些学生一方面由于经济窘迫，另一方面由于校园里的“拜金主义”“攀比风”，总觉得自己寒酸、比别人低一等。还有很多高职大学是来自农村，家庭经济条件差，为了父母的养育之恩给自己施加过大的学习压力，为生活费和学费担忧，为拮据的消费不在同学前显现而封闭自己，对自我认识偏低，甚至出现嫉妒心理。

4. 学生个人的原因

一些学生高考失利，没有录上理想的大学，不得已而上高职。但他们从心理上排斥高职，认为读高职就低人一等，心里苦闷、压抑，进而否定自己，否定自己的能力，精神一蹶不振，牢骚满腹，对学习生活却毫无兴趣。很多高职大学生在以前没有养成好的学习习惯，成绩也较差，学习欲望不强，进高职院校后，他们一度对理想自我设计得很完美，由于设计不符合自身的知识、能力和客观情况，往往与现实自我差距较大，落差带来的失意，使自尊心和自信心受到伤害，自我接纳与自我排斥产生冲突。

三、积极悦纳自我、完善自我

积极完善自我首先要无条件地接受自己的一切，好的和坏的，成功的和失败的，接纳自己的优点、缺点和限制。个体能否悦纳自我是自我体验、自我评价的表现形式。

（一）客观评价自己，悦纳自我

高职大学生要学会客观公正地评价自己，从生理自我、社会自我、心理自我三方面正确认识自己。生理自我方面，高职大学生对自己的长相、身高、身材要正确评价，要善于开导自己。每个人的外形都是父母给予的，不能加以改变的。在这个世界上，有高的就有矮的，有胖的就有瘦的，有长得漂亮的就有难看的。高职大学生应该接受自己的外形，就像接受自己其他方面的优点和缺点一样。社会自我方面，高职大学生对自己目前的状况（就读高职），应理清思路。高考失败已成过去，逝者已逝，来者可追，结合自身条件和环境，为自己制定一个目标，从此时此刻做起，踏踏实实付出，为实现这一目标不懈努力。

总之，高职大学生应该在正确评价自己的基础上，继续发扬优点，逐步克服缺点；对于某些不是一时三刻能去除的缺点，甚至可能永远也无法消除的缺点，就应该像接受自身的优点一样，把它视为自己的一部分，毕竟人无完人。这样，高职大学生才能打破原来的心理桎梏，接受自己、悦纳自己。

（二）积极心理暗示

1.树立自信心，每天在心中默念："我是最棒的"。

2.每天都能保持甜美的微笑。

3.凡事都要昂首挺胸。

4.交友要有倾向性。

5.通过实践增强成就感。

6.每天抽几分钟时间，对着镜子，用感激之心看着镜子中的"我"，然后给"我"一个甜甜的微笑，认真地说一句"我爱你"。

（三）欣赏自己

1.不要给自己贴上消极的标签，如我笨、我无能。

2.不要将自己的短处与他人的长处比较。记住：你是独特的，欣赏这种独特之处，学会欣赏这种差别。

3.人人都有他人所不知的问题和弱点，即使最自信的人，也有感到不安全的方面。

4.与处世积极、喜欢与你同行并享受人生的朋友交往。

5.笑口常开，培养幽默的性格。

（四）有效自我控制

自我控制是主动定向改造自我的过程，也是个体对待自己的态度的具体化过程，同时，它是大学生健全自我意识和完善自我的根本途径。

一般来说，大学生要有效控制自我包括以下几点：

1. 建立合乎自我实际情况的抱负水平，确立合适的理想自我。即面对现实，确定自己的具体奋斗目标。把远大的理想分解成一个个远近高低不同的子目标，由近及远，由低到高，循序渐进，逐步加以实现。关键是每个子目标都应适当、合理，经过努力可以达到，否则会丧失信心。

2. 增强自尊和自信，使自己有为实现理想自我而努力的更强大的动力，激励自己不断奋进。

3. 培养顽强的意志和坚强的性格，发展坚持性和自制力，增强挫折耐受力，使自己能自觉主动地认清目标，为实现目标而努力排除干扰、克服困难，正确地面对成功与失败。

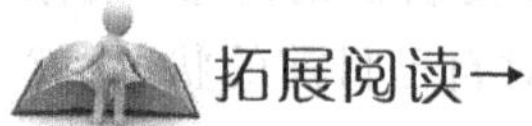
拓展阅读

不要小看自己，多给自己打气

李开复

"自"信的关键在于自己。如果你自己总认为自己不行，你是无法得到自信的。例如，马加爵曾说："我觉得我太失败的，同学都看不起我……很多人比我老练，让我很自卑。"虽然马加爵很聪明也很优秀，但他从没有真正自信过。

自信的秘密是相信自己有能力。中国古谚："天生我才必有用"，"一枝花，一点露"。每个人都有自己的特性和长处，值得看重和发挥。我记得我 11 岁刚到美国时，课堂上一句英语都听不懂，有一次老师问"1/7 换算成小数等于几？"我虽然不懂英文，但认得黑板上的"1/7"，这是我以前"背"过的。我立刻举手并正确回答了这个问题。不会"背书"的美国老师诧异地认为我是个"数学天才"，并送我去参加数学竞赛，鼓励我加入数学夏令营，帮助同学学习数学。她的鼓励和同学的认可给了我自信。我开始告诉自己，我有数学的天分。这时，我特别想把英文学好，因为只有这样才能学习更多的数学知识。这种教育方式不但提高了我的自信，也帮助我在各方面取得了长足的进步。

中国式教育认为人的成长是不断克服缺点的过程，所以老师更多是在批评学生，让学生弥补最差的学科。虽然应把每科都学得"足够好"，但人才的价值在于充分发挥个人最大的优点。美国盖洛普公司最近出了一本畅销书《现在，发掘你的优势》。盖洛普的研究人员发现，大部分人在成长过程中都试着"改变自己的缺点，希望把缺点变为优点"，但他们却碰到了更多的困难和痛苦，而少数最快乐、最成功的人的秘诀是"加强自己的优点，并管理自己的缺点"。"管理自己的缺点"就是在不足的地方做得足够好，"加强自己的优点"就是把大部分精力花在自己有兴趣的事情上，从而获得无比的自信。

凌志军的《成长》一书里还有很多得到自信的例子，微软亚洲工程院院长张宏江说他从小就"相信我是最聪明的。即使再后来的日子里我常常不如别人，但我还是对自己说：我能比别人做得好"。微软亚洲研究院的主任研究员周明小时候在"学生劳动"中刷了 108 个瓶子，打破了纪录，从而获得自信。他说："我原来一直是没有自信心的，但是这件事给了我自信。这是我一生中最快乐的经验，散发着一种迷人的力量，一直持续到今天。

我发现了天才的全部秘密，其实只有六个字：不要小看自己。”

自信是一种感觉，你没有办法用背书的方法“学习”自信，而唯一靠“学习”提升自信的方法是以实例“训练”你的大脑。要得到自信，你必须成为自己最好的拉拉队，每晚入睡前不妨想想，今天发生了什么值得你自豪的事情？你得到了好的成绩吗？你帮助了别人吗？有什么超出了你的期望吗？有谁夸奖了你吗？我相信每个人每天都可以找到一件成功的事情，你会慢慢发现，这些“小成功”可能会越来越有意义。

有个著名教练在每次球赛前，总会要求队员回忆自己最得意的一次比赛。他甚至让队员把最得意的比赛和一个动作（如紧握拳头）联系起来，以便使自己每次做这个动作时，就会下意识地想到得意的事，然后在每次比赛前反复做这个动作以“训练”大脑，提升自信。

希望同学们都能成为自己最好的拉拉队，同时多结交为你打气的朋友，多回味过去的成功，千万不要小看自己。

（资料来源：李开复：《李开复给中国学生的第三封信：成功、自信、快乐》，http://tech.sina.com.cn/it/2004-09-20/1824428404.shtml，访问日期：2013年10月15日。）

拓展训练→

自我中心倾向测验

请以“是”或“否”诚实地回答下列问题，并在纸上记下它们。

A组

1. 你做任何事情，通常都是慢条斯理而自信满意的吗？
2. 如果有人看着你做事，你会不高兴吗？
3. 你做白日梦的时候比大多数你所认识的人多吗？
4. 你认为别人很难信任吗？
5. 你比较喜欢一直做同样的工作，较不喜欢工作多变化吗？
6. 你觉得存钱很容易吗？
7. 如果有人要求你改变自己的习惯和想法，你是否觉得很难接受？
8. 你是否相信“事出必有因”这句话？
9. 你是否觉得，不经过适当的引介，你不容易和陌生人交谈？
10. 你记过日记吗？

B组

1. 你喜欢去人潮汹涌的地方度假吗？
2. 你喜欢转换不同种类的工作吗？
3. 你喜欢身体力行，而不是光看不做吗？
4. 你是否参加了一些俱乐部或社团？
5. 你是否很难把注意力集中在微细的地方？
6. 你是否很难动怒而责骂别人？
7. 如果遇上麻烦，你通常会予以迎面痛击吗？

8. 你认为自己和大多数你所认识的人相较之下，是个口才一流的人吗？

9. 你是否喜欢来个“即兴式”的聚会和活动，较不喜欢经过安排的娱乐活动？

10. 你跟异性成员相处，一般都能泰然自若吗？

评分与分析：

请把A组B组中答案“是”的回答分别加起来。如果你在A组中的“是”比B组多，你就看下面的“解析A”那一段。如果B组中的“是”较多，就看“解析B”的那一段。不过如果两组的“是”都在5(含)以上，就看“解析AB”。

解析A：

跟周围大多数人比较起来，你的确比较关心自己的思想与情感。你生性爱干净，几乎到了太过讲究的程度，尤其是在外表、习惯与饮食方面。同时，你也是敏感的人，会深受褒贬毁誉的影响，十分有良心。如果遇到尴尬场合，你可能很容易“脸红”。

虽然你常常想维护自己的利益，但是你可能不会这么做，除非环境给你极大的压力。

你是个自我中心型的人——过于关心自己的利益。不过你的自我中心是属于内向型的，关心的是自己个人内心满足，并非外在荣誉与赞赏所给你的好处。请注意，不要常常把自己搞得闷闷不乐。如果你多走进人群一点，日子可能更好过些。试着伸出更友善的手，多信赖别人一点吧！

解析B：

没有人会说你是个自私自利的人。你做任何事都透露出一种随和的天性，而这种天性正反映出你对周围事物的兴趣所在，你对自己较无兴趣，你喜欢的是户外活动、社交活动以及时事。

如果你多学会一点自我控制和推理，你的日子会好过的。你容易冲动行事，而这种个性无疑带给你许多麻烦。因此，请冷静一点，不妨偶尔放松一点。

你不像A型性格的人那样会应情感问题而受到困扰。原因之一是，你不会让情感积压在心中，而是每当有什么情感就表达出来。这是由于你很容易摆脱一种情绪或情感，立即做出另一种情绪反应。

解析AB：

你想在自我心中，以及亲切随和的个性之间寻找一个亲切恰当的平衡点。也许你对日常生活环境已经调试得很好了。

你喜欢和达官贵人打交道，也许是因为这能满足你稍微偏好社会声望的天性，不过这没什么好顾虑的。你有丰沛的“冲劲”去要求自己的权益，不过你的要求通常都是公平合理的。

人难免会有触犯到别人的时候，不过，你通常会替别人设想周到，了解他人的需求。

你是个“智慧的自我中心者”。你知道你要的是什么，而且当你达到时，你会引以为荣。你本来是容易做得太过火而变得自大自负或性情多变的，但是，你一般会极力克制这种倾向。

第六章　高职大学生的人际关系

第一节　人际交往与心理健康概述

一、人际交往的定义

人际交往是指人们在社会生活中，通过人与人之间互相接触、互通信息、交流感情，从而增进友情、促进事业成功、满足相互精神慰藉或者是实现自我价值的过程。人际交往是人生存的基本需要，是人类生活不可缺少的组成部分。马克思说过："人的本质并不是个人所固有的抽象物，它是一切社会关系的总和。"美国心理学家舒兹(W. C. Schutz)认为，每个人都需要别人，因此都具有人的需求。大量的研究表明，人际交往是保持一个人身心健康的前提和基础，也是一个人事业成败的关键。罗斯福说："成功公式中，最重要的一项因素是与人相处。"

"Well, now we know what not to do."

大学生人际交往的主体是大学生，从广义上来说指与大学生有关的一切人的人际交往，如亲子交往、师生交往、同学交往等；从狭义上来说指大学生在校期间和周围与之有关的个体或群体的相处及交往。

二、人际交往的重要性

人是社会的动物，不能离开群体而单独生存。个人每天除 8 小时睡眠以外，其余 16 个小时候中有 70％的时间是在进行人际交往。可以说，人际交往构成了人生的主要内容，个人是在复杂的人际交往中不断成长与发展的。事业成功、生活幸福也是以人际交往的成功为前提的。人际交往的成败对人的影响超出了人们的想象。

1. 交往与个性发展

马克思把交往比作人类历史的必然伴侣，他曾说："一个人的发展取决于和他直接和间接进行交往的其他人的发展。"心理学的研究结果表明，儿童与其照看者之间通过积极的交往形成的稳定的亲密关系，是其心理乃至身体正常发展不可缺少的条件。与此同时，如果儿童缺乏与成人的正常交往及由此建立起来的亲密关系，不仅性格发展会出现问题，连智力也会出现明显障碍。

交往是个性发展与人格健全的必经之路。个体只有通过与其他个体发生联系，才有可能学习社会知识、技能与文化，才能取得社会生活的资格。离开社会的交往环境，离开与他人的合作，个体是无法成长为一个合格的社会人的。

2. 交往与社会化

人际交往是与人类社会相伴而生的。离开了人际交往，人类个体只是生物学意义上的自然人。通过人际交往，通过在社会生活中承担一定的角色，自然人才会发展成心理学意义上的社会人。印度的"狼孩"自出生后就与世隔绝，因而他没有社会性，只是一个生物个体而已。大学生正处于身心急速发展的时期，交往对象的增多，交往范围的扩大，交往内容的深入，交往形式的多样，必然对同学们的社会化进程产生积极的促进作用。

→→→→→

【案例阅读】

1920 年，在印度加尔各答东北的一个名叫米德纳波尔的小城，人们常见到有一种"神秘的生物"出没于附近森林，往往是一到晚上，就有两个用四肢走路的"像人的怪物"尾随在三只大狼后面。后来人们打死了大狼，在狼窝里终于发现这两个"怪物"，原来是两个裸体的女孩。其中大的年约七八岁，小的约两岁。这两个小女孩被送到米德纳波尔的孤儿院去抚养，还给她们取了名字，大的叫卡玛拉，小的叫阿玛拉。到了第二年阿玛拉死了，而卡玛拉一直活到 1929 年。这就是曾经轰动一时的"狼孩"一事。

"狼孩"刚被发现时用四肢行走，慢走时膝盖和手着地，快跑时则手掌、脚掌同时着地。她们总是喜欢单独活动，白天躲藏起来，夜间潜行。怕火和光，也怕水，不让人们替她们洗澡。不吃素食而要吃肉，吃时不用手拿，而是放在地上用牙齿撕开吃。每天午夜到清晨三时，她们像狼似的引颈长嚎。她们没有感情，只知道饥时觅食，饱则休息，很长时间内对别人不主动发生兴趣。不过她们很快学会了向辛格的妻子去要食物和水，如同家犬一样。只是在一年之后，当阿玛拉死的时候，人们看到卡玛拉"流了眼泪——两眼各流出一滴泪"。

3. 交往与心理健康

医学心理学家丁瓒教授曾指出："人类心理适应最主要的就是对于人际关系的适应，所以人类心理的病态，主要是由于人与人之间关系失调而来。"研究表明，如果一个人长期缺乏与别人的积极交往，缺乏稳定的良好人际关系，那么这个人往往有明显的性格缺陷。

在心理健康教育实践中，研究者也注意到，绝大多数大学生的心理危机与缺乏正常人际交往和良好人际关系相联系的。在同宿舍里，同伴之间的心理交往状况，往往决定了一个大学生是否对大学生活感到满意。那些生活在没有形成友好、合作、融洽的人际关系的宿舍中的大学生，常常显示压抑、敏感、自我防卫、难于合作的特点，情绪的满意程度低。在融洽的宿舍里生活的大学生，则以欢乐、注重学习与成就、乐于与人交往和帮助别人为主流，可见，人的心态与性格状况，直接受到与别人交往和关系状况的影响。

→→→→→

【心理研究】

感觉剥夺实验

1954年，加拿大麦克吉尔大学的心理学家首先进行了"感觉剥夺"实验。实验中给被试者戴上半透明的护目镜，使其难以产生视觉；用空气调节器发出的单调声音限制其听觉；手臂戴上纸筒套袖和手套，腿脚用夹板固定，限制其触觉。

被试单独待在实验室里，几小时后开始感到恐慌，进而产生幻觉……在实验室连续待了三四天后，被试者会产生许多病理心理现象：出现错觉幻觉，注意力涣散，思维迟钝，紧张、焦虑、恐惧等，实验后需数日方能恢复正常。

这个实验（当然这种非人道的实验现在已经被禁止了）表明：大脑的发育、人的成长成熟是建立在与外界环境广泛接触的基础之上的。同时，这个实验也启示我们：只有通过社会化的接触，更多地感受到和外界的联系，人才可能更多地拥有力量，更好地发展。

4. 交往与成才

美国著名教育家、成功学大师卡耐基通过多年调查研究得出这样的结论："一个人事业的成功，15%来源于他的专业知识，而85%源于他良好的人际关系和处世技巧。"可见人际交往是人类最基本的社会活动，对一个人一生发展起着重要的作用，一个人是否能取得成功不仅要靠知识和技能，更重要的是人际关系。所以有人说，人的一生有三块奖牌，知识是铜牌，技能是银牌，人际才是金牌。

纵观科学发展史，不难发现，科学家间的彼此合作，很有可能出现科学的奇迹。在现代社会，各门学科间的相互渗透越来越强，单靠一门学科的知识很难有大的成就。对于大学生来说，应该学会与不同学科人才进行交流的能力，从而在心灵上相互沟通、行为上相互协调，共同促进、共同提高。

5.交往与幸福

在日常生活中，有些人往往认为，人的幸福是建立在金钱、成功、名誉和地位的基础之上的。实际上，对于人生的幸福来说，所有这些方面远不如健康的交往和良好的人际关系重要。交往和人际关系在人们生活中的地位无法为金钱、成功、名誉和地位所取代。心理学家通过研究发现了一个奇特的现象：自20世纪30年代以来，人们的金钱收入一直是呈上升趋势的，但是对生活感到幸福的人的比例并没有增加，而是稳定在原来的水平。这说明金钱并不能简单地决定人的幸福。

西方心理学家克林格做了一个广泛的调查，结果发现，良好的人际关系对于生活的幸福具有首要意义。当人们被问到"什么使你的生活富有意义"的时候，几乎所有的人都回答，亲密的人际关系是首要的。自己的生活是否幸福取决于自己同生活中其他人的关系是否良好。如果同配偶、恋人、孩子、父母亲、朋友及同事关系良好，有深刻的情感联系，那就会感到生活幸福且富有意义。反之，则会感到生活缺乏目标、没有动力和不幸。在这些被调查者的回答中，人际关系的重要性远远超过成功、名誉和地位，甚至超过了西方人最为尊重的宗教信仰。有一项调查表明，在我国压抑、人际关系和谐度和人际关系压力是导致自杀的三大因素。法国社会学家指出，社会关系的丧失是自杀的主要原因之一。

三、人际交往的心理结构及动力

(一)人际交往的结构

一般来说，人的心理分为知、情、意三层结构。知为认知系统，情为动力系统，意为控制系统。这三个子系统相互作用，相互影响，就构成了心理结构的整体系统与功能。人际交往的心理结构也包括人际认知、人际情感和人际行为这样三个具有内在联系的具体层面。

1.人际认知

指人与人在交往过程中的相互认知，即通过彼此相互感知、识别、理解而建立的一种心理联系。它包括自我认知、对他人的认知、对人际关系的认知三个方面。人际认知是人际交往的基础，人际交往的建立是从人与人之间的相互认知开始的。人际认知是双向的互动过程，一方面要使自己了解他人，另一方面也要使他人了解自己。为使他人更好地理解自己，一定程度上的"自我暴露"是必要甚至必需的，每个人都需要向他人开放一定的自我领域。

2.人际情感

指人际交往中各自的需要是否得到满足而产生的情绪、情感体验。消极情感是指导致人际相互疏远、分离的情感，例如厌恶、仇视等。由于人际交往在心理上总是以彼此满意不满意、喜爱不喜爱等情感状态为特征，因此，人际情感就成了人际交往的核心，它是人际交往中最本质的、具有决定性影响的因素，是衡量人际关系的晴雨表。通常人们将人际情感分为积极(正情感)和消极(负情感)两种类型。积极情感是指导致人际相互亲近、融合的情感，诸如喜欢、喜爱等。

3. 人际行为

指双方在相互交往过程中的外在行为的综合体现，它包括人们的仪容仪表、服饰打扮、言谈举止、礼仪礼节等。在人际交往中，不论是认知因素还是情感因素，都要通过人际行为表现出来，人际行为是人际交往的调节杠杆，人们可以通过各种行为调节、修补、完善人际关系。

（二）人际交往的动力

1. 需要层次理论

需要是人的本性，因此，人的需要是人际交往产生的推动力。确切说满足自我需要是人际进行交往的始初动因和最终归宿。关于人的需要的论述很多，其中最著名的是美国心理学家马斯洛 1943 年提出的需要层次理论。马斯洛把人的需要从低级到高级划分为五个层次，分别是生理需要、安全的需要、归属与爱的需要、尊重的需要及自我实现的需要，并认为这些层次是依次递进的。其中底部的三种需要可称为缺乏型需要，只有满足了这些需要个体才能感到基本上舒适。顶部的两种需要可称之为成长型需要，因为它们主要是为了个体的成长与发展。

2. 社会交换理论

社会学家霍曼斯采用经济学的概念来解释人的交往行为。该理论认为，人际交往是一个社会交换的过程，人们之间的所有活动都是交换，是一种准经济交易：当你与他人交往时，你希望获取一定的利益，作为回报，你必须准备给予他人某种东西，他人也是如此。这里实则包含着公平理论：即人际双方体验到的贡献成本和得到的收益基本相同时，人际关系是很愉快的。社会交换理论认为，人们所知觉到的一段关系的正性或负性程度取决于以下因素：

（1）自己在关系中所得到的收益。

（2）自己在关系中所花费的成本。

（3）对自己应得到什么样的关系和能够与他人建立一个更好的关系的可能程度。

四、大学生人际交往的类型及特点

（一）大学生人际交往的类型

1. 师生交往

老师与学生，是大学校园里两大基本群体。老师是学生人际交往的重要对象，师生关系是学生人际关系的重要内容。师生关系如何，直接影响到学生在学校的健康地学习成长，并在很大程度上决定了学校能不能对学生的身心施加符合社会要求的影响。

教师是大学生人际交往的重要对象。教师是知识的传授者，是大学生人格模仿的对象。与教师的交往也是大学生知识需求和获取的重要途径，教师与学生的平等交往也是师生共同成长的前提；与此同时，师生关系又是一种业缘关系，师生之间心理距离小，心理相容度高，教师对学生充满爱护与关爱，学生对教师尊敬与敬仰，师生关系是一种纯洁而无私的人际关系。

然而，由于大学授课的流动性与课堂的扩展，师生之间缺乏直接的沟通与必要的情感交流，师生信息的对流与沟通明显不足，其交往的频率和深度不及中小学，因而师生关系虽然是大学生的主要人际关系，却依旧需要进一步加强。

2. 同学交往

同学是大学生人际交往的主要对象，同学间的交往也是大学生人际交往的主要内容。大学校园里的同学之间的交往总体上是和谐、友好的，同学之间的关系有亲情化、家庭化的趋势，即在日常生活、学习中创造一种如同亲属一般和谐稳固的同学关系。

大学生与同学间的交往最普遍，也最微妙与复杂。一方面，大学生年龄相仿、经历相同，兴趣爱好相近，又共同生活在一个集体，学习相同的专业，沟通与交往容易；另一方面，大学生来自不同地域，家庭背景、生活习惯、个性气质差异，再加上大学生空间距离小，交往密度高而自我空间相对狭小，而对人际交往的期望较高，一旦得不到满足，容易采取消极退避的态度。

大学生同学间关系比较频繁的场合有三个方面：即班级内的同学关系、宿舍关系、社团关系。班级同学交往以学习与班级活动为主，而宿舍同学关系以情感交往与生活交往为主，社团关系以兴趣与工作交往为主。

3. 网络交往

随着社会、经济和科技的发展，电脑网络正逐渐向全球每一个角落延伸，上网人数越来越庞大，大学生当然不甘落后。据中国互联网络信息中心发布的统计报告，目前学生占中国网络用户的21%，是比例最大的一个上网群体，而其中大学生占90%。网络的普及催生了网络人际交往这一种特殊的、新型的人际交往方式，给大学生的生活方式、价值观念带来了前所未有的挑战和改变。

网络人际交往，可以为大学生们缓解现实生活的压力，可以满足他们的好奇心，还可以随意转换交往角色，真是好处多多。可网络毕竟是虚拟的，网络交往缺乏真实的感情交流，可靠程度不高，也就比较肤浅。

→→→→→

【案例阅读】

2007年3月初，济南某高校女大学生李某在网上结识了自称富家子弟的仇某，网聊几日就“恋”上了。

3月中旬，两人约定在济南高新开发区某宾馆见面。见面后，李某觉得仇某不仅人帅，而且出手大方，与网聊中得知的“富家子弟”很相符，她很高兴。两人当天晚上便在宾馆包房同住，并发生了性关系，随后开始一起租房过起了同居生活。

外出打工的仇某哪有奢侈的资本？一星期便把从家带的几千块钱花得干干净净，然后变着法地向李某借钱。每次借钱仇某都说父母外出，回来后立马寄几万块钱来。过了近两个月，李某不但没收到仇某父母的一分钱，反而倒贴了两千多元钱，便开始怀疑仇某身份。秘密打探之后李某得知，仇某并非富家子弟，只是个初中毕业后四处打工的农家子弟，深感上当受骗，一个电话便结束了恋爱关系。

仇某可不愿意这么干脆就结束，回菏泽老家找了同村的孙某和张某当帮手，2007年11月初，三人窜至济南密谋绑架李某。

(二)大学生人际交往的特点

1.交往的范围扩大

交往对象由以前的亲缘、朋辈交往转向更广泛的社会交往群体。同学交往不局限于同班同学，发展到同级、同系甚至是同校的可认识的所有同学；不仅包括同性交往，异性交往也是同学交往的重要方式。

2.交往频率提高

交往由偶尔的相聚、互访发展到较为经常的聊天、社团活动、举行聚会、体育活动、娱乐、结伴出游以及其他一些集体活动。网络和电子产品的发展为大学生的交往提供了更加广阔的交往空间，交往手段的发展使大学生的人际交往变得更方便、更快捷。

3.交往目的多样

从交往目的看，情感型交往与功利型交往并重。随着社会的发展变化，大学生在社交目的上也趋于“理性化”，选择什么样的人交朋友，并不纯粹是出于情感和志同道合，交往的动机已变得很复杂。可以说，大学生的人际交往在注重情感交流的同时，越来越注重与自身社会利益相关的务实性，呈现出情感型交往与功利型交往并重的趋势。

4.重横向联系

大学生的横向人际关系指大学生在同龄的同学与朋友之间建立的人际关系，纵向关系指他们与父母、师长等不同年龄人之间建立的人际关系。大学生对同辈关系的重视程度超过与父母或其他成年人的交往。这一方面是因为大学生的自我意识有了进一步的发展，另一方面也是因为与同学和同龄朋友在生理、心理上有更多的相似之处，在理想、爱好、愿望等方面有更多的共同点。

第二节 高职大学生人际交往问题及调试

一、高职大学生人际交往中存在的问题

1. 自我封闭

在大学生中这种类型有两种情况，一种是不愿让别人了解自己，往往持一种孤傲处世的态度，在心理上人为地建立屏障，故意把自我封闭起来；另一种情况是虽然愿意与他人交往，但由于性格原因却无法让别人了解自己。这样的人一般性格内向孤僻，形成了一种自我封闭的状态。在大学里也存在着这样的学生，喜欢一个人独来独往，很难融合到大集体中，产生一种及不和谐的情况。

2. 追求个性，难以融入集体

当代大学生大多数都是独生子女，他们在成长的过程中备受家庭宠爱。长期这样的生活环境使他们形成了以“自我”为中心的生活习惯，形成了较强的个人意识，往往表现为自私、倔强。他们强调个性，不遵守班级制度、学校规定。过分强调个性，就难以融入集体，难以形成良好的人际关系。

3. 人际冲突

人际冲突指大学生人际关系不符合大学生群体对其人际关系的基本认识，导致在大学生个体之间出现的人际关系的不协调现象，是一种比较常见的人际适应不良。有的大学生对于身边发生的一点点小事常会以过激的行为去解决，有的学生互不示弱，互不忍让发生冲突，甚至采取报复措施，造成心理上的障碍。

人际关系不和谐随时都可以发生，但这种不和谐是否演变为人际冲突则往往取决于当事人的情绪调控力。情绪调控力好的大学生，在出现人际冲突时能很好地控制情绪，及

时调节和引导交往向自己希望的方向发展;情绪调控力差的大学生则刚好相反,控制不住情绪,导致人际冲突。

4.沉溺网络交友,虚拟人际交往

在这个信息大爆炸的网络时代,网络已经成为当代大学生生活的一部分。留心观察,我们不难发现,无论是上课还是下课,走路还是吃饭,校园里随处可见学生手机不离手。即使是面对面,同学们也往往更热衷于以QQ、微信、飞信等方式进行沟通与交流。对身体的危害暂且不谈,长期沉溺于虚拟的世界,以手机为寄托、以手机为朋友,几乎脱离了现实环境,导致其性格冷淡,不懂得与人沟通。当沉溺于网络的海洋中,一旦回到现实,便会产生孤独感与挫败感,这直接影响了同学们的心理健康,从而导致人际交往能力严重不足。

5.交友不慎,误入歧途

"近朱者赤,近墨者黑","与智者同行,你会不同凡响;与高人为伍,你能登上巅峰"。相反,与不善者做朋友,可能会让你退步、颓废甚至走上不归路。我们经常见到这种情况:与不学习的学生在一起会导致学习的退步,与沉溺于网络的人在一起会变得颓废,与行为不轨的人在一起会走上犯罪的道路。高职大学生在校期间相对比较单纯,对校外事物认识浅显,稍不注意就会出现交友不慎。在当今这样一个鱼龙混杂的大环境里,三观尚未健全的高职大学生,一旦交友不慎,就可能会造成无法挽回的后果。

6.宿舍交往障碍

宿舍作为大学生活的基本单元,不仅是大学生住宿的场所,也是学习、娱乐、交流、交往的重要场所。由于宿舍成员相对固定,朝夕相处,相互之间频繁接触,很多私密袒露其间,室友之间产生不愉快甚至冲突在所难免,这些鸡毛蒜皮的小矛盾如果得不到及时化解,日积月累,就会导致室友间产生误会,直至爆发"战争",严重的还会诱发心理疾病。宿舍人际关系的好坏,直接影响到每个成员的学习、生活乃至健康。不健康的宿舍人际关系,对学生的不良影响非常大。

→→→→→

【案例阅读】

"身为一名理科大三学生,最令我困扰的不是学业,不是考研,而是和自己宿舍同学的关系。真是令人感到很羞愧,20岁的人了,还孩子似的闹可笑的矛盾。可是,我无法化解它,这折磨人的桎梏。"某大学女生小汪3年来一直被尴尬的宿舍人际关系所困扰,最近甚至影响到学业。"宿舍里的气氛很不好,我就像待在冰窖似的,很影响心情,学习成绩也下降了。一想到我还要在那个'冰窖'待一年多,整个人都要崩溃了。我还要考研,可现在根本看不进去书。"小汪痛苦地说,大学里一般是本宿舍的同学关系最好,尤其是女生。"可我恰恰相反,和其他宿舍的人关系都很好,形影不离的好友也是外宿舍的。唯独和最重要的本宿舍的人水火不相容,甚至和其中一位频繁吵架。我真不知道该怎么办了。"

二、高职大学生人际交往障碍的原因

1.家庭教育

父母是孩子第一任老师。如果父母在孩子受教育时期没有身体力行教育其学会如何体贴、宽容和理解他人,如何处理好长幼关系和邻里关系,成年后就很难与人愉快相处。对于高职大学生来说,特别是缺少亲情的家庭,或者留守儿童,或单亲家庭,或家族成员之间互相诋毁,很容易造成孩子形成孤独、反叛、偏执等心理,严重影响日后的人际交往。由于大多数家庭的娇生惯养,多数学生对集体生活不适应。有的同学做事我行我素,不考虑其他人的感受,成为不受欢迎的人。

→→→→→

【案例阅读】

2004年在云南大学宿舍发生了轰动全国的"马加爵事件"。在云南大学学生公寓一宿舍柜子内发现4具被钝器击打致死的男性尸体。后来经警方调查,云南大学凶杀案犯罪嫌疑人竟然是同班同寝的同学马加爵,且据老师、学生介绍,马加爵和被害的四名大学生平时关系都不错,五人是同班同学,他们经常在一起活动。为什么会出现这种同班同学自相残杀的现象呢?

马加爵同学来自广西的一个偏远农村,家境困难,高考超出重点本科50多分可以选择一流大学的他,却因为考虑到那离家远费用更大,所以选择地域较近并且消费水平比较低的云南大学。更重要的是他读大学的学费都是他从他的家乡一直借到云南大学的,为此他心里的自卑感很强。再者,自尊心极强的他不愿伸手向贫困的家里要钱,选择自己打工赚钱,为此他有些省钱的方式经常被同学取笑。此外,他不懂表达感情,释放压力,最终因为一件口角小事爆发走上了一条不归路。

2.学校教育

高职大学生在高中学校期间学习成绩不突出,得到老师和同学的关注与激励机会极少。中学阶段因为应试教育的压力,老师和学生都把主要精力放在繁重的学业上,把各类型的排名和考试分数作为学生的重要评价标准,忽视学生全面发展,特别是人际交往的礼节、礼貌等给予宽容与漠视态度。班级活动和社会活动时间尽可能减少,同学之间的交流和沟通非常单一。因此,很多同学出现人际交往经验不足,知识匮乏。

3.个人性格

每个个体气质类型不一样,同学们在童年早期会表现出活泼的或者安静的现象,但是随着年龄增长,阅历增加,知识面拓宽,每人成长经历的不同,伙伴关系发展受阻,受教育方式和程度的不同,社会价值多元化的影响等,有的形成特殊人格或有缺陷人格特征,如偏执型人格、依赖性人格,而性格决定交往的方法和手段,也决定一个人是否受欢迎的程度。由于同学间个人的家庭背景、经济条件、社会地位、个人素质的差异,在人际交往中就会出现不同的交往方式。但同学间能否以正确的心态去面对他人的交往,能否理解、体谅和宽容他人，成为影响同学间交往最重要的因素。

4. 社会因素

社会某些不良交际现象与行为，如道德良心的缺失、唯利是图、不讲诚信等都会影响青少年健康人际观点的形成，很多学生渴望交往又害怕上当受骗，无法判断是非，很多学生心理处在渴望交往又恐惧交往之间，矛盾、茫然。有些同学在人际交往中，其价值取向也明显地受到社会观念变革的影响，如交友中重视强强联合或彼此能够互相照应，特别是一些有较好家庭、社会背景的学生，心理上有一些优越感。相反，一些来自弱势群体家庭的孩子相形见绌，表现出自卑、敏感等人际交往障碍。

三、高职大学生人际交往调适

1. 自卑心理调适

调查了解到，进入高职院校的大多数学生都是由于高考成绩不理想，不得不进入高职院校学习。未被大学录取成为本科生的高职大学生，常感觉低人一等，缺乏自信，产生自卑感。要克服自卑心理，首先必须正确认识自己，自信是建立在对自己的正确认识基础上的。要对自己进行客观的分析，既要看到自己的不足，也要如实地看到自己的优势和长处，这样在与人交往的过程中才能做到不亢不卑。其次，要进行积极的自我暗示、自我鼓励，树立自信心。再次，要改变逃避退缩的态度，善于表现自己，积极与他人交往，尤其要有意识地加强与性格开朗、乐观、豁达的人交往，这对克服自卑心理更有益处。

2. 密切师生关系

良好的师生关系的建立，是一种经久不衰、富有生命力的教育力量。无论是从心理保健还是情感培养方面讲，健康和谐的师生关系对促进高职大学生素质的全面发展，都具有十分重要的意义。高职大学生应提升学习兴趣，理解、尊重并喜欢教师，体谅教师的辛劳，主动创造一些交往机会，使老师尽快了解自己、认识自己，进而达到相互之间的坦诚相待。

3. 理顺与父母的关系

高职大学生年龄大多在 17～22 岁，正是“成人感”产生的时期，希望其他人承认自己是成年人，给予成人应有的同等地位是高职大学生的普遍心理。高职大学生不再全盘接受父母的生活安排，与父母的教育不可避免地产生冲突。高职大学生要理顺与父母的关系，就要请求父母的信任、理解，进而相互尊重。同学们应该通过实际行动，让父母理解、信任、尊重子女的独立性与成人感，满足子女独立性的需要，培养子女的社交能力和独立生活能力。当然，同学们作为子女也应理解、尊重父母，体谅父母的一片苦心。同时，要加强与父母的沟通。人与人之间需要交流，即使在父母与子女之间，事事都想通过不言自明的心心相印就达到相互理解是不可能的。同学们作为子女，应主动向父母表达自己的想法和意愿，消除潜在的误会。

第三节 如何建立良好的人际关系

对高职大学生来说，人际交往是一门学问，是一门永远需要探索的重要人生课题，只有长期的学习实践，总结提升，才能提高适应社会的能力。

一、改善人际交往的方法

1. 制订阶段性交际计划，培养健康人格

高职大学生个人可根据自身特点，合理安排学习与生活，注重人际交往活动，制订阶段性交际计划。高职院校尽管学制短，但是可以充分利用周末和课余时间，要积极主动参加第二课堂活动，扩大交往面，主动为他人服务，消除内心不健康心态，在活动和工作中开阔视野、增长才干、锻炼能力，发现自我，完善自我，缓解人际交往压力，一步一步实现人际交往目标，逐步提升交际能力。

2. 打造良好的第一印象

第一印象，也称优先效应，是指人们在和交际对象最先接触中给自己留下的印象或影响。第一印象在人际关系交往中具有非常重要的作用，人们往往会在初次交往的短短几分钟内形成对交往对象的一个总体印象，如果这个第一印象良好，那么在以后的交往中，这个良好的信息便会引导别人去收集更多的好的信息，从而巩固其原有的信息，以此作为深入交往的基础。而要建立良好的第一印象，真诚和微笑又是必不可少的。真诚地对待别人，是建立良好人际关系的基础，它是人与人之间的相互重视，相互支持，只有那种真心接纳、喜欢他人的人，别人才会愿意同他们交往，才有可能同别人建立良好的人际关系。所以与人交往时，一定要态度诚恳，实事求是，给人一种信赖感、亲近感，这有利于交往的继续深入；反之，如果言不由衷，转弯抹角，态度冷淡，则给人一种虚假、冷淡的感觉，交往很难再深入下去。而微笑则是我们开始交往的有效促进剂，它能让陌生人之间清除隔阂，产生接近和亲近的念头。其次是注重仪容仪表，穿着要得体，举止要大方，要学会用眼神交流，给人一种温暖舒适的感觉，尽量把自己的最佳状态展现出来。

3. 敞开心胸，主动交往

有位哲人曾说，敞开友谊之门，朋友在快乐的大道上等你。很多人之所以缺乏成功的交往，仅仅是因为他们在人际交往中总是采取消极的、被动的退缩方式，总是期待友谊和爱情会从天而降，而这往往是不现实的。当你自己把自我封闭在一个狭窄的世界里了，假如你不主动伸出友谊之手，却希望别人来握你的手，何异于“在沙漠里抓鱼呢?”因为任何人都不会无缘无故地接纳我们、喜欢我们，只有你喜欢和人们接近，他们才会和你接近。所以，同学们在学习和生活中要多参加社会实践，班集体活动。在活动中尽量展现自己的风采与个性，并对别人发出友好交往的信息，同时也敞开心怀接纳别人，从而奠定良好人际关系的基础。

4.维系良好人际关系,与人和谐相处

人际关系建立之后,其维护也是相当重要的,当然也是相当困难的。因为人与人的交往中,不可避免地也要发生一些不愉快的冲突,就像俗语所说的,"牙齿和舌头这样接近,总也有相互咬着的时候"一样,更何况热血沸腾的年轻人之间呢。所以当出现这种问题的时候,同学们应掌握以下人际交往的技巧:(1)合理处理矛盾,尽量避免过分争论。因为过分争执无益自己且又有失涵养,而且在争论当中,无论谁输了,总是会很不愉快,很不舒服的,会直接危害同学们已建立的良好的人际关系,这时要掌握分寸,尽量用协商、讨论的办法来解决观点上的不一致。(2)要学会批评与自我批评。不要直接批评、责怪和抱怨别人,要掌握好分寸,在给别人保留自尊的基础上,多用侧面的方式提醒他人的注意,而不是自作聪明地批评别人,在批评别人之前应先提到自己的错误,并客观地认识错误和改正错误,虚心接受他人的批评。(3)积极消除误会。作为社会中平等的一分子,每个人都有自己的情感和思想,人最大的痛苦莫过于当自己的言论或思想被别人误解的时候。因此对于误会不要太过于认真,但一定要加以重视,要以一颗平常心去对待和处理误会,及时进行沟通,使双方交往不受影响。(4)学会控制情绪。它是保证社会交往活动正常进行的必备条件。要善于处理自己的情绪,不要让不好的情绪影响了与周围的人的关系。所以,同学们要充分认识到暴躁易怒的危害性,要学会将心中的不满情绪通过适当的途径释放出来。遇到任何事都要保持一种平和心态,让自己的喜怒哀乐表现得自然,不做作。⑤主动重修旧好。在人际交往中,出现冲突和摩擦是不可避免的,一时的感情冲动往往会危及长久以来苦心经营的友情,事后想来双方都会有悔不当初的感觉。那么这时就可以寻找时机,主动示意,对过失采取适当补救等措施来解决。[①]

5.加强自身的修养,注重人格的塑造和能力的培养

一个品质好、能力强的人或具有某些特长的人更容易受到人们的喜爱。人们欣赏他的品格、才能,因而愿意与之接近,成为朋友。所以,若想要增强人际吸引力,更友好、更融洽地与他人相处,就应充分健全自己的品格,施展自己的才华,表现自己的特长,使自己的品格、能力、才华不断提高,做一个知性和善解人意的人,使得在身边的朋友都能感受到你的真诚和热情。

6.学会"七不"原则

第一,不讹传别人的短处。在同学交往中,误传别人的短处,不管是有意或无意,甚至是以开玩笑的方式,都是损害人际关系亲和力的"离心剂"。第二,不凌辱别人的弱点。从道德的角度讲,一视同仁地对待强大者和弱小者,是做人的基本道德礼仪准则。第三,不刺探别人的隐私。不好奇,不打听,不刺探别人的个人隐私。每个人都有自己的私密空间,不要擅自介入。第四,不抹杀别人的实力。每个人都有其存在的价值,都有长处,不要动不动就瞧不起别人,自以为是。第五,不恶语伤人。"良言一语三冬暖,恶语一言六月寒。"不利的言辞常会引起他人的反感,从而影响人际关系的和谐。第六,不记恨别人的过错。心胸要宽阔,不记恨别人的过错,要允许别人犯错误,也允许别人改正错误。第七,不

① 王晓忠:《培养高职大学生建立良好人际关系》,《科技信息》2010年第32期。

无根据地猜疑别人。

二、人际交往的法则

(一)肯定法则

肯定法则指在与他人交往的过程中,要接纳对方并不断地给予肯定。卡耐基指出,跟别人交谈的时候,不要以讨论不同的看法作为开始,要以强调而且不断强调双方所同意的事情作为开始。不断强调你们都是为相同的目标而努力,唯一的差异只在于方法而非目的。

奥夫斯屈教授在《影响人类行为》一书中提到:要尽可能使双方在开始的时候说"是的"而不是"不"。一个否定的反应,是最不容易突破的障碍,当一个人说不时,他所有的人格尊严,都要求他坚持到底。

按照弗洛伊德的说法,一个人做事的动机不外乎两点:性冲动和渴望伟大。美国学识最渊博的哲学家之一,约翰·杜威则有另一种说法,他认为,人类本质里最深远的驱动力就是"希望具有重要性"。人们对这项需求的根深蒂固和迫切热望绝不亚于对食物和睡眠的需要。"希望具有重要性"的感觉,也是人类与禽兽最大的分野。许多人由于不能在现实生活中获得"被肯定"的感觉,他们到另一种世界去寻求,这就是我们所谓的精神失常。

(二)白金法则

1987 年,美国学者亚历山大德拉博士和奥康纳博士发表论文阐述白金法则是这样一句话:在人际交往中要取得成功,就一定要做到交往对象需要什么,我们就要在合法的条件下满足对方什么。用一句话概述白金法则:"别人希望你怎样对待他们,你就怎样对待他们。"这实际上就是以他人为中心。

以他人为中心就需要同学们学会换位思考。每个人都有自己特有的社会地位、家庭背景和文化习惯,因此对于同一件事,不同的人会有不同的看法。同学们不应该将自己的

思想强加于他人，而应将自己处在对方的位置去思考问题，通过切身的体会可能会更容易接受对方的观点，避免不必要的矛盾。例如，作为子女，同学们总是闲母亲太唠叨。但是如果同学们换位思考一下，父母视同学们为生命中最重要的宝贝，同学们的安全、健康都是他们想守护的，他们的担心唠叨总是不自觉的、发自内心的，也是最真实的。如果能体会到他们的良苦用心，同学们便会常怀一颗感恩之心，就会少了些埋怨，多了些理解。

→→→→→

【案例阅读】

卡耐基每年夏天都到缅因州钓鱼。他个人非常喜欢草莓和乳脂作饵料，但他奇怪地发现，鱼儿较喜欢小虫。因此，每次去钓鱼，他不想自己所要的，想的是鱼儿所要的。卡耐基的钓钩上不装草莓和乳脂，他在鱼儿面前垂下一只小虫或蚱蜢，说："你不想吃吃这个吗？"当你与别人交往的时候，为什么不同样地使用这种常识呢？

这是值得记住的一点，不论你是对待小孩子，或牛，或黑猩猩。举例说，有一天，爱默生和他的儿子要把一只小牛赶入牛棚，但他们犯了一个一般人所犯的错误——只想到他们所要的：爱默生在后面推，他儿子在前面拉。但那只小牛所做的正跟他们所做的一样，它所想的只是它所要的。因此牛蹬紧双腿，顽固地不肯离开原地。那位爱尔兰女仆看到了他们的困境——她虽不会著书立说，但，至少在这一次，她比爱默生拥有更多关于牛马的知识。她想到了那只小牛所要的，因此她把她的拇指放入小牛的口中，让小牛吮着手指，同时轻轻地把它引入牛棚。

(三)黄金法则

黄金法则指"你希望别人怎么对你，你就应该怎么对待别人"。这条"金箴"不论从哪个角度、哪个方面去看，都是正确无疑的，而且几乎适用于一切条件和场合。你会发现，世界各民族文化中都有类似的训言，并且将其奉为精神生活的一条基本准则。让我们来浏览一番这条"金箴"在各种不同文化中的表现形式。

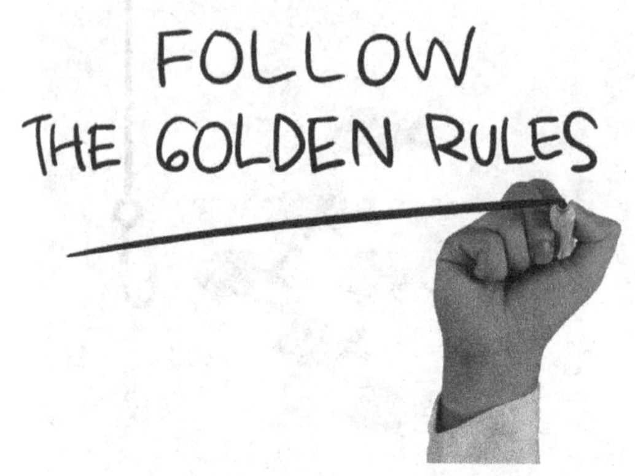

2000多年前中国古代先哲孔子所持的观点"己所不欲，勿施于人"，就强调要设身处地地为别人着想，自己不喜欢的，也不要拿去给别人，如果能够做到这一点，那么人与人之间，甚至国家与国家之间的许多矛盾冲突就可以迎刃而解。圣经中马太福音有句话说："你们愿意人怎样待你们，你们也要怎样待人。"圣经中多次提到"爱人如己"。犹太教提出："凡是对你自己有害的，亦不要施诸你的同胞。这即是全部的律法，其余则不过是它的注解。"

黄金法则本身没有错，但是我们在人际交往的时候，经常会对别人抱有期待。我们总是理所当然地认为，"我怎么对别人，别人就应该怎样对我"或是"我爱你，所以你必须爱我"。这其实是我们行事的反黄金法则，是违反人际交往规则的。朋友之间，由于反黄金法则，我们更加注重了利益交换的对等或索取。今天我为你办了事，你就欠了我一份人情，明天必须回报我，甚至比我给你的更多。这样所谓的友谊几乎成了成人世界的常态，我们忘记了孩童时单纯，甚至不求回报的友谊；恋人之间，由于反黄金法则，当付出了很多而没有得到所要的爱时，我们就变得歇斯底里。我们指责对方为什么我这样爱你，你却不爱我？我们指控对方的无情无义，看不到自己辛苦的付出和不被爱的痛苦。我们甚至开始报复，用尽一切办法折磨对方。

三、人际交往的技巧

1.倾听

与人交往时，要善于倾听别人的谈话，使对方感觉到你的尊重与兴趣。有一句谚语说得好："人们不关心你知道多少，直到他们知道你关心他们多少。"每个人都需要有自我表现的机会。在初次交往中，有效地表现自己固然重要，但做一个耐心的听众，鼓励别人多谈他们自己，同样是不可少的。从繁体的听(聽)字可以看出，听不仅需要耳朵，还需要十双眼睛全神贯注地看，和一心一意的专注。

2.微笑

微笑是一种无声的语言，它显示出一种力量、涵养和暗示。微笑对于树立形象能发挥极大的效果。从原始人发出第一次笑声起，笑就在人类社会中开始具有一种价值，从本质上说，笑是一种受所在文明支配的社会现象，所以在社会中，笑成了“具有人性”的一个特征。微笑所表达的是一种感情、一种吸引力。微笑虽然无声，但它是一种高级含蓄的语言，它说出如下许多意思高兴、欢悦、同意、赞许、尊敬、同情。

3.记住名字

记住别人的姓或名，主动与人打招呼，称呼要得当，让别人觉得礼貌相待、备受重视，给人以平易近人的印象。每一个人都有被人熟知的欲望，潜意识里都渴望过着名人般的生活，记住别人的名字一定程度上就拉近了彼此的距离，让人倍感亲切。

4.赞赏

学会赞赏别人。人们总是倾向于喜欢那些在心理上能给自己带来快乐的人，心理学家认为“人类本质中最殷切的需求是渴望被肯定”。因此，赞扬别人的长处。即使是最亲密的人们之间，也需要经常互相肯定和表扬。托尔斯泰指出最实在、最要好、最发善、最单纯的人际关系中，称赞也是必要的，正如润滑油对于轮子是必要的，它可以使轮子转得更快。

四、人际交往的境界

1.忍让

忍让，是大智大勇的表现，它不计较一时的高低，眼前的得失，而是胸怀全局，着眼未来；忍让，是一种美德，它以宽广的胸怀、无私的心灵去容纳人，团结人，感化人。忍让，是一种修养，它面对荣辱毁誉，不惊不喜，心静如水。

忍耐，可以让时间来化解很多复杂的矛盾和冲突，可以让自己澄明的心灵、淡定的心态、充盈的智慧来正确判明方向，及时把握机会，并使自己沿着正确的轨道向成功不断精进，更可以化危为机，化阻为助，并有效汇聚良好人脉资源的能量去做大事，创大业。

清朝康熙年间，宰相张英的家人在家乡与邻居争地界，写信向张英求助。张英写了一首诗作答："一纸来书只为墙，让他三尺又何妨；万里长城今犹在，不见当年秦始皇。"家人见诗后，主动向邻居让了三尺。邻居见宰相度量大，怕人耻笑自己姿态不高，也让出了三尺。后人称他们让出的地方为"六尺巷"。

2.谦卑

人因为虚心所以能进入对方的心，被别人接纳。而在沟通时彼此接纳是很重要的，因此谦卑作为一种品格也非常重要。如果你不谦卑，就不能够被别人接纳。不被别人接纳你就无法与别人沟通，无法与别人沟通你就什么事也别想做！如果人与人之间能够相互谦卑、互相尊重，那人与人之间的关系就会很好，大家团结一致就没有做不成的事情。因此，韬光养晦不只是一种生存策略，也是一种美德。一个甘愿处于次要位置的人，一个谦卑的人，最后会赢得大家的尊重和爱戴，这样的人在领导位置上也能好好地服务他人。而一个骄傲的人，一个锋芒毕露的人，常常因为无法接纳他人的意见，从而失去他人的支持，最终常常被降到卑贱的地步。所以说，谦卑对一个人很重要。

怎样才可以做到谦卑，首先，是把自己放在比别人低的位置上，这样才能从别人那里得到智慧，就像水源从高处流向低处一样，谦卑是孔子所说的"三人行必有我师"的前提，只要你把自己放在比他人低的位置上，以谦卑的态度才能从他人那里获得智慧，哪怕那个人的学识不如你。其次，就是当你真的很有学识的时候就自然会谦卑下来，麦子没有成熟的时候是立起来的，而当里面谷物成熟的时候，自然会垂下来，一个真正的伟大的人是不可能不谦卑的，因为当你知道的越多时，你才会意识到自己不知道的更多。牛顿是物理学家，然而却谦卑地说自己的成就就像是一个在海边玩耍的孩子，时而捡起海边的贝壳。

古代希腊的哲人苏格拉底常自称一无所知，他说自己什么都不知道，唯一知道的就是自己什么都不知道。有一次他的朋友到神庙去祈求阿波罗的神谕，询问是否有人比苏格拉底更聪明。回答说"没有"。苏格拉底听到这个神谕后，很是困惑，因为他总认为自己缺乏智慧，不聪明。于是他去访问了许多人们公认的智者，有政治家、文学家、能工巧匠等，他们都认为自己聪明绝伦，无所不懂。通过交谈，苏格拉底发现他们虽然懂得一些事情，但并不精通，对一些事情只是一知半解。经过反复思考，他终于明白，阿波罗神谕所以说他聪明，就是指他有自知之明。神谕的含义：只有像苏格拉底那样深感自己无知的人，才是真正有智慧的人。

3. 宽容

“世界上最宽阔的是海洋，比海洋更宽阔的是天空，比天空更宽阔的是人的胸怀”。宽容表现在对非原则性问题不斤斤计较，能够以德报怨，宽容大度。人际交往中往往会产生误解和矛盾，特别是大学生，个性较强，接触又密切，不可避免产生矛盾。这就要求同学们在交往中不要斤斤计较，而要谦让大度、不计较对方的态度、不计较对方的言辞，并勇于承担自己的行为责任，做到“宰相肚里能撑船”，宽容克制并不是软弱、怯懦的表现。相反，它是有度量的表现，是建立良好人际关系的润滑剂，能“化干戈为玉帛”，赢得更多的朋友。

宽容是一种美德，宽容别人，其实也是给自己的心灵让路。大量事实证明，过于苛求别人或苛求自己的人，必定会让自己处于紧张的心理状态之中不能自拔，而一旦宽恕别人之后，心理上便会经过一次巨大的转变和净化，内心变得澄明，人际关系也会出现新的转机。要明白，当你不能宽容别人的时候，最痛苦的是你自己，就好比自己拿着毒药，明明希望对方喝下去，但是却自己喝下了。古人有云：“处事让一步为高，退步是进步的账本。待人宽一分是福，是利人利己的根基。”在与别人交往的时候，遭人误解不但不恼反而处处为别人着想的人，才是真正具有宽容品德的人。宽容能使一个人心态平和、安然自乐。

一次在公共汽车上，一位先生踩了一个女孩子的皮鞋，先生马上道歉说：“对不起，我不是有意的。”全车的人以为又要有一场“战争”爆发了，因为那个女孩子的皮鞋看上去很贵，而且这一脚踩得不轻，鞋头都有点变形了。谁知，女孩子幽默地回答道：“不，不，应该是我说‘对不起’，我这双脚太不苗条了。”女孩一句宽容而幽默的话，逗得那位男士和周围的人都开心地大笑了，人们纷纷投来赞许的目光。

心理学家指出，适度的宽容，对于改善人际关系和身心健康都是有益的。它可以有效防止事态扩大而加剧矛盾，避免产生严重后果。可以说，宽容是心理养生的调节阀。人在社会交往中，吃亏、被误解、受委屈的事总是不可避免地要发生。面对这些，最明智的选择是学会宽容。话虽如此,但是大多数人在遇到上述情况时,总是不能宽容以待,这又是为什么呢?其实,不能宽容待人的人,往往是因为他们将别人的缺点、错误或者伤害无限放大,因此,哪怕别人只是出言不逊,她也会有“暴打对方”一顿的想法。

→→→→→

【案例阅读】

曾经有这样一个调皮的小男孩,一天,他忽然想亲眼看看狗的内脏,于是便和几个小伙伴偷偷地套住一只狗,将其宰杀后,把内脏一个一个割离,仔细观察。没想到这只狗是校长家的,且是校长十分宠爱的狗。

校长知道后,非常生气,决定“惩罚”这个小男孩,让他画一幅狗的骨骼图和一幅狗的血液循环图。小男孩照办了,杀狗事件就此画上了句号。

这两幅图,至今还珍藏在英国亚皮丹名人博物馆中,而那位小男孩,若干年后因为研制胰岛素成功而荣获了诺贝尔奖,他就是英国著名生物学家约翰·麦克劳德。

拓展阅读→

为人处世:培养友情,参与群体

李开复

很多大学生入校时都是第一次离开父母,离开自己生长的环境。进入校园开始集体生活后,如何与同学、朋友以及社团的同事相处就成为了大学生学习内容的一部分。大学是大家最后一次可以在相对宽松的环境中学习、培养、训练如何与人相处的机会。在未来,人们在社会里、在工作中与人相处的能力会变得越来越重要,甚至超过了工作本身。所以,大学生要好好把握机会,培养自己的交流意识和团队精神。

“人际交往能力不够强,人际圈子不够广,但又没有什么特长可以引起大家的注意,在社团里也不知道怎么和其他人有效地建立联系。”这是一些大学生在人际交往方面经常遇到的困惑。对于如何在大学期间提高人际交往能力,我的建议是:

第一,以诚待人,以责人之心责己、以恕己之心恕人。对别人要抱着诚挚、宽容的胸襟,对自己要怀着自我批评、有过必改的态度。与人交往时,你怎样对待别人,别人也会怎样对待你。这就好比照镜子一样,你自己的表情和态度,可以从他人对你流露出的表情和态度中一览无遗。你若以诚待人,别人也会以诚待你。你若敌视别人,别人也会敌视你。最真挚的友情和最难解的仇恨都是由这种“反射”原理逐步造成的。因此,当你想修正别人时,你应该先修正自己。你想别人怎么对你,你就应该怎么对人。你想他人理解你,你就要首先理解他人。

第二,培养真正的友情。如果能做到第一点,很多大学时的朋友就会成为你一辈子的知己。在一起求学和寻求自身发展的道路上,这样的友谊弥足珍贵。交朋友时,不要只去找与你性情相近或只会附和你的人做朋友。好朋友有很多种:乐观的朋友、智慧的朋友、脚踏实地的朋友、幽默风趣的朋友、激励你上进的朋友、提升你能力的朋友、帮你了解自己的朋友、对你说实话的朋友等等。此外，大学时谈恋爱也可以教你如何照顾别人，增进同理心和自控力，但恋爱这件事要随缘，不必为了谈恋爱而谈恋爱。

第三，学习团队精神和沟通能力。社团是微观的社会，参与社团是步入社会前最好的磨炼。在社团中，可以培养团队合作的能力和领导才能，也可以发挥你的专业特长。但更重要的是，你要做一个诚心诚意的服务者和志愿者，或在担任学生工作时主动扮演同学和老师之间沟通桥梁的角色，并以此锻炼自己的沟通能力，为同学和老师服务。这样的学习过程也不会很轻松，挫折是肯定有的，但是不要灰心，大学社团里的人际交往是一种不用"付学费"的学习，犯了错误也可以重头来过。

第四，从周围的人身上学习。在班级里、社团中，多观察周围的同学，特别是那些你觉得交往能力和沟通能力特别强的同学，看他们是如何与人相处的。比如，看他们如何处理交往中的冲突、如何说服他人和影响他人、如何发挥自己的合作和协调能力、如何表达对他人的尊重和真诚、如何表示赞许或反对，如何在不冒犯他人的情况下充分展示个性等等。通过观察和模仿，你渐渐地会发现，自己的人际交往能力会有意想不到的改进。在学校里，每一个朋友都可以成为你的良师，他们的热心、幽默、机智、博学、正直、沟通、礼貌等品德都可以成为你的学习对象。同时那些你不喜欢的人和事也可以为你敲响警钟，警告你千万不要做那样的人和事。当然，你也应当慷慨地帮助每一个朋友，试着做他们的良师和模范。

第五，提高自身修养和人格魅力。如果觉得没有特长、没有爱好可能会成为自己人际交往能力提高的一个障碍，那么，你可以有意识地去选择和培养一些兴趣爱好。共同的兴趣和爱好也是你与朋友建立深厚感情的途径之一。很多在事业上有所建树的人都不是只会闭门苦读的书呆子，他们大多都有自己的兴趣和爱好。我在微软亚洲研究院的同事中就有绘画、桥牌和体育运动方面的高手。业余爱好不仅是人际交往的一种方式，还可以让大家发掘出自己在读书以外的潜能。例如，体育锻炼既可以发挥你的运动潜能，也可以培养你的团队合作精神。如果真的没有什么兴趣爱好，那么，多读些好书丰富自己的知识也可以改进自己的人际交往能力，因为没有什么比智慧和渊博更能体现一个人的人格魅力了。

所以，学会与人相处，这也是大学中的一门"必修课"。

（资料来源：李开复：《给中国学生的第四封信：大学四年应是这样度过》，http://tech.sina.com.cn/it/2005-03-15/1634551211.shtml，访问日期：2013 年 10 月 15 日。）

拓展训练→

人际关系综合诊断量表

这是一份人际关系行为困扰的诊断量表，共 28 个问题，每个问题做"是"（打√）或"非"（打×）两种回答。请你根究自己的实际情况如实回答，答案没有对错之分：

1. 关于自己的烦恼有口难言。（　　）
2. 和生人见面感觉不自然。（　　）
3. 过分地羡慕和妒忌别人。（　　）

4.与异性交往太少。(　　)
5.对连续不断地会谈感到困难。(　　)
6.在社交场合,感到紧张。(　　)
7.时常伤害别人。(　　)
8.与异性来往感觉不自然。(　　)
9.与一大群朋友在一起,常感到孤寂或失落。(　　)
10.极易受窘。(　　)
11.与别人不能和睦相处。(　　)
12.不知道与异性相处如何适可而止。(　　)
13.当不熟悉的人对自己倾诉他的生平遭遇以求同情时,自己常感到不知在。(　　)
14.担心别人对自己有什么坏印象。(　　)
15.总是尽力是别人赏识自己。(　　)
16.暗自思慕异性。(　　)
17.时常避免表达自己的感受。(　　)
18.对自己的仪表(容貌)缺乏信心。(　　)
19.讨厌某人或被某人所讨厌。(　　)
20.瞧不起异性。(　　)
21.不能专注地倾听。(　　)
22.自己的烦恼无人可倾诉。(　　)
23.受别人排斥与冷漠。(　　)
24.被异性瞧不起。(　　)
25.不能广泛地听取各种各样意见、看法。(　　)
26.自己常因受伤害而暗自伤心。(　　)
27.常被别人谈论、愚弄。(　　)
28.与异性交往不知如何更好相处。(　　)

计分表

Ⅰ	题目	1	5	9	13	17	21	25	小计
	分数								
Ⅱ	题目	2	6	10	14	18	22	26	小计
	分数								
Ⅲ	题目	3	7	11	15	19	23	27	小计
	分数								
Ⅳ	题目	4	8	12	16	20	24	28	小计
	分数								
评分	标准	打"√"的给1分,打"×"的给0分,总分______							

【测查结果的解释与辅导】

总分0～8分：说明你在与朋友相处上的困扰较少。你善于交谈，性格比较开朗，主动，关心别人，你对周围的朋友都比较好，愿意和他们在一起，他们也都喜欢你，你们相处得不错。而且，你能够从与朋友相处中，得到乐趣。你的生活是比较充实而且丰富多彩的，你与异性朋友也相处得比较好。一句话，你不存在或较少存在交友方面的困扰，你善于与朋友相处，人缘很好，获得许多的好感与赞同。

总分9～14分：你与朋友相处存在一定程度的困扰。你的人缘很一般，换句话说，你和朋友的关系并不牢固，时好时坏，经常处在一种起伏波动之中。

总分15～28分：表明你在同朋友相处上的行为困扰较严重，分数超过20分，则表明你的人际关系困扰程度很严重，而且在心理上出现较为明显得障碍。你可能不善于交谈，也可能是一个性格孤僻的人，不开朗，或者有明显得自高自大、讨人嫌的行为。

以上是从总体上评述你的人际关系。下面将根据你在每一横栏上的小计分数，具体指出你与朋友相处的困扰行为及其可资参考的纠正方法。

计分表中Ⅰ横栏上的小计分数，表明你在交谈方面的行为困扰程度。

得分在6分以上：说明你不善于交谈，只有在极需要的情况下你才同别人交谈，你总难于表达自己的感受，无论是愉快还是烦恼；你不是个很好的倾诉者，往往无法专心听别人说话或只对单独的话题感兴趣。

得分在3～5分：说明你的交谈能力一般，你会诉说自己的感受，但不能讲得条理清晰；你努力使自己成为一个好的倾听者，但还是做得不够。如果你与对方不太熟悉，开始时你往往表现得拘谨与沉默，不大愿意跟对方交谈。但这种局面在你面前一般不会持续很久。经过一段时间的接触与锻炼，你可能主动与同学搭话，同时这一切来得自然而非造作，此时，表明你的健谈能力已经大为改观，在这方面的困扰也会逐渐消除。

得分在0～2分：明你有较高的交谈能力和技巧，善于利用恰当地谈话方式来交流思想感情，因此在与别人建立友情方面，你往往比别人获得更多的成功。这些优势不仅为你的学习与生活创造了良好的心境，而且常常有助于你成为伙伴中的领袖人物。

计分表中Ⅱ横栏上的小计分数，表示你在交际方面的困扰程度。

得分在6分以上：明你在社交活动与交友方面存在着较大的行为困扰。比如，在正常集体活动与社交场合，你比大多数伙伴更为拘谨；在有陌生人或老师存在的场合，你往往感到更加紧张而扰乱你的思绪；你往往过多地考虑自己的形象而使自己处于越被动、越来越孤独的境地。总之，交际与交友方面的严重困扰，使你陷入"感情危机"和孤独困窘的状态。

得分在3～5分：明你在被动得寻找被人喜欢的突破口。你不喜欢独自一个人待着，你需要朋友在一起，但你又不太善于创造条件并积极主动地寻找知心朋友，而且，你心有余悸，生怕在主动行为后的"冷"体验。

得分低于3分：明你对人较为真诚和热情。总之，你的人际关系较和谐，在这些问题上，你不存在较明显持久的行为困扰。

计分表Ⅲ中横栏的小计分数，表示你在待人接物方面的困扰程度。

得分在6分以上：明你缺乏待人接物的机智与技巧。在实际的人际关系中，你也许常有意无意地伤害别人，或者你过分地羡慕别人以致在内心妒忌别人。因此，其他一些同学可能回报你的冷漠、排斥，甚至是愚弄。

得分在3～5分：表明你是个多侧面的人，也许可以算是一个较圆滑的人。对待不同的人，你有不同的态度，而不同的人对你也有不同的评价。你讨厌某人或被某人所讨厌，但你却极喜欢另一个人或被另一个人所喜欢。你的朋友关系某方面是和谐的、良好的，某些方面却是紧张的、恶劣的。因此，你的情绪很不稳定，内心极不平衡，常常处于矛盾状态中。

得分在0～2分：表明你较尊重别人，敢于承担责任，对环境的适应性强。你常常以你的真诚、宽容、责任心强等个性获得众多的好感与赞同。

计分表中Ⅳ横栏的小计分数表示你跟异性朋友交往的困扰程度。

得分在5分以上：说明你在于异性交往的过程中存在较为严重的困扰。也许你存在着过分的思慕异性或对异性持有偏见。这两种态度都有它的片面之处。也许是你不知如何把握好与异性同学交往的分寸而陷入困扰之中。

得分在3～4分：表明你与异性同学交往的行为困扰程度一般，有时可能会觉得与异性同学交往是一件愉快的事，有时又会认为这种交往似乎是一种负担，你不懂得如何与异性交往最适宜。

得分在0～2分：表明你懂得如何真确处理异性朋友之间的关系。对异性同学持公正的态度，能大大方方地自自然然地与他们交往，并且在与异性交往中，得到了许多从同性朋友那里不能得到的东西，增加了对异性的了解，也丰富了自己的个性。你可能是一个较受欢迎的人，无论是同性朋友还是异性朋友，多数人都较喜欢你和赞赏你。

第七章 掌控情绪 发展情商

第一节 情绪概述

一、情绪的定义

(一)情绪的概念

情绪是人(包括动物)所具有的一种心理形式,指伴随着认知和意识过程产生的对外界事物态度的体验,是人脑对客观外界事物与主体需求之间关系的反应,是以个体需要为中介的一种心理活动。它与认识活动不同,具有独特的主观体验形式(如喜、怒、悲、惧等感受色彩)、外部表现形式(如面部表情),以及独特的心理基础(如皮层下等部位的特定活动)。美国心理学家伊扎德认为,为情绪下定义必须包括生理基础、表情行为和主观体验三个方面。

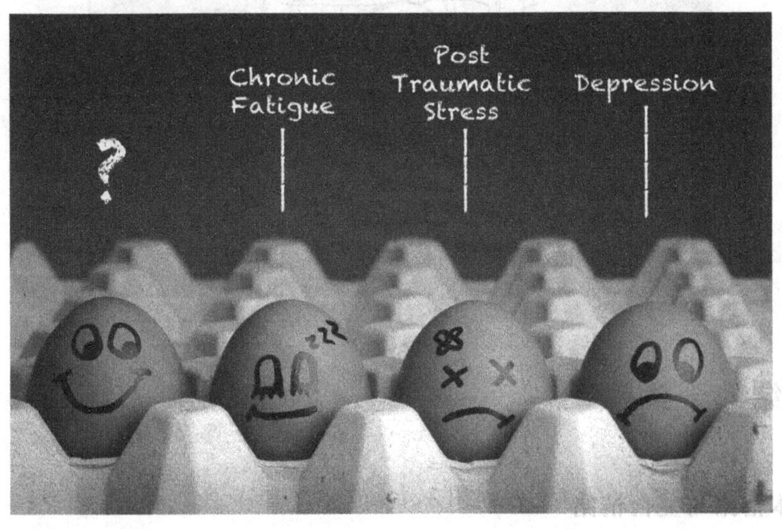

(二)情绪与情感

情绪和情感两个词常可通用,在某些场合它们所表达的内容也有不同,但这种区别是相对的。人们常把短暂而强烈的具有情景性的感情反应看作是情绪,如愤怒、恐惧、狂喜等;而把稳定而持久的、具有深沉体验的感情反应看作是情感,如自尊心、责任感、热情、亲人之间的爱等。一般来说情绪是和个体需要相联系的,而情感是与社会需要相联系的。实际上,强烈的情绪反应中有主观体验,而情感也在情绪反应中表现出来。通常所说的感情既包括情感,也包括情绪。

在个体发展中,情绪反应出现在先,情感体验发生在后。新生儿一个月内就出现了愉快、痛苦的情绪反应。他们最初的面部表情具有反射的性质,而随后发生的社会性情绪反应就带有体验的性质,产生了情感。例如,在母子交往中,母亲哺乳引起婴儿食欲满足的情绪,母亲的爱抚引起婴儿欢快、享受的情绪。当婴儿与母亲形成依恋时就产生情感了。这种依恋具有相对稳定而平缓的性质。然而,已经形成的情感,常常要通过具体的情绪表现出来。对成人来说也是这样,爱国主义的情感,在具体情境下是通过情绪得到体现的。一个人对祖国的成就欢欣鼓舞,对敌人仇恨,这都是表达情感的情绪。而每当这些情绪发生时,又体验着爱国主义情感。

二、情绪的分类

(一)基本情绪与复合情绪

美国加利福尼亚大学旧金山分校心理学家保罗·艾克曼的发现在一定程度上证实

了,人类的确存在少数几种核心情绪,即基本情绪,包括喜、怒、哀、惧,基本情绪是人与动物共有的,简单而低级的情绪,其他的所有情绪都是由四种基本情绪构成的,如嫉妒、厌恶、内疚、悔恨等等。

快乐是指一个人盼望和追求的目的达到后产生的情绪体验。由于需要得到满足,愿望得以实现,心理的急迫感和紧张感解除,快乐随之而生。快乐有强度的差异,从愉快、兴奋到狂喜,这种差异是和所追求的目的对自身的意义以及实现的难易程度有关。

愤怒是指所追求的目的受到阻碍,愿望无法实现时产生的情绪体验。愤怒时紧张感增加,有时不能自我控制,甚至出现攻击行为。愤怒也有程度上的区别,一般的愿望无法实现时,只会感到不快或生气,但当遇到不合理的阻碍或恶意的破坏时,愤怒会急剧爆发。这种情绪对人的身心的伤害也是明显的。

悲哀是指心爱的事物失去时,或理想和愿望破灭时产生的情绪体验。悲哀的程度取决于失去的事物对自己的重要性和价值。悲哀时带来的紧张的释放,会导致哭泣。当然,悲哀并不总是消极的,它有时能够转化为前进的动力。

恐惧是企图摆脱和逃避某种危险情景而又无力应付时产生的情绪体验。所以,恐惧的产生不仅仅由于危险情景的存在,还与个人排除危险的能力和应付危险的手段有关。一个初次出海的人遇到惊骇浪或者鲨鱼袭击会感到恐惧无比,而一个经验丰富的水手对此可能已经司空见惯,泰然自若。婴儿身上的恐惧情绪表现较晚,可能是与他对恐惧情景的认知较晚有关。

(二)积极情绪与消极情绪

积极情绪是对我们良好行为起促进增力作用的情绪,消极情绪是对我们的良好行为起削弱减力作用的情绪。从分立情绪理论的观点来看,积极情绪包括快乐、满意、兴趣、自豪、感激和爱等;消极情绪包括忧愁、悲伤、愤怒、紧张、焦虑、痛苦、恐惧、憎恨等。大脑两半球对情绪的控制和调节存在一定得差异。戴维森和福克斯在一系列研究中发现,在积极情绪时,左半球出现较多的电位活动,而在消极情绪时,右半球出现较多的电位活动。在积极情绪状态下,遗忘率是1/20,而消极情绪状态下的遗忘率是1/3。

总结一下,你会发现消极情绪比积极情绪多。基本情绪中有喜怒哀惧,大多数是消极的。

这要从我们祖先的进化过程来看,消极情绪往往与生存相关,当你面对野兽有恐惧的情绪,就会时刻提防,小心谨慎,有时会为下一刻焦虑等等,在洪水未来之前就未雨绸缪,这样我们就很容易进化出来消极的情绪,而积极情绪是在日后才慢慢进化而来的。

(三)心境、激情和应激

按照情绪状态可将情绪情绪分为心境、激情和应激三种。情绪状态划分来源于情绪维度理论,情绪的维度指情绪所固有的某些特征,主要指情绪的动力性、激动性、强度和紧张度等方面。按照情绪发生的速度、强度和持续时间对情绪的划分可将情绪分类心境、激情和应激三种:

1.心境

心境是一种微弱、弥散和持久的情绪，也即平时说的心情。心境的好坏，常常是由某个具体而直接的原因造成的，它所带来的愉快或不愉快会保持一个较长的时段，并且把这种情绪带入工作、学习和生活中，影响人的感知、思维和记忆。愉快的心境让人精神抖擞、感知敏锐、思维活跃、待人宽容，而不愉快的心境让人萎靡不振、感知和思维麻木、多疑，看到的、听到的全都是不如意、不顺心的事物。

2.激情

激情是一种猛烈、迅疾和短暂的情绪，类似于平时说的激动。激情是由某个事件或原因引起的当场发作，情绪表现猛烈，但持续的时间不长，并且牵涉的面不广。激情时人们很难遮掩内心强烈的情绪体验，总是伴着有机体状态的改变和明显的表情动作。如愤怒时全身发抖，紧握拳头，恐惧时毛骨悚然，面如土色，狂喜时手舞足蹈，欢呼跳跃等。

激情有积极和消极之分。积极的激情与理智、坚强的意志相联系，它能激励人们克服种种困难。例如，在战场上军人对侵略者仇恨的激情，激励军人冲锋陷阵，所向披靡地完成任务。消极的激情对机体的活动具有抑制作用，使人的自制力下降。激怒时引起冲动行为，常伤人毁物，置法律与纪律不顾，一旦事过境迁，情绪平稳后又后悔莫及。

3.应激

应激是在出乎意料的紧迫与危险情况下引起的高速而高度紧张的情绪状态。某一事件是否引起应激、应激的程度以及每个人应付应激的方式，不仅受应激源（引起应激的刺激）的性质和强度的影响，更取决于人当时的心理状态、过去的经历、遗传因素、后天学习训练等因素。

应激心理反应分为两类：一类能提高人的活动水平，动员机体全部“力量”更好地对付和适应应激源，如急中生智；另一类能降低人的活动水平，使人意识狭窄、行为刻板，表现为对应激源的无能为力，如束手无策。人若长期处于应激状态，对健康不利。应激状态的延续能击溃一个人的生物化学保护机制，使人的抵抗力降低，以致被疾病所侵袭。

三、情绪的作用

积极的情绪可以提高人体的机能，能够促进人的活动，能够形成一种动力，激励人去努力，而且，在活动中能够起到促进的作用。消极的情绪会使人感到难受，会抑制人的活动能力，活动起来动作缓慢，反应迟钝，效率低下。消极的情绪会减弱人的体力与精力，活动中易感到劳累，精力不足，没兴趣。

1.情绪是激发心理活动和行为的动机

情绪与动机的关系非常密切，主要体现在激励和指标两方面。首先情绪具有激励作用，它能够以一种与生理性动机或社会性动机相同的方式激发和引导行为。如快乐、热爱、自信等积极情绪能够提高人们的活动能力，而恐惧、痛苦、自卑等消极情绪则会降低人们活动的积极性。另外，情绪也可视为动机的指标。情绪的表达能够直接反映个体内在动机的强度与方向，即对动机的认识可以通过对情绪的辨别与分析来实现。比如，当我们面临危险情绪紧张、恐惧时，那么我们会采取谨慎、小心的行为，也可能会奋力一搏。情绪卷入人的整个心理过程和实际生活，成为人活动的驱动力和组织者的都是要一让自己脱离危险，保全性命。

→→→→→

【案例阅读】

1965年9月7日，世界台球冠军争夺赛在纽约举行。路易斯·福克斯十分得意，因为他远远领先于对手，只要再得几分便可登上冠军宝座。这时，突然发生了一件令他意料不到的小事，一只苍蝇落在主球上。路易斯开始时没在意，一挥手赶走苍蝇，俯下身准备击球，可当他的目光落在主球上时，那只可恶的苍蝇又落到主球上。

在观众的笑声中，路易斯又去赶苍蝇，情绪明显受了影响。苍蝇好像故意和他作对，他一回到台盘，它也跟着飞回来，惹得在场观众哄堂大笑。路易斯的情绪恶劣到极点，终于失去冷静和理智，愤怒地用球杆去击打苍蝇，一不小心球杆碰到主球，被裁判判为击球，从而失去了一轮机会。本以为败局已定的对手约翰·迪瑞见状勇气大增，最终赶上并超过路易斯，夺得了冠军。

第二天早上，路易斯的尸体在河里被发现：他投水自杀了。

2. 情绪是心理活动的组织者

大量研究表明，适当的情绪对人认知活动具有积极的组织功能，良好的情绪能提高大脑活动的效率，提高认知操作的速度与质量，而不当的情绪则对人的认知活动有消极的瓦解作用。耶克斯—多德森定律非常清楚地说明了情绪唤醒水平和工作效绩的关系：效绩随唤醒水平和任务难度变化。对于容易或简单的任务，较高的唤醒水平会增加效绩。然而，对于困难或复杂的工作，较低的唤醒水平是最优的。中度的唤醒水平通常对于中等难度的任务最好。关于该定律的倒U形函数关系，可以看出在不同的工作难度所需的情绪唤醒水平是不同的。因此，在日常生活中同学们可以根据这样的规律适当地控制自己的情绪，使自己能最有效地完成任务。

3. 情绪对身心健康的调节作用

情绪与身心健康的关系是双向的，一方面，不良的情绪是各种身心不健康的诱因。大量研究表明，很多人类疾病都是由情绪所诱发的。当人处于情绪应激状态下时，机体将产生大量促肾上腺皮质激素，在短期内，这种激素能提高机体的应变能力，但长期作用，它将降低吞噬细胞对癌细胞的杀伤力及抵抗其他一些致命感染的能力。而积极健康的情绪则能使内分泌达到最佳平衡状态，增强人体健康，甚至延长绝症患者存活时间。不良的情绪有可能导致一些不良的行为，比如风险行为、酗酒和吸烟行为。这些行为将导致生理的改变而影响人们的健康。另外，情绪本身就是不健康的结果。由于疾病可能会使患者的情绪恶化，由于下降的身体机能和紊乱的日常生活情况可能会使压抑的心境增长。

→→→→→

【案例阅读】

屡试不第的范进在50多岁时得中举人，喜极而疯，一边拍手，口里高叫"中了！中了"一跤跌在池塘里，挣扎起来，两手黄泥，一身湿淋淋的，披头散发，鞋也丢了一只，仍不停地拍掌，高喊"中了！中了！"在家人的悲伤和邻里的惋惜声中，一个报喜官差出主意，找一个他平素最害怕的人抽他一记耳光，并对他说他不曾中，就能治好他的疯病。于是人们找来范进最怕的老丈人胡屠户，他参着胆子打了"文曲星"一个嘴巴，还真的让女婿清醒过来。

4. 情绪对学习效率的影响

心理学研究表明，良好的情绪能够提高人的工作效率与学习效率，不良的情绪则会降低人的工作效率与学习效率。同学们在良好的情绪下学习，能提高学习效率，还会使自己观察力敏锐、观察准确、看题看得准，并能通过联想等方式把重要的知识记住，思维灵活性增强，这些都有助于同学们提高学习效率，从而提高学习成绩。在考试时，良好情绪会使同学们迅速、准确地把握试题的信息，运用头脑中已形成的知识网络和体系把试卷所需要的知识信息准确而迅速地提取出来，运用思维的分析与综合的能力，抓住解决问题的途径，进行问题的解决。

5. 情绪的社会功能

情绪是人们社会交往中一种心理表现形式。和语言一样，情绪服务于人际通信的功能。情绪通过面部肌肉运动模式、声调和身体姿态变化所构成的表情来实现信息的传递和人际的互相了解。情绪作为一种积极的社会黏合剂，使人们贴近某人。当情绪作为消极的社会防水剂，使你远离他人。情绪的交际功能，不但促进人际思想交流，可以引起对方的感情反应和共鸣，相互受到感染，产生同感和移情。爱情与婚姻是一种天然而又社会化的感情联结形式。恋爱与婚姻是建立在包括文化背景、兴趣爱好、性格气质、社会品德、智慧能力等多方面综合品评和相互协调的基础上的。感情双方应彼此相融、敏锐感应、互相欣赏、吸引和依赖相结合。

第二节　大学生常见的情绪问题及原因分析

一、情绪健康的标准

健康的情绪能够提高工作、学习的效率，促进身心健康，而不健康的情绪不但影响日常的工作和学习，还会诱发各种身心疾病。因此，了解健康的情绪与常见的情绪困扰，对同学们维护与调节情绪是非常重要的。

什么是健康的情绪，可以进行多个角度的论述。不过健康情绪和不健康情绪区别是相对的，很难有严格的界限。目前大多数人所采用的一种观点认为，健康情绪应当符合以下几个标准。

1.情绪有适当的原因

根据心理学的研究,情绪的反应都是有其原因或对象的。同时,当事人一般都能觉察到,并且,周围的人也能觉察到情绪产生的原因,或赞同其对情绪产生解释。毫无原因的情绪反应不是健康的情绪反应。通常当引起情绪的因素消失之后,人的情绪反应也相应逐渐消失。例如,生活中不小心把东西丢了,当时任何人都会非常生气,事情过后,慢慢也就自己调节过来。如果长期生气,这就是情绪不健全的表现。

2.情绪持续稳定

情绪稳定表明个人的中枢神经系统活动处于相对的平衡状况,反映了中枢神经系统活动的协调。如果一个人的情绪长期不稳定,喜怒无常,是情绪不健康的表现。

3.心情愉快平静

心情愉快是情绪健康的重要标志。愉快表示人的身心活动的和谐与满意。愉快表示一个人的身心处于积极的健康状态。一个人经常情绪低落,总是愁眉苦脸,心情有苦闷,则可能是心理不健康的表现,要注意自我调节。

二、大学生常见的情绪问题

(一)焦虑

焦虑是一种比较复杂的消极情绪现象,是紧张、害怕、担忧混合的情绪体验,是人们对即将发生的某种事件或情境感到担忧和不安,又无法采取有效的措施加以预防和解决时产生的情绪体验。

焦虑对大学生的影响是复杂的,既可以成为大学生成才的内驱力,起促进作用,也可以起阻碍作用。实验证明,中等焦虑能使学生维持适度的紧张状态,注意力高度集中,促进学习。但过度焦虑则会对学生带来不良的影响。如有的大学生在临考前夜的失眠或考试时"怯场",在竞赛中不能发挥正常水平等,多是高度焦虑所致。被过高的焦虑困扰的大学生,常常会感到内心极度紧张不安,惶恐害怕、心神不定、思维混乱、注意力不能集中,甚至记忆力下降,同时还容易产生头痛、失眠、食欲不振、胃肠不适等不良生理反应。

大学生常见的焦虑有自我形象焦虑、学习焦虑与情感焦虑。自我形象焦虑是担心自己不够漂亮、没有吸引力,体貌过胖或矮小等,也有的因为粉刺、学生雀斑等影响自我形象而引起的焦虑。这类焦虑主要与自我认知有关,需要通过调整自我认知重新接纳自我,建立新的自我形象。与学习有关的焦虑,如学习焦虑、考试焦虑,在学生情绪反映中最为强烈,需要引起重视。情感焦虑多数由于恋爱受挫而引发的自我否定,认为自己不具备爱人与被爱的能力,因而过度担心引起焦虑。

(二)抑郁

抑郁也是极为复杂的情绪障碍,是正常人以温和方式体验到的、已经作为日常生活一部分的、持久的一种情绪情绪状态。抑郁是一种持续时间较长的低落、消沉的情绪体验,它常常与苦闷、不满、烦恼、困惑等情绪交织在一起。

抑郁最明显的症状是压抑的心情,表现为仿佛掉入了一个无底洞或黑洞之中,抑郁常常伴随着焦虑,对所有活动失去信心、兴趣,渴望一个人独居。抑郁也伴随着个体思维方式的转变,这些认知改变可以是一般性的,比如注意力不集中、记忆力衰退或者很难做出决定。在思考中可能有更多的心境转变,消极地看待世界、自我和未来。因此,抑郁的人很难回忆起美好的记忆,不适当地责备自己,认为他人更消极地看待自己,对未来感到悲观。与此同时,还伴随身体症状,如常常乏力,起床变得困难,更严重时睡眠方式都将改变,睡得太多或者早晨醒得太早,并且不能再次入睡。也可能出现饮食紊乱,吃得过多或过少,随之而来的体重激增或剧减。

一般来说,这种情绪多发生在性格内向,好孤僻、敏感多疑、依赖性强、不爱交际,生活遭遇挫折,长期努力得不到报偿的同学们身上。那些不喜欢所学专业,感到前途渺茫,或因人际关系处理不当、失恋等问题的同学们也会产生抑郁情绪。

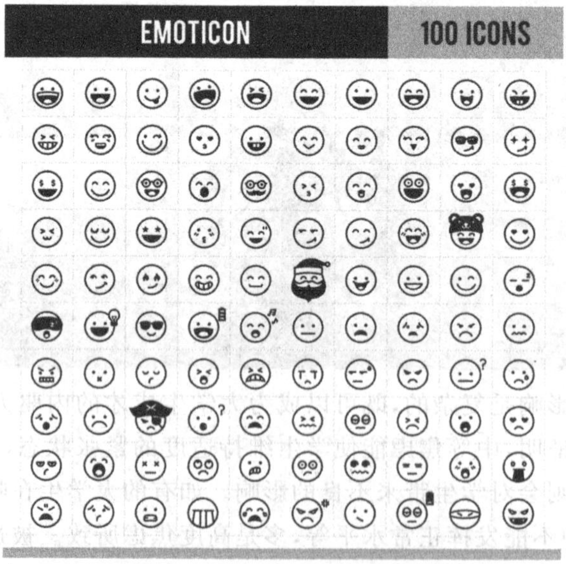

→→→→→

【案例阅读】

小林以当地第一名的成绩考入北京某重点高校，第一学期期末，本来踌躇满志准备获取奖学金的她未能如愿。她的情绪从此一落千丈，变得郁郁寡欢，无心学习，也无法处理好与同学的人际关系，还整夜失眠。最后不得不去医院精神科检查，结果诊断她患了抑郁症。

据日前一项对大学生抑郁症的抽样调查显示，大学生抑郁障碍疾患率为 23.66%。在大学生中有抑郁现象的比较多，究其主要原因，是由于自我价值没有得到很好的体现，对自己进行了一些否定。一般这样的学生情绪都比较低落、不稳定，不爱搭理人，做事情没有兴致，时间长了，容易造成心理情绪积聚，对学习、生活肯定会造成影响，严重的则会患上抑郁症。如果没有找到正常渠道发泄，可能会沉迷于一些自己觉得是正确的事物上面，比如网络。生活中有这种情绪的大学生也要多和身边的朋友谈心、交流，释放出自己的压力，以缓解这些症状，从而恢复到正常状态。

(三)易怒

愤怒是由于客观事物与人的主观愿望相违背，或因愿望无法实现时，人们内心产生的一种激烈的情绪反应。心理学的研究表明，在一般情况下，情绪反应都是由大脑皮层决定的。但是美国纽约大学的莱克杜斯通过研究表明，并不是所有的情绪的发生都要经过大脑皮层的加工整合与评估，他认为“除了情绪通道之外，另有一小络神经元直接自丘脑连接到杏仁核，通过这些狭小通道，杏仁核可直接在大脑皮层尚未作出评价之前抢先作出反应导致有机体的一时冲动”。

处于青春期的大学生内分泌系统处于空前活跃时期，大脑神经过程的抑制和兴奋发展不平衡，内制力较差，容易冲动。易怒是大学生常见的一种消极激情，如有的大学生因一句刺耳的话或一件不顺心的小事而暴跳如雷，有的因人际协调受阻而怒不可遏、恶语伤

人，有的因别人的观点或意见与自己相左而恼羞成怒，有的因一时的成功、得意而忘乎所以，有的因暂时的挫折或失败而悲观失望，痛不欲生。

如此种种遇事缺乏冷静的分析与思考，图一时之快、逞一时之勇的好激动、易动怒的不良情绪特点，在一些大学生身上时有体现。这种情绪对大学生的影响是极其有害的，因而有人说："愤怒是以愚蠢开始，以后悔结束。"

三、大学生情绪困扰的原因

引起大学生负面情绪的因素主要体现在遗传因素、环境因素、生理因素和认知因素等四个方面。

（一）遗传因素的影响

遗传因素对情绪的影响主要表现在人的神经类型上。人的神经类型是在遗传的基础上，通过后天环境和教育长期影响而形成的。遗传决定大脑皮质神经元的结构不同，尤其是树突表面存在的树突棘，能够扩大了信息传递而积。个体在早期受到丰富有益的环境刺激有利于其神经类型的形成。但总的看来，遗传因素的作用大于环境因素的作用，有研究指出神经类型的遗传度高达90%。不同神经类型的人在情绪体验上存在较大差异。

苏联生理学家巴普洛夫根据神经类型的三个基本特征，即兴奋和抑制过程的强度、灵活性和平衡性，把人的气质类型分为以下四个基本类型。

(1)不可遏止型：这类型的人兴奋和抑制过程都很强，而且兴奋对抑制过程更强。这种人的外向性格较为明显，好斗、脾气暴躁、精神负担重。

(2)活泼型：这种类型的人神经活动的兴奋和抑制过程较为平衡，虽然兴奋，但有很大的灵活性，在面临各种应激情境时具有很强的自我调节能力。

(3)安静型：这种类型的人神经活动很难从一种状态转移到另一种状态，表现为平静、冷静，具有较强的忍耐力，能够宽容别人，有时也表现得有些压抑，但有很强的自我调节能力。

(4)脆弱型：这种类型的人情绪压抑，情感脆弱，经不起挫折和打击，容易出现异常情绪。

（二）环境对情绪的影响

一是家庭因素。家庭经济状况、家庭教养方式、成员关系及其变更都会冲击大学生脆弱的情绪。一些贫困大学生由于经济困难，承受着巨大的来自生活和学业的双重压力，容易出现自卑和退缩行为，并较多地出现焦虑和抑郁情绪。

二是学校因素。目前高等教育还有应试教育的痕迹，因此缺乏对人全面潜能的重视和开发。同时，如今的校园文化日益多元化，各种思想、观念交锋激烈，因此，在这一环境中，大学生的情绪面临更多的挑战。

三是社会因素。由于我国社会的应试教育体制，以及由高校大量扩招而带来的社会就业市场竞争加剧、就业困难等问题，增加了大学生的心理压力和产生心理障碍的概率。

(三)生理因素

当躯体产生病变时,常会影响情绪。比如中枢神经感染、缺氧、外伤(尤其是外伤致残)、中毒(如药物中毒、食物中毒、煤气中毒等)、血管性疾病、肿瘤(尤其是等待病例结果及肿瘤性质确认后)、营养代谢出现障碍以及内脏疾病等都容易引发情绪障碍。

另外,人体内部的生物节奏也会影响人的情绪。有研究认为人的体力、情绪和智力都呈现一种周期性的盛衰节律,它们的周期分别是 23 天、28 天和 33 天,并有如下表现:当三者均处于高峰期时,人就处于身心最佳状态,精力充沛、生机勃勃,而且头脑清晰、思维敏捷。当三者均处于低谷时期时,人的各种技能效率会降低,同时体力和智力的不佳也会加强已有的情绪低落状态。当三者处于临界状态时,则是一个极不稳定的过渡期,机体协调性差,易出现差错,情绪也容易波动。

(四)认知因素

对于同一件事情,不同的人有不同的认知与态度,因此就产生了不同的情绪体验。大学生在面临学习环境的改变、学习任务的适应问题、理想与现实的冲突问题、人际关系冲突等问题时,由于认识偏差,往往容易导致各种心理冲突和负面情绪。片面的认知方式是错误的观念,是个体产生焦虑、抑郁、自卑、恐惧等不良情绪的根本原因。因此,同学们应对自己在学习生活中所面对的问题与挑战做出正确认知评价,增进积极性并由此产生的积极行为,尽量减少消极情绪与消极行为。

第三节　如何获得良好的情绪

一、正确认识情绪

情绪有正面、负面之分。正面的情绪也称为积极情绪,包括喜悦、温情、感激、振奋、希望、自豪、激励等;负面情绪也称为消极情绪,包括忧愁、悲伤、愤怒、焦虑、痛苦、恐惧、憎恨等。情绪作为生理上一种暂时的较剧烈的生理评价和态度体验,强调内向信念和外向认知的一致性,因而无论是正面情绪还是负面情绪,只要表达适度,都是有意义的。在高职大学生学习生活中,生气、悲伤、恐惧都是正常的情绪反应,不能因为出现负面情绪而自责,反之也不能因为是正面情绪就无限制地表现,否则也会有类似“范进中举”的悲剧。

情绪是有周期性的。从心理学家的研究成果中我们发现,一般人的情绪变化呈现周期性的规律。情绪周期一般是 28 天,这期间有高潮期、临界日和低潮期。一般来说,在高潮期内心情愉悦,在临界日内容易烦躁,而在低潮期内情绪低落。由于情绪节律几乎不受后天影响,高职大学生在管理情绪时,要学会顺应情绪的自然规律,依据其周期性来安排自己的学习、生活,不刻意强求,方有利于保持良好的情绪状态。

二、学会宣泄

1.哭泣

哭泣是一种宣泄情绪的办法，心理学家克皮尔调查了137人，并将他们分为健康组和患病组。患病组是溃疡病和结肠炎的患者，这是两种与精神紧张密切相关的疾病。结果发现，健康组哭的次数比患病组较多，而且哭后自我感觉较之哭前好了许多。进一步的研究发现，人们因情绪压抑时，会产生某些对人体有害的生物活性物质。哭泣时，这些有害的化学成分便会随着泪液排出体外，从而有效地降低了有害物质的浓度，缓解了紧张情绪。有研究表明，人在哭泣时，其情绪强度一般会降低40%。这解释了为什么哭后感觉比哭前要好了许多。

但是任何事情都要有度，过度哭泣也对健康不利，并且用哭泣宣泄情绪的办法并不是适用于每一个人。美国南佛罗里达大学研究员乔纳森·罗滕贝格做了一项调查，30%的女性认为哭过之后心情很好，还有9%的人觉得哭后的感觉更糟糕，61%的人表示与哭前相比，哭后的心情并没有好转。

2.倾诉

每个人都应该有支持系统，找朋友、亲人倾诉。所谓个人的"社会支持系统"，指的是个人在自己的社会关系网络中所能获得的、来自他人的物质和精神上的帮助和支援。一个完备的支持系统包括亲人、朋友、同学、同事、邻里、老师、上下级、合作伙伴等等，当然，还应当包括由陌生人组成的各种社会服务机构，大学校园中一般都设有心理咨询中心，如果在学习和生活中遇到情绪问题，可以找心理老师倾诉。

3.运动

大量的调查研究表明，运动可以减轻焦虑和抑郁。现代人越来越愿意把金钱和时间花在健身房，运动(跑步、打球、游泳、器械操)的确可以提高人身体的机能、知觉和控制力，增加血液循环，调节心率，改善机体的含氧量，让人的精力在短时间获得提升。情绪烦恼是一种难以释放的负性能量，有节律的运动可以把这样的能量通过汗水释放出去。同样，当大脑因为心理压力疲惫不堪时，运动转移了对压力的关注，让我们可怜的心智获得喘息。

4.写日记

心理学家詹姆士·W.佩内贝克曾经做过一个实验，他发现将内心的愤怒和失望写下来可以很好地帮助个体理清思路，所以花15分钟的时间将糟糕的事情写出来，记录当时的感受，并分析为什么会有这样的感受，可以很好地缓解情绪带来的困扰。索尼娅·柳博米尔斯发现，只有描述问题和复述经历具备功效。不管是以写作还是以大声说出来的方式来讲述故事，都能使人们一步一步地把事情分析清楚，让这件事情有始有终。

三、学会放松

1. 放松训练

放松训练是指使有机体从紧张状态松弛下来的一种练习过程，通过机体主动放松来增强对自我控制的有效手段。一般是在安静的环境中按一定要求完成特定的动作程序，通过反复的练习，使人学会有意识地控制自身的心理、生理活动，以达到降低机体唤醒水平，增强适应能力，调整因过度紧张而造成的生理、心理功能失调，起到缓解情绪的作用。放松训练的基本种类有呼吸放松法、肌肉放松法、想象放松法三种，而具体放松训练的形式又多种多样，有渐进式放松训练、冥想等。

【知识链接】

因为对呼吸的监控可以增强大脑对植物性神经系统的控制，降低焦虑紧张。有这样的说法：呼吸是连接躯体和心灵的桥梁。既对我们的身体有好处，又有助于保持情绪稳定等等。做呼吸放松练习时，一定要选择一个舒服的姿势，可以是坐着，也可以是躺下。然后缓慢地通过鼻孔呼吸，吸气的时候，想象气体是清晰的，呼气时，想象气体变为浑浊，气体流经你的身体，带走了一切的紧张、焦虑和烦恼。保持深而慢的呼吸，吸气和呼气的中间有一个短暂的停顿。

2. 音乐放松

音乐的节奏可以明显地影响人的行为节奏和生理节奏，例如呼吸速度、运动速度节奏、心率。音乐是一种独特的交流形式，虽然一首歌的歌词可以传达一些具体的信息，但是对于音乐而言，最重要的交流意义是非语言的。不同的音乐可以引起各种非常不同的情绪反应。因此,可以通过听音乐来调节我们的情绪。

3. 颜色放松

不同的颜色可通过视觉影响人的内分泌系统,从而导致人体荷尔蒙的增多或减少,使人的情绪发生变化。研究表明,红色可使人的心理活动活跃,黄色可使人振奋,绿色可缓解人的心理紧张,紫色使人感到压抑,灰色使人消沉,白色使人明快,咖啡色可减轻人的寂寞感,淡蓝色可给人以凉爽的感觉。英国伦敦有一座桥,原来是黑色的,每年都有人到这里投河自杀,后来,将桥的颜色改为黄色,来此自杀的人数减少了一半,充分证实了颜色的功能。

拓展阅读→

EQ 不只是"会不会发脾气"的指标

EQ(emotional quotient)是"情绪商数"的英文简称,它代表的是一个人的情绪智力(emotional intelligence)。简单地说,EQ 是一个人自我情绪管理以及管理他人情绪的能力指数。

让我们来回顾一下 EQ 诞生的过程。

早在 1920 年,美国哥伦比亚大学的教授桑戴克(E. L. Thorndike)就首先提出了社会智力(social intelligence)的概念,认为拥有高社会智力的人,"具有了解及管理他人的能力,能在人际关系上采取明智的行动"。1926 年推出了第一份社会智力测验(George Washington Social Intelligence Test),问卷的题目包括了指认图片中人物的情绪状态,以及判断人际关系中的问题等。

然而接下来的几十年,心理学界在这方面的努力停顿了下来,主要是因为大家都忙着发展及研究 IQ 测验。当时认为 IQ(亦即一个人的数学、逻辑、语文以及空间能力)会决定每个人的学习及受教的能力,因而影响将来的工作发展及表现。一直到 1983 年,美国心理学家嘉纳教授(Howard Gardner)提出了影响现今教育体系甚巨的"多元智力"理论。他认为首先只重数理、语文能力等的传统定义"智力"的方式(亦即 IQ)需要大幅度修改,因为一个人的 IQ 虽然与学校成绩有很高的正相关(IQ 愈高,功课愈好),但在其他方面,例如工作表现、感情及生活满意度等,预测力就明显滑落不少。

嘉纳教授在他的多元智力理论中,多加了几项智力,包括了音乐、体能以及了解自我和了解他人之能力。而这后两项,让"社会智力"的概念再一次受到教育界及心理学界的重视。

第一个使用"EQ"这个名词的心理学家巴昂(Reuven Bar-On),在 1988 年编制了一份专门测验 EQ 的问卷(EQ-i)。根据他的定义,EQ 包括了那些能影响我们去适应环境的情绪及社交能力,其中有五大项:(1)自我 EQ;(2)人际 EQ;(3)适应力;(4)压力管理能力;(5)一般情绪状态(乐观度,快乐感)。

接着又有心理学家沙洛维及梅耶(Salovey&Mayor)在 1990 年提出"情绪智力"的定义。他们认为情绪智力应和乐观等人格特质区分开来,所以他们对 EQ 的定义,强调在了解并运用情绪之方面。目前另一个在各国广泛使用的 EQ 测验(MSCEIT),即为他们的最新研究成果。其中的问题有以下几大项:(1)察觉及表达情绪的能力;(2)在脑中想象情绪状态的能力;(3)了解情绪的能力;(4)控管情绪的能力。

真正让"EQ"一词走出心理学的学术圈,而成为人人熟知的日常生活用语的心理学家,是哈佛大学的高曼教授(Daniel Goleman)。他在1995年出版的《EQ》一书(*Emotional Intelligence*),登上了世界各国的畅销书排行榜,在全世界掀起了一股EQ热潮。

高曼发现一个人的EQ对其在职场的表现有着非常重要的影响。举例而言,一个针对全美国前五百大企业员工所做的调查发现,不论产业类别为何,一个人的IQ和EQ对他在工作上成功的贡献比例为IQ∶EQ=1∶2。也就是说对于工作成就而言,EQ的影响是IQ的两倍,而且职位愈高,EQ对工作表现的影响就愈大。此外,对于某些工作类别,例如营销、业务以及客户服务等,EQ的影响就更为明显。

(资料来源:张怡筠:《工作其实很简单》,漓江出版社2012年版。)

拓展训练→

心理测验:抑郁自评量表(SDS)

填表注意事项:请仔细阅读每一条,把题目的意思看明白,然后按照自己最近一周以来的实际情况选择:偶尔(A)、有时(B)、经常(C)、持续(D)。

1. 我觉得闷闷不乐,情绪低沉。
2. 我觉得一天之中早晨最好。
3. 我一阵阵地哭出来或是想哭。
4. 我晚上睡眠不好。
5. 我的胃口跟以前一样。
6. 我跟异性交往时像以前一样开心。
7. 我发现自己体重下降。
8. 我有便秘的烦恼。
9. 我的心跳比平时快。
10. 我无缘无故感到疲劳。
11. 我的头脑像往常一样清楚。
12. 我觉得经常做的事情并没有困难。
13. 我感到不安,心情难以平静。
14. 我对未来抱有希望。
15. 我比以前更容易生气激动。
16. 我觉得决定什么事很容易。
17. 我觉得自己是个有用的人,有人需要我。
18. 我的生活过得很有意思。
19. 假如我死了别人会过得更好。
20. 平常感兴趣的事情我照样感兴趣。

计分方法：正向计分题 A、B、C、D 按 1、2、3、4 分计；反向计分题按 4、3、2、1 计分。

反向计分题号：2、5、6、11、12、14、16、17、18、20。

总分乘以 1.25 取整数，即得标准分

按照中国常模，SDS 标准分的分界值为 53 分，其中 53～62 分为轻度抑郁，63～72 分为中度抑郁，72 分以上为重度抑郁，低于 53 分属正常群体。

第八章　如何应对心理压力

生活中无时无刻都存在着压力，大学生的生活也不例外。对于刚离开家庭独立生活的高职大学生来说，正常的学习、生活、恋爱、交友都是压力的来源。一方面，压力代表着挑战，因为它能激发人们奋进。对许多人来说，没有压力，人生索然无味。另一方面，压力代表着要求，因为人们必须实现它。但是，当压力超过人们的身心承受负荷时，这些要求会把人压垮。高职大学生的压力来自哪些方面？这些压力对身心健康造成什么影响？高职大学生该怎么去管理自己的压力呢？这将是本章所要讨论的问题。

第一节　大学生压力概述

一、心理压力的定义

心理压力又称心理紧张或心理应激，是机体在内外环境作用下，因客观要求与主体应付能力的不平衡所产生的一种适应环境的紧张状态。心理压力来源于机体内外环境向机体提出的应对或适应的要求。这些可导致机体产生应激反应的紧张性刺激物称为应激源。对人类来讲，有包括各种物理、化学刺激在内的生物性应激源，如不适宜的温度、强烈的噪声、机械性的创伤、辐射、电击、病毒、病菌的侵害等，也有包括来源于现实社会中经常发生的冲突、挫折、人际关系失调等在内的心理性应激源，还有包括不断变化着的政治、经济、职业、婚姻、年龄等因素在内的文化性应激源。

适度的心理压力或应激，对机体适应环境是有利的，它可以提高机体的警觉水平，动员机体内部的潜能，以应付各种变化的情境和事件的挑战。如果心理压力持续时间过长或应激状态过于强烈，需要机体做出较大的努力才能适应，或者超出了个体所能承受的应对能力，就会扰乱人的心理活动和生理功能的平衡，损害人的身心健康，甚至会造成人体及精神疾病。

二、压力反应

压力反应是生理和心理相互作用的结果，是一系列生理和心理反应的综合表现。同样的压力源可能引起不良的压力反应，也可能引起良性压力反应。这里主要谈一下不良的压力反应。

(一)压力状态下的生理反应

(1)经常体验到肌肉抽搐和紧张，如感到机体的某一部位不由自主地跳动，眼睛、面部、肩部、背部、腿部以及身体的其他部位发紧、酸痛，缺乏柔性和灵活性。

(2)动作僵硬、急促，经常摆弄手指、抖动腿脚或身体的其他部位。

(3)经常感到气闷，消化不良，食欲不振。

(4)皮肤经常无缘无故地发痒、过敏，吃药也不起作用。

(5)全身无力、疲劳，休息后也很难恢复。

(6)免疫力下降。

(二)压力状态下的心理反应

1. 警觉阶段

在警觉阶段，交感神经支配肾上腺素和副肾上腺素，这些激素促进新陈代谢，释放存储的能量，于是呼吸、心跳加速，汗腺加快分泌，血压、体温升高等等。是警觉或紧张的反应，是身体在压力之下进入了觉醒的状态。

2. 搏斗阶段

是抵抗和耐受压力的反应时期，机体在高度警觉或紧张的状态下调整并想法适应压力，但机体逐渐形成慢性长期的超负荷，很难继续适应这种不适应的环境。

3. 衰竭阶段

是精力、体力耗竭的反应。如果进入第三个阶段时，外在压力源基本消失，或个体的适应性已经形成，那么，经过相当时间的休整和养息，仍能康复。如果压力源仍然存在，个体仍不能适应，机体无力应付慢性、长期的高度警觉或紧张的状态，对超负荷的精力、体力的支出逐渐不能耐受。当体力耗竭以致身心交瘁，就使我们更容易受疾病的侵害。一个能量资源已经耗尽而仍处在压力下的人，就必然发生危险，这时，疾病和死亡的发生都是可能的。

(三)压力状态下的情绪反应

1. 忧郁

有些人压力来的时候，就会有忧郁症，平时就有点忧郁，到压力来的时候就会更严重。忧郁的特征包括广泛的不快乐情绪，对未来感到无望，无精打采与被动，饮食与睡眠习惯瓦解，低自尊，常自责，对未来充满负面的想法，最严重的时候就是想要自杀。

2. 生气

压力来的时候，生气是很多人都有的情绪反应，导致容易感到挫折，容易暴躁，抓狂，暴力倾向萌生甚至是加重，脾气变得很不好。

3. 倦怠感

倦怠是一种情绪衰竭的症状。容易在工作情景中出现，也会以职业倦怠方式出现。特别是某种专业人士如教师、护士、律师、会计师、管理者等凡是需要与人沟通接触的工作，较可能产生这种现象。这种现象就是身体、心理、情绪均感疲倦，最后无法再关心他人，而以冷漠、散漫或不人道的方式来对待他人，工作士气、生产力、工作满足感也急速下降。这也是一种情绪性的疲劳，他们的工作性质是应该关心关怀别人，但是他们做不到，因为他们自己已经觉得很累。

三、心理压力产生的影响

不同的人，对于压力的观点不同。有些人会希望有压力，认为有压力才会有动力才会有进步，生活才会更精彩；而有些人则认为压力意味着挫折，让人烦恼。日常生活中，每个人都会在不同程度上感受到心理压力的存在。压力与生活同在，没有人可以“免疫”。如果完全没有压力，个体身心就会处于一种松散和不紧张状态，个人的潜力就无法发挥。我们也有一种体验，当压力特别大的时候，就会特别容易生病，情绪脾气特别容易激怒；此时心理压力会对个体带来许多负面影响。可见，完全没有心理压力和心理压力过大都不利于个体的身心发展。然而，适度的心理压力可以使人的情绪处于兴奋状态，活跃思维，提高反应速度，能够起到积极的作用。进化论观点认为有限的资源导致竞争，而竞争就必然有压力；发展最快的地区，压力也最大。调查发现心理压力是造成身心疾病的主要原因之一，是影响人们心理健康的最主要的因素；"与心理压力有关的慢性病呈逐年上升且年轻化趋势"。"大量的现实研究表明，心理压力的消极作用甚于积极作用，主要表现为出现一系列心理的、生理的和行为的应激症状。"以下主要为负面的症状表现：

1. 生理症状

新陈代谢活动发生紊乱、呼吸急促、心跳加快加强、消化液分泌减少，头晕头疼，食欲减退，腹痛腹泻，疲惫不堪，致使个体逐渐患上各种慢性疾病甚至诱发潜在的心身疾病，比如胃溃疡、癌症。像感冒也常找上精神紧张、神情沮丧的人。据调查，心理压力大的人精神上负担较重，或悲观孤僻，或忧郁沮丧，或逃避现实，他们的感冒发病率是正常人的3～5倍。疾病反过来又会导致消极的行为表现和心理方面的种种不适。

2. 心理症状

具体表现为情绪不稳定、对周围环境不满意、疲劳无力感、不安、易激怒、反应过敏。可能会因为心理压力、承受能力差而导致产生神经质似的心理障碍，严重者甚至会出现情感淡漠、幻觉、妄想、自杀意念等病态心理异常现象。

3. 行为症状

消极怠工、工作效率下降、逃避责任、跳槽；生活习惯改变；常与他人发生冲突，人际关系恶化；不良嗜好增多，嗜烟、酗酒，甚至吸毒以麻痹自己；更有甚者表现为自杀、杀人等破坏性的病态反应。

生理、心理、行为方面的压力症状不是独立存在的，而是相互联系、相互影响的。当事情一件接一件的到来时，而个体又没有能力及时的解决，长期下来就会感觉到没有办法集中精神、疲劳乏力、睡眠不好、烦躁不安，工作学习效率下降。持续的心理压力更可能让个体常感到浑身不适，得经常性感冒以及无名低烧，让个体的躯体机能减弱、生理健康指数下降。即使去医院检查也查不出病因，而求助于心理学或精神病学医生，治疗效果较好一些。较为严重的可能会有惊跳反应，产生心理障碍或疾病，出现易激惹、抑郁、幻视幻听等病理性表现。

第二节　大学生压力的来源

一、大学生面对的主要心理压力

大学生在校学习期间承受压力是不可避免的。并且，绝大多数的大学生承受着较大的心理压力。研究发现，大学生面临的心理压力主要表现在以下几方面：

1. 学习压力

学习是大学生面临的最主要压力之一。由于大学生普遍都是中学时的优等生，大多具有自信、好强的心理特点，并且由于随着入学就已隐约感到就业形势的严峻，大学生们中的绝大多数都希望能够继续保持良好的学习成绩，以保持自己一贯的学习优势地位，也为未来的就业创造有利条件。但是，大学里，强手如林，尖子荟萃，再加上大学里的学习方法明显不同于中学，大学老师也很少进行学习方法的讲授，因此，较多的大学生对大学的学习方法迟迟不能适应，这就导致同学们学习效果不佳，只能充当一名普通学生的角色，于是压力感、危机感、失落感会油然而生。

2. 就业压力

由于高校分配制度的改革，以及社会上下岗职工大量存在，不可避免地给高校学生带来了就业的心理压力，并且随着年级的增长，这种压力会与日俱增。可以说，许多大学生对目前的市场调节、双向选择、自主择业的分配方式还远未适应，同学们普遍担心毕业时找不到理想的工作。也有的同学担心自己不能找到与专业对口的工作，从而使大学几年的学习时间白白浪费。尤其是冷门专业的同学，社会需求量相对较小，因此，他们的压力就更大一些。目前，相当多的大学生选择报考研究生，往往就是因为面临择业的苦恼，他们因为一时找不到理想的工作所以只好继续求学，以暂时回避现状。与男生相比，女大学生的就业心理压力普遍更重。虽然，她们中的大多数在学习上与男生同样刻苦努力，成绩优秀，但由于社会上传统观念的影响以及女大学生就业时常常遭到用人单位冷遇的现状，许多女大学生从进入大学起就产生了巨大的心理压力。

3. 人际交往压力

由于同学们来自不同的地域，不同的生活习惯、性格特征、个人爱好、家庭背景等等使同学们的人际关系变得很复杂，因此，许多同学存在人际交往方面的困惑。同时，一些同学成绩虽然优异，但因为从小缺乏人际交往教育，在交往认知、交往知识和技能方面存在着明显的不足，以至于不能妥善地处理人际交往中的冲突。另外，随着市场经济文化对大学校园的冲击，大学生方方面面竞争的加剧，原本单纯的同学关系变得非常微妙，因此，不少同学为人际关系而苦恼，常常抱怨“太累了”。在大学生心理咨询中发现，前来咨询的同学中几乎有60%都是为了解决人际交往压力的。

4.生活适应压力

在生活上，有些同学从小娇生惯养，从未离开过父母的照顾，对于诸如打扫卫生、洗衣服等一类的日常小事往往都无法适应。另外一些学校的生活条件不能满足大学生的生活要求，譬如食堂饭菜质量太差，学生宿舍拥挤、吵闹，这些方面，也常常导致远离父母过完全独立生活的大学生产生极大的心理压力，影响正常发展。

5.经济压力

大学生的经济压力主要表现在：十年寒窗苦，一朝进入大学，但高额的学费常常使一些条件不太好的家庭不堪重负，加上不断增多的日常生活费用，一些家庭甚至负债累累。对此，大部分同学虽然已经步入了大学校门，但会时时感到内心不安。也有这样一种情况，有的同学自身经济条件不好，又不能正确对待，面对大学里经济条件优越的同学就会产生自卑，这使他们的内心充满矛盾，承受的心理压力更大。

6.身心因素压力

大学生身体方面的压力主要有：一些同学身体健康状况不佳，缺乏维持正常学习的旺盛的精力，一些同学对自己的相貌、身高、体型不满意，感到忧心忡忡等等。大学生心理方面的压力表现：过分争强好胜的人格因素使一些同学常感到身心疲惫，有的同学心理素质太差，脆弱的心理承受能力使其在困难面前产生较大的压力反应，也有一些同学自我概念不良，导致自卑、行为退缩，更多的同学的心理压力源于时时出现的心理冲突。譬如理想与现实的冲突、独立与依赖的冲突、闭锁与开放的冲突。冲突越复杂，心理压力就越大。①

二、高职大学生心理压力来源

1.学习困惑

高职院校里的课程内容和教学方法与中学有很大的不同。中学的授课方式是以教师教学为主，学生自己理解少、练习多，学生完全处于被动接受知识的状态。然而大学则不同，教师上课来，下课走，内容多，教材有取舍。授课方式是以教师指导性讲解、学生自学为主。这要求高职大学生应转变学习方法，适应大学教学，改变过去那种态度上的被动，从而做到主动自觉。然而许多学生特别是刚进大学的新生往往缺乏必要的心理准备，仍然抱着过去学习的心理，沿用高中的学习方法。在经历一段时间的学习之后，便有茫然失措的感觉，进而不知道该怎么去学，由兴奋转为自卑、消沉，部分学生处于难以适应的境地，久而久之倍感学习之压力，产生厌学心理，进而导致认知偏差，不能适应新的学习环境，产生心理挫折，在学业上出现令人失望的事情。

2.专业发展困惑

专业发展问题影响部分同学的学习积极性，这种情况在高职院校表现得较为突出。一类是由于高考填志愿盲目。盲目追求所谓的热门专业，如电信、计算机、电子、商务等专

---

① 张艳芬：《大学生的心理压力及调适》，《教育理论与实践》2006年第2期。

业。但是进入大学后,才发现热门专业并不符合自己的兴趣爱好,学习时产生压力,困难重重。另一类是由于高考分数没有达到自己理想专业的分数线,只能服从分配,调剂到学校生源不足的冷门专业。这类同学觉得自己以后的前途暗淡,不能安心学习。这两类同学中有的屈服于现状,极度冷淡自己不喜欢的专业,在学习上得过且过,毫无钻研精神,有的悲观厌世,长期失眠,精神错乱,甚至出现违法犯罪、自杀等行为。

3. 经济困难

目前,因家庭困难造成经济紧张而陷入困境的学生在学校占有相当大的比例。高额的学费和生活开支增加了他们的心理压力,来自边远和贫困地区的同学更是如此。部分同学家里砸锅卖铁,四处借债。他们的兄弟姐妹小小年纪就辍学打工供他们读书,他们背负着全家人的期望而读书,这些同学从吃穿乃至言行举止上都与城市同学有很大的反差。经济的窘迫,使这些同学的心理负担十分沉重,他们感到苦闷和压抑。这种现象在大学生群体中不但存在,而且问题的严重性有进一步增强的趋势。

4. 就业困难

毋庸讳言,高职院校学生找不到工作是很正常的事情。高职大学生在选择单位时会产生迷茫,不知所措,而且在与有关单位接触的过程中难免有种种不顺利,有的同学因此背负了沉重的心理负担。

5. 高职大学生自身因素

一是心理承受能力差。个别同学承受挫折的能力缺乏,遇到各种困惑和矛盾时不能正确处理,经常陷入焦虑、抑郁等情绪中,心理障碍、自残、轻生、伤人等问题程度不断发展加深。二是心理自控调节能力较差。高职大学生不能适应现实,在现实中面对挫折与落差,心理调节能力极差,很多高职大学生遇到或大或小或多或少的挫折,都会陷入苦闷和焦虑中。

三、心理压力对大学生的影响

1. 积极作用

压力可以促使大学生警醒,从而增强其适应性。一般而言,压力引起的紧张反应可以大大提高大学生对环境的警觉水平,使其注意力集中,思维敏捷,情绪适度,从而促使大学生适应环境变化的需要,增强其对环境的适应性。压力可以促进大学生的发展、提高。因为压力是我们生活中的一部分,当大学生面对一定的心理压力时,必须积极、努力,才能摆脱压力,改变现存的压力环境。因此,可以说,一定的压力正是促使大学生积极进取、不断发展和提高的重要动力。生活中如果没有压力,大学生也就缺少了发展的动力。增强大学生抵抗压力的能力。调查表明,在大学阶段,曾经体验过压力的同学,他们将来步入社会后似乎比没有经受过压力的同学更能够应付压力情景。这是因为在以往的压力状态中,他们学到了处理压力的有效方法,积累了处理压力的丰富经验,同时,增强了面对压力的勇气和力量。这样,在以后的压力情境中,就大大减少了心理冲突,增强了抵御压力的能力,使大学生的心理走向成熟。压力有助于大学生之间建立良好的亲密的关系。研究表明,压力情境下,人与人之间表现出更多的互相关心,互相帮助,互相支持,从而有利于彼此维持一种比较接近的良好的关系。压力促进了群体的结合，极大地增进了群体的凝聚力。因此，无论从大学生个体的角度还是从社会维持与发展来看，压力都具有重要作用。

2. 消极作用

当压力超过一定限度时，过度的压力反应或长期压力反应的累积，对大学生的身心健康具有一定的破坏作用。研究发现，长期处在压力情境下的大学生，心理健康水平会降低，严重的会出现心理障碍。譬如，情绪持续低落，兴趣丧失，反应迟钝，对自己的进步、人生的价值漠然置之，麻木不仁，看破"红尘"；与人交往过程中，常表现出紧张，动作不自然，思维不清，脾气古怪，讨厌别人；或孤立自己，怀疑自己的能力，轻视自己，自责，自信心降低，夸大自己的失败，甚至导致彻底的自我否定，并引发自伤、自毁或伤害别人，破坏大学生的生理健康。在长期的心理压力下，人的免疫功能将大大下降，患病的可能性大大增加，有可能罹患如心脏病、消化性溃疡、紧张性头痛、偏头痛、神经衰弱、肌肉痉挛、类风湿、尿频、皮炎等，严重危害大学生的身体健康。另外，长期处于压力状态下，还容易养成消极的生活习惯，如通过吸烟降低紧张水平，通过酗酒、贪吃、过度工作来消极回避紧张状况。

第三节　大学生压力管理策略

压力管理是将人的压力程度调到最佳点，以达到最优的绩效，同时避免受到与过度压力有关的心理与身体伤害的过程。而国内研究发现大学女生的压力要显著高于男大学生，文科生承受的压力显著高于理科生。个体长期处于压力状态下，可能会影响到其身心健康，如果没有及时有效地疏导压力，做好压力管理，可能会对个体当前的身心造成不利影响。

一、生活形式管理

1. 均衡饮食

养成规律、营养、良好的饮食习惯。什么食物都可以吃，但都不要吃太多，不要吃太快，早餐要吃，午餐吃饱，晚餐吃少。正如我们所知，当处在压力之下时，你的胃部会停止运作，因此，咀嚼不到位的食物以及匆忙下咽的饮品，将会如同一个铁皮饭盒一样，在你的胸腔停留几个小时之久。高雅的举止要求细嚼慢咽，至少要将食物咀嚼20次。暴饮暴食是大学生常见的减压方式，由这些不良的饮食习惯导致的肥胖症、神经性厌食症等是临床上比较常见的身心疾病。

2. 均衡运动

运动(特别是有氧运动)可以通过用力和松弛的形式来主动控制生理的唤醒水平比如脑啡来调节压力带来的情绪紧张，让意识状态改变、负面情绪减少、控制身体功能、避免过度肥胖、强化心肺功能。许多跑步爱好者利用跑步过程进行沉思，这种有节奏、重复的腿部运动能把思想放在一种安静的状态中，在这种情况下，重复运动是关注的主体。运动是长期的，不是短期的，现在很多大学生对于运动不以为然，那是因为还处于年轻状态，但是到中年的时候，之前有运动和没有运动的人，差别是很明显的。

3. 合宜休息

储备、恢复精力，建立良好的睡眠习惯。人们除了晚上正常的睡眠以外，白天也需要睡眠，其中以下午1时的睡眠质量最好。午睡是健康充电的最佳武器，经过上午高强度的学习，如果中午不休息一下的话，下午学习的效率很容易“打折”。午睡是缓解紧张、舒缓压力的最佳方法，找个安静舒适的地方躺一会儿，能够帮助人们保持心境平和，有效抑制情绪波动以及压力导致的细胞衰老。睡醒后，绷紧的神经也得以缓解。对大脑来说，短短的20分钟午休足矣。

4. 良好休闲

当压力超过一定的负荷的时候，正常的释放方式不能有效缓解压力，就可能产生一些不健康的行为来处理压力，从而导致健康问题，像依赖购物、赌博或者网络成瘾以及喝酒、药物滥用，只能短时间起到缓解压力的作用，对健康也有损害。这实际上是一种回避应对策略。

最不协调原则：比如老师的工作是整天都在用大脑和嘴巴的，当老师要放假休息的时候，就应该避开用过多大脑和嘴巴的，去用身体其他部分。所以最不协调原则是指休息的时候要用工作时候不需要用到的部分。

5. 笑、幽默——最佳良药

正所谓一笑解千愁，每天都哈哈大笑，不但能锻炼腹肌，还能加强免疫力。研究表明，大笑其实是一种良药，这既有生理原因也有化学原因。从生理原因看，笑能够锻炼肌群并使其放松，有助于恢复顺畅的血液供应。还可以通过增加腹部的压力，促进肠子的蠕动，因而有助于消化。从化学方面来看，大笑可以使人体自然分泌更多的抵御疼痛与炎症的物质——内啡肽与可松的。因此，大笑有助于我们抵御压力，可使情绪高涨，缓解生理疼痛、炎症，甚至会作用于我们的免疫力。开怀大笑的部分价值是使你重新审视问题，并产生新的看法。它通常使你认识到，其他的人也存在同样的麻烦，你并非孤独无助。只有在你发自内心地与他人一同捧腹大笑的时候，幽默的力量才会最大限度发挥出来，反之则不然。你不需要具备专业喜剧演员的技能，但如果你能够学会做个快乐的听众，那将会对你大有裨益。

二、深度放松

1. 肌肉放松、静坐、冥想

深呼吸可以放松情绪，缓解压力和减少肌肉的紧张。呼吸被人们称作“情绪和身体之间的桥梁”。当人感觉有压力时，呼吸会变得迅速而短促，这种“压力反应”还会引起心脏跳动的加快和肌肉的紧张。持续的紧张和压力对脑化学成分的变化也可以产生影响，增加消沉的症状。深呼吸可以刺激你的中枢神经系统使之放松，在这一过程中，心率减慢、血管扩张，并能使你的肌肉放松，同时还会对意识有类似的影响，通过在深呼吸中进行思考，改善沮丧的症状。

2. 重视体检，顺其自然

我们思想中所创造的意识在强有力地影响我们的身体，如果我们想到酸酸的柠檬，绝对大多数人就会有过量的唾液分泌；如果我们思考对已故者的爱，我们就会感到悲哀；如果我们有一件已经经历并可能发生不测事情的消极表象，我们就会担心并可能开始有一个压力的反应。有些现存的证据表明，积极的表象可能对免疫系统有积极的影响，通过表象知道使用想象力来刺激人生理上的改变，那是一种用我们的思想来刺激健康的、积极的、具有想象的创造性实践，通过对美好事物、良好精神和身体状态的积极表象，我们的身体中会有一个健康、放松的自然反应，舒缓来自各方面的压力。

3. 自我暗示

我们来通过一个放松练习，体会一下把注意力用自我暗示帮助自己放松。不管用什么方法都可以，例如静坐，总之就是能让你在短时间内可以很快放松。接下来可以按以下步骤尝试自我暗示的放松练习：闭上眼睛，全身放松，四肢自然下垂。现在想象，你的眼睑很疲劳，现在你觉得很疲劳，把你的注意力放在你的呼吸上，注意你的呼吸快慢，一呼一吸，一呼一吸，你感觉到你的血液从你的心脏流出来，透过肩膀，流到你两边的手臂，流到手肘，到手指头，手指头放松，感觉你的指头慢慢温暖起来了，觉得手心温暖起来了，慢慢地又觉得血液往下走，走到了腰部臀部，往大腿下流，一直往下，到小腿，一直往下流，到脚掌，到脚趾头，感觉脚心慢慢地热起来了，全身都温暖起来，都放松了，你的眼皮好重好重，要休息了。语气可以更慢点，声音可以更小。这个就是自我暗示。用自我催眠帮助睡觉这个方式，有失眠的同学可以试试，效果还是不错的。

三、修正认知

1. 重新评估压力来源

大学生要正确地认识压力的两重性，一方面，压力对人有消极的影响，如会影响个体实现目标的积极性、降低个体的创造性思维水平，损害个体的身心健康，另一方面，压力也有积极的作用，如能增强个体情绪反应的力量、增强个体的容忍力，提高个体对压力的认识水平。因此，同学们如果能够辩证地看待压力，就能重新评估压力的来源，能促使压力向积极方面转化。

2. 监控自我对话，改变自我的想法

大学生要学会对客观事物、压力情境的正确认识。如约会被拒绝、考试考不好、有人不喜欢我。例如，有人对你说全班同学都很讨厌你，这样的结论是很容易让人悲观失望甚至自暴自弃。要学会改变自我的想法，鼓起勇气去问清楚自己究竟哪里做得不好，自己愿意去变得更好。改变你的想法，考试挂科，没关系，下次再努力；约会被拒，没关系，是这个人没福气。学会换个角度看问题，有时会使人沮丧、绝望的情境也可以让人看到希望，如同俗语所说的“树挪死，人挪活”，“塞翁失马，焉知非福”。比如面对学生迟到，老师不会生气，因为迟到受损失的是学生，上课的时间就是 90 分钟，你迟到了错失了前面的知识内容，是自己导致的。所以很多时候，自己对自己讲的话会影响你的心情，要学会监控你自己的讲话，像之前所提到的，对于“你知道我们班很多同学都不喜欢你吗”这样残忍的评价，的确很容易导致低自尊没自信，甚至导致社会排挤的不好感觉，其实有可能是对方嫉妒你，才会这样。在这个世上你会发现，你也没办法喜欢所有人，你也会去讲别人坏话，这世界上永远有人喜欢谁，有人不喜欢谁的。有人不喜欢自己，不尽然是你的错，只是不尽然，可以去想想原因，要有一套对付的方法，你为什么不喜欢我，请你告诉我，我一定改。

四、学习时间管理

1. 设定目标：优先顺序、罗列清单

最重要的就是设定目标。一年内、两年内、三年内要做什么？有了目标，就知道重要性。把自己要做的每一件事情都写下来，这样做首先能让你随时都明确自己手头上的任务。不要轻信自己可以用脑子把每件事情都记住，而当你看到自己长长的清单时，也会产生紧迫感。短期目标总有的，要试着去定自己的目标。

2.时间重构：指出浪费时间

用一张纸，早上到晚上，几点起床，你花了多少时间在做哪些事情，把它详细地记录下来，早上出门（包括洗漱、换衣、早餐等）花了多少时间，搭车花了多少时间，出去做兼职花了多少时间……把每天花的时间一一记录下来，你会清晰地发现浪费了哪些时间。这和记账是一个道理。当你找到浪费时间的根源，你才有办法改变。试着记录一个星期看看，可能会发现你在重要的时间没有在做重要的事情。你可以看出你的时间结构，你浪费了很多时间，所以经常时间不够。

3."不被干扰"时间

每天至少要有半小时到一小时的"不被干扰"时间。假如你能有一个小时完全不受任何人干扰，把自己关在自己的空间里面思考或者学习，这一个小时可以抵过你一天的学习效率，甚至有时候这一小时比你三天学习的效果还要高。

五、寻求社会支持

人类天生就是社会性动物，任何人都不能离开他人而生存。人与人之间是需要互相关心、互相帮助、互相爱护的，这是一种社会支持，它可以调适个体的压力反应。研究发现，社会支持可以降低压力对大学生的消极影响，并且减少诸如头痛、消化不良、高血压等一系列由于压力导致疾病的发生率。因此，对于大学生而言，在面对心理压力时，主动寻求社会支持是非常有益的。这就要求在生活中，每一个大学生都应该积极寻求并建立自己的社会支持网。社会支持包括家庭、朋友、同学、社会组织、学生社团、老师等，在一般的生活状态，这些社会支持能够满足同学们安全、自尊、归属的需要。而当同学们面对心理压力时，可以找一位朋友或亲人诉说倾吐，从而寻求他们的支持。既可以是感情上的支持，比如同情、理解、照顾，也可以是物质上的支持，包括给予金钱或者其他物质上的帮助，还可以是信息上的支持，主要指别人给予的忠告和指导。这一切，对减轻心理压力十分重要。

拓展阅读→

笑着面对生活

孙玉茹

生活中有许多事不尽如人意，面对生活中的挫折、失败，要有一种超出常人的宽广胸襟，那就是笑着面对生活。"笑着面对生活"，这是一种对生活超脱的大度，这是一种积极健康的心境，这是一种值得推而广之的人生态度。那么，怎样才能做到笑着面对生活呢？我们从这篇文章中一定会找到正确的答案，我们会学会笑着面对生活的种种具体方法措施。

我们生存的世界，并非尽如人意。在人生旅途中，我们会遇到这样或那样的无奈：你很想迈进大学的殿堂，然而几经苦斗却终不能如愿；你用生命爱着一个人，到头来他却和别人成了眷属；你望子成龙投入了那么多心血，可孩子却不争气；你本已够了晋升的条件，可却因“僧多粥少”被挤下来……总之，你努力求索，但却得不到你要的。

面对挫折、失败，你有充足的理由悲伤和痛苦，你可以怨天尤人，可以破罐破摔，可以借酒消愁，整日生活在郁闷不乐之中……然而这一切丝毫无助于你的得到，到头来受损的还是你自己。

笑着面对生活，就不要钻牛角尖、打死扣。可以得到的珍惜之；不能得到的暂弃之；应当得到，但总不能得到的，也不必费尽心计较之。人生本来短暂，何必再自我折磨酿制苦涩。

笑着面对生活，就不要奢望太多，要珍惜拥有的，从中挖掘出满足、自信和快乐。垂钓者付出了一天的等待却一无所获，夕阳西下拎着空空鱼篓回家的时候，仍是一路欢歌，他说，鱼咬不咬钩是它的事，我却钓上来一天的快乐！

笑着面对生活，就要学会从名利中解脱。维持生命的是事业，贵重的财富是健康的身体，真正的价值是为人民做了什么。人生只是一个过程，赤条条来，赤条条去。

笑着面对生活，就要把眼光放远，挺起脊梁做人，生命的意义在于求索，生活击碎你的梦，但生活中不能没有梦。蒋子龙在一篇文中说过：“在深切的痛苦中变得绝望了，是怯懦者；在深切的痛苦中聪明起来，才是智者。”

朋友，人生如一方小舟，只有继续扬起理想的风帆，荡起奋斗的双桨，才会寻找到真正属于自己的最宝贵的东西。在失望的日子里要振作，只要不断种植希望，终会有新的美好来临。实践中体会发现，生活对你并不吝啬。

朋友，笑着面对生活吧！

拓展训练→

心理压力量表

仔细考虑下列项目，看它究竟有多少适合你，然后将你对每一个项目的评分，根据下面这个发生频率表列出来。

频率：总是—4 分，经常—3 分，有时—2 分，很少—1 分，从未—0 分。

1. 我受背痛之苦。
2. 我的睡眠不足，且睡不安稳。
3. 我有头痛。
4. 我颚部疼痛。
5. 若须等候，我会不安。
6. 我的后颈感到疼痛。
7. 我比少数人更神经紧张。
8. 我很难入睡。

9.我的头感到紧痛。
10.我的胃有病。
11.我对自己没有信心。
12.我对自己说话。
13.我忧虑财务问题。
14.与人见面时,我会窘迫。
15.我怕发生可怕的事。
16.白天我觉得累。
17.下午我感到喉咙痛,但并非忧郁得上感冒。
18.我心情不安,无法静坐。
19.我感到非常口干。
20.我心脏有病。
21.我觉得自己不是很有用。
22.我吸烟。
23.我独自待着不舒服。
24.我觉得不快乐。
25.我流汗。
26.我喝酒。
27.我很自觉。
28.我觉得自己像四分五裂。
29.我的眼睛又酸又累。
30.我的腿或脚抽筋。
31.我的心跳过速。
32.我怕结识人。
33.我手脚冰凉。
34.我患便秘。
35.我未经医师指导使用各种药物。
36.我发现自己很容易哭。
37.我消化不良。
38.我咬指甲。
39.我耳中有嗡嗡声。
40.我小便频繁。
41.我有胃溃疡。
42.我有皮肤方面的病。
43.我的喉咙很紧。
44.我有十二指肠溃疡病。
45.我担心我的工作。
46.我口腔溃烂。

47. 我为琐事忧虑。
48. 我呼吸浅促。
49. 我觉得胸部紧迫。
50. 我发现很难作决定。

分数	PSTR压力程度分析
93及以上	这个分数表示你确实正以极度的压力反应在伤害你自己的健康。你需要专业心理治疗师给予一些忠告,他可以帮助你消减你对于压力器的知觉,并帮助你改善生活的品质。
82～92	这个分数表示你正经历太多的压力,这正在损害你的健康,并令你的人际关系发生问题。你的行为会伤害自己,也可能会影响其他人。因此,对你来说,学习如何减除自己的压力反应是非常重要的。你可能必须花很多的时间做练习,学习控制压力,也可以寻求专业的帮助。
71～81	这个分数显示你的压力程度中等,可能正开始对健康不利。你可以仔细反省自己对压力器如何做出反应,并学习在压力器出现时,控制自己肌肉紧张,以消除生理激活反应。好老师会对你有帮助,要不然就选用适合的肌肉松弛录音带。
60～70	这个分数指出你的生活中的兴奋与压力量也许是相当适中的。偶尔会有一段时间压力太多,但你也许有能力去享受压力,并且很快地回到平静状态,因此对你的健康并不会造成威胁。做一些松弛的练习仍是有益的。
49～59	这个分数表示你能够控制你自己的压力反应,你是一个相当放松的人。也许你对于所遇到的各种压力器,并没有将它们解释为威胁,所以你很容易与人相处,可以毫无惧怕地担任工作,也没有失去自信。
38～48	这个分数表示你对所遭遇的压力很不易为所动,甚至是不当一回事,好像并没有发生过一样。这对你的健康不会有什么负面的影响,但你的生活缺乏适度的兴奋,因此趣味也就有限。
27～37	这个分数表示你的生活可能事相当沉闷的,即使刺激或有趣的事情发生了,你也很少作反应。可能你必须参与更多的社会活动或娱乐活动,以增加你的压力激活反应。
16～26	如果你的分数只落在这个范围内,也许意味着你的生活中所经历的压力经验不够,或是你并没有正确地分析自己。你最好更主动些,在工作、社交、娱乐等活动上多寻求些刺激。做松弛练习对你没有什么用,但找一些辅导也许会有帮助。

第九章 高职大学生的恋爱心理

高职大学生的年龄正处在青年早期，生理的成熟与心理的向往，谈恋爱于大学生而言，就不再是朦胧的月光，若隐若现，它真真切切地步入了青春梦中。对爱的追求同样是同学们的一种需要，是与学习、生活息息相关的精神享受，颇有一种“挥不去，拭不掉”的韵味。恋爱也成了大学天空中一道永不消逝的彩虹，它充实了大学生的学习、精神生活，使学习之外的空间充满了笑声，弥漫着青春气息。同时谈恋爱还是锻炼大学生在爱情方面的心理素质和心理承受能力的一个重要途径。它势必最终会走入每个大学生现在或将来的生活，甚至在某个阶段扮演生活的主角。爱情向来青睐有心理准备的人，熟悉恋爱的实质，懂得恋爱的精神底蕴，这是爱情的前提条件，一蹴而就的成功罕之又稀，畅通无阻的恋爱道路也并不多见。与其在工作、事业、生活的折磨之后再去首次尝试爱的苦涩，不如在平静的大学生活中经受爱的考验，把握准爱情的脉搏，为此后的工作和事业打下坚实的心理基础。

第一节 爱情的相关理论

一、爱情的定义

爱情是一个古老而永恒的话题，作为人类最具魅力的社会现象，它蕴含极其丰富的内容或内涵，人们对于爱情的看法因时代、文化、个体而异的不同而对爱情的描述和理解不同。爱情是什么？这个问题很复杂，也很不好下定义。如果你没有思考过这个问题，你没有爱过别人，也没有被爱过，这个就很难回答了。

弗洛姆在其名著《爱的艺术》一书中把人类之爱分为五种，即“兄弟之爱、父母之爱、异性之爱、自我之爱以及神明之爱”，本章主要讨论的爱情属于异性之爱。恩格斯说过，爱情的本质，就是人以互相倾慕为基础的人际关系。

爱情可以这样表达，两个男女，基于一定的生理社会物质条件，和共同的生活理想，由好感到喜欢到倾慕，并强烈地渴望与对方结成伴侣的一种真挚的专一的和持久的强烈感情。

首先，是两个男女，不是两男一女，也不是两女一男，不是一群男女，爱情是比较排他的，就是一对一。而且要有一定的生理社会物质条件，事实上，虽然是带有点政治色彩，但爱情的确存在阶级性。恋爱的双方往往有共同的愿望和生活理想，以后要过怎么样的生活和日子。只有这样的恋人才可以走得远。男生想出国，女生想留在国内，男生想过有钱的生活，女生对物质、对金钱并不在乎，这样可以谈恋爱，但是必然容易闹矛盾。

二、爱情三角理论

美国心理学家斯滕伯格提出的爱情理论，认为爱情由三个基本成分组成：激情、亲密和承诺。亲密指在爱情关系中能引起的温暖体验，就是亲近的感觉，与某人沟通、相互结合。从行为上说，亲密就是分享秘密，你只和这个人分享信息，而不和别人分享。激情的定义因人而异，激情就是把我们引向浪漫爱情的驱动力。你可以当它是生理吸引，或者是性爱。激情是爱情中的性欲成分，是情绪上的着迷。承诺就是一个人处于一段恋爱关系中，愿意为这段关系贴上恋爱标签，做出承诺来维持这段关系，至少持续一段时间。承诺是维持关系的决定期许或担保，分短期和长期两种，短期的就是要做出爱不爱一个人的决定，长期的则包括对爱情的忠诚和责任心。斯滕伯格认为如果你没有同时具备这三要素，你并没有体验到爱。实际在双方关系中，三种构成因素由不同的强度组合形成。亲密性是指双方有多亲近，感情结合的强度及互相理解的深度。激情度是指包括性欲的兴奋强度，双方对此有多热衷。承诺指有多离不开对方，有没有在一起的必要和关联。

1. 完美爱情型（完整的爱）

亲密度、承诺及激情度三项皆强。

2. 好感型（喜欢）

亲密度强，激情度及承诺弱。彼此能够分享秘密，是种亲近感、联系感、结合感。如果对某人拥有这种感情但没有激情，也就是说没有性唤起也没有承诺要维持这段关系，这就是喜欢。大多数典型的友谊中都有着这种感情，这里指的不是密友而是普通朋友。

3. 友爱型（友谊之爱）

亲密度及承诺强，激情度弱。两个人之间有亲密感，彼此分享秘密，但肉体上没有什么特别的吸引，不过两个人都对这段关系都有承诺，斯滕伯格称这种关系为“友谊之爱”。这就是密友之间的关系，承诺彼此坦诚，承诺永远做朋友，但是这里不含肉体吸引。这种关系在某种程度上可能是古希腊对某种恋爱关系的理想型。

4. 热情型(浪漫式爱情)

亲密度及激情度强,承诺弱。有亲密感,两个人分享秘密、充满激情、彼此吸引,但并不会相互承诺,斯滕伯格称之为"浪漫式爱情"。这种关系有着肉体吸引、紧密联系,却没有承诺。罗密欧和朱丽叶初次相见时就是如此。一段恋爱关系开始时都类似于这样,彼此喜欢,被对方的身体吸引,喜欢在一起的时光,但不会做出任何长期承诺,这就是浪漫式爱情。

5. 激情型(痴迷的爱)

激情度强,亲密度及承诺弱。并未感受到亲密也没作出承诺,但却充满激情,感到性唤起,这就是斯滕伯格所称的"迷恋"。互相不是很熟悉,从未分享过任何秘密,没有义务界定之间的关系,对未来也没有承诺,可是深深地互相吸引,这就是迷恋,也就是斯滕伯格所说的"痴迷的爱",也就是一见钟情。

6. 虚爱型(空洞的爱)

承诺强,激情度及亲密度弱。没有亲密感、没有结合感,但还要维持这段关系,要始终对此负责,斯滕伯格称之为"空洞的爱"。这通常是长期关系恶化的最终阶段。各种亲密或者激情以外的原因,都可以使人们对方作出承诺,这就是斯滕伯格所称的"空洞的爱"。在婚姻包办的社会里,这种状况往往是恋爱关系的第一阶段。

7. 愚爱型(愚昧的爱)

激情度及承诺强,亲密度弱。如果两人有激情,互相有性吸引力,但并不亲密,不怎么想了解对方,也不怎么想让对方知道自己的事情,这种感觉被斯滕伯格称为"愚昧的爱"。仿佛好莱坞电影里的浪漫情节,这可能会导致一场闪婚,可以说两人只在性方面互相承诺,但这种关系很难持久,因为两人可能毫无共同点,可能什么也不交流,可能互不信任、彼此之间也没有特殊的联系。

三、爱情的特征

每一对恋人到底属于哪种类型,是由双方关系来决定的,不过就算是同一对恋人在爱情初期、恋爱中期及婚后,爱情的类型及双方的关系也会发生变化。比如有些恋人在爱情初期时是激情型,两人的热情度很高,兴奋强度也高,而且双方互相承诺要永远在一起,谁也离不开对方;可恋爱中期他们渐渐变成了好感型,亲密度强,而两人之间的激情和承诺减少了;结婚后,他们转变成了友爱型,亲密度和承诺虽然很强,但是激情明显冷却。

1. 高尚性和互爱性

爱情是高尚的,对爱情的追求是一种美的追求,是一种高层次的精神享受;同时,爱情是以互爱为基础的,是双方相互倾慕,不是紧紧为了满足生理上的需求。

2. 专一性和排他性

爱情是稳定的、专一的感情,所以爱情是排他的。三角恋或者是多角恋,以及频繁更换恋爱对象的现象,是违反恋爱中的道德的,是对自己和他人的感情一种不负责任和伤害。

3. 自发性和持久性

为什么会爱上这个人，不是因为有人叫你去爱才去爱的，完全是因为自己爱上了才去爱的，这就是爱情的自发性。而且爱上之后不是一时的感情冲动，不是一时的精神快餐，而是一种天长地久地情感，能够经历起时空和艰难困苦的考验。那种朝三暮四、变幻莫测的爱情，不是真正的爱情。

第二节 大学生恋爱心理的特点

一、恋爱的因素

恋爱没有确切的理由，一千个人可能有一千个恋爱的理由，但感情的产生必定伴随着某种因素，总结起来，可以归纳为三大理由。

(一)生理需要

人到了青春期，可能有一种性的冲动，这是很正常的事。大学生年龄多数在18～24岁，开始从生长的发育期进入生长的稳定期，身体形态趋于定型，各器官系统日益完善，正处于人体机能最旺盛的时期，尤其脑部的结构和功能不断完善，大脑皮层的发育在一定程度已经达到基本成熟水平，为思维发展创造了物质条件。著名社会心理学家马斯洛说："生理需求是人类的第一需求，没有这个，就达不到其余的更高层次的需求。"大学这个阶段是大学生已经由青春期的"疏远异性"，发展到成年期的"接近异性"，对性的体验非常敏感，积极主动地选择了两性间的交往活动，并在交往接触中，总是欲求进一步、深层次的接触以满足彼此间的好奇心。感情因素更多地表现为感性和本能，一时的性冲动促使彼此间性行为的发生。正是由于生理本能的因素，彼此间相互吸引，恋爱的交往程度就进一步加深。

(二)心理需要

窈窕淑女,君子好逑,哪个少女不怀春呢,哪个少男不重情呢?大学生追求爱情、渴望恋爱是在性生理成熟的基础上希望能满足性心理的需要,这也是大学生恋爱的一个重要内因。

通常大学生的心理需求主要表现在三个方面:一是社会情感的需求。社会情感主要表现在亲密关系上。儿童时期,血缘带来的亲密就可以满足其需要。到了青年前期,人开始有意识地去接触、培养自己的密友,以此满足自己对亲密感的需求。大学生时期亲密感的需求更加强烈,同性间的亲密关系已经远远不够,爱情呼之欲出。二是归属的需求。大学生的群体认同感增强,群体活动增加了男女青年的交往机会和人际吸引力,进一步发展便可能导致恋爱。三是个性意识的增长。大学生进入校园后,摆脱了中学时代老师和家长的控制,也没有高考的压力,生活比较轻松惬意,个性开始张扬和释放。喜欢做自己喜欢的事情,自己的事情完全由自己做主,不喜欢听老师和父母的"摆布",求新、奇、异的心理加重。

(三)社会需要

上大学前,虽然也对异性有好感,但迫于升学的压力和父母的监控,青春的骚动被压抑下来。可一旦考上大学入了校园,父母的"束缚"便得以摆脱,生活一下子独立起来,对于爱情,大学生边有了更多的自主权,对心仪的对象敢于表白。随着年龄的增长,异性间的交往也越来越大方,频繁的交往也为大学生的恋爱提供了机会。再者,社会上的一些风气也影响、调试、转化着大学生的恋爱心理。例如互联网的广泛应用,大量关于两性及恋爱问题的讨论。

二、恋爱的四个阶段

(一)共存期

这个阶段可以称得上是两个人的热恋时期,彼此之间充满了吸引力,两人几乎想要每时每刻都待在一起,到了着迷的境界。

(二)反依赖期

这个时候那种想要天天黏在一起的激情已经过去,两个人的感情慢慢稳定了,至少会有一方想要给自己的时间多一些,留出时间做自己想要做的事情,而此时另一方就会感到被冷落,处于这个阶段的恋人需要冷静处理两个人的关系,千万不可一时冲动做出一些错误的决定,而断送了自己的爱情。

(三)独立期

这个阶段要求给彼此更多的自主空间,可以说是第二阶段的延续,也是考验两个人爱

情至关重要的时期,需要双方都去认真对待

(四)共生期

相处之道已经形成,彼此相互扶持,一起开创人生。在一起不会互相牵绊,而会共同成长。遗憾的是,大部分的情侣都通不过第二或第三阶段,往往陷入痛苦甚至选择分手,这是非常可惜的。很多事只要好好沟通都会没事的,不要耍个性,不要想太多,而要互相信任,切莫钻入牛角尖,更不要盲目地怀疑是不是不了解彼此。这样第二、第三阶段的时间才会缩短。和所爱的人相遇相恋是非常不容易的,不要轻言放弃。两人相聚是因为有缘,相知是因为有心,真的得好好珍惜这福分。

三、烦恼的恋爱心理

(一)找不到心上人

自视甚高,孤芳自赏,相当一部分条件不错的大学生,要求过高。但是理想和现实总是有很大的差距,有些人过于孤芳自赏,青春则被耽搁了。同学们要正确认识自己对恋爱对象的要求,不必太在于外表和财富,也不要只是为了谈恋爱就毫无底线。大学生处于青年期的黄金时段,宁缺毋滥的思想是无可厚非的,假如认定了对方某些特质是不可缺少的,那么就等等吧,不用急。但是在这个等待的过程中,不能只在眼巴巴地等,要认真做好自己,提高自己。总有一天会遇到真正对的人,那时候,你就会感受到,这些等待的日子都是值得的,而且在等待的日子里,幸好有让自己不断变得更好,配得上等到的这个人。

(二)不会表达爱

爱情的表达,本无定式,直率与含蓄,各有价值。但是还是多用含蓄的方法为宜,一是可以使话语具有弹性,不至于对方一拒绝就不能挽回局面,二是符合恋爱时的那种怯心,较容易运用,三是可以增加情趣,使爱情更具吸引力。学会不表达爱的要求,而表达爱的感受;不从自己的角度表示情爱,而从对方的角度表示关心。当然,喜欢一个人没有错,不喜欢一个人也没有错,爱是讲自愿性和自发性的,不管用什么方式去表达爱意,对方不接受的时候,也不可勉强或者过于沉湎于这种被拒绝的挫折中。

(三)个人条件太差

有自卑感,不敢接近异性。觉得自己什么都没有,没有才也没有貌的。要知道在这个世界上,不管是什么瓶子,都能找到合适的盖子。人在容貌上确有美丑之分,这是上帝与人类开的一个小小的玩笑。因此重要的是要培植美的心灵,首先要悦纳自己,对自己充满自信心,展现出特有的别于容貌的魅力。其次,充分展示自己的魅力,魅力是多方面的,稳重温柔谈吐不凡,都可以为自己加分。再次,注意修饰美。人们都崇尚自然美,然而适当地打扮和修饰也是必要的,起码要做到最基本的衣着干净简洁,给人以舒适的印象。

(四)单恋的烦恼

单恋是一种痛苦的心理状态，是一种由于得不到回报的激情和得而复失的爱情而引起的痛苦的煎熬。单恋的青年男女，在得不到回报的情况下依然持之以恒，以致长久地陷入痴情、迷恋不能自拔，一旦觉醒，又往往恼恨、自卑，痛苦欲绝，作出极端的行动。还有一种就是执拗型的单恋者，向某一位心爱的人表达了爱意，却遭到了拒绝，但热烈的爱情并不因此消减，这种情况下称为有感的单恋。还有一种情况就是无感的单恋(暗恋)也叫羞怯型单恋者，默默地、强烈地爱着一个异性，但由于害羞或是胆怯，不敢向对方吐露真情，因而陷入无边的自我苦恼中。

首先，理智地认识一下“爱情”。恩格斯说：“爱情的基础是互爱。”常言说，爱情是两颗心相撞迸发出的火花。爱是相互的，倘若只是一厢情愿，又怎能谓之为爱情？无论是以喜剧结束还是以悲剧结束，总之，尽早弄个水落石出，对于结束痛苦的单恋是有好处的。打破美丽的梦幻，当然会很难过，但一时的痛苦换来解脱，得以重新面对生活是值得的。

(五)恋爱方式不对

相互干涉，有些大学谈恋爱，总喜欢每天查岗，关心对方行踪。可能升级症状：每天查岗的电话或短信超过个位数。“现在在做什么？”“今天几点回来？”……就像在监视对方一样，但如果不掌握对方的所有行踪，你心里就会觉得不舒服。习惯过于干涉对方的人，往往有这样一个心理前提：我这么做都是为了他好。要改变思维模式，赶紧把这个肯定句改成疑问句吧：我这么做都是为了他好？还是让自己多花点时间了解他真正的需要吧。美满的爱情要求人把爱情只当作生活的一部分，而非全部，在开拓与领略自己人生的同时，重视对方，不干涉对方的活动，但又不是漠不关心。要为双方的个人自由留有充分余地。

(六)总想改变对方

总想改变对方的原因，通常是由于控制欲在作祟。如果不是因为对方的真实样子而爱的话，那么无论做了多少改变，都不会真正产生爱意。世界上没有人格一模一样的人，因此恋人之间总会有互相不满意的地方，而你不可能永无休止地要求对方改变。爱一个人是去接纳对方，爱优点也爱缺点。有些同学认为，取悦对方、确保对自己的忠诚与爱，或得到更多陪伴的唯一方法就是迎合并满足对方的意愿和要求，为此，他们不惜去改变自己，尤其是爱上一个比自己更强势的对象时。有些同学是改变外貌，有些同学就是隐藏自己的需要，一味顺从对方的需要，而不惜改变自己的行为、价值观、外貌，甚至性格。在某些情况下，拒绝为对方改变的理由是正当的，是在捍卫自己的自主权，而并不表明自己不爱对方。爱情应该是自己的，不应该为讨好情人而存在。在爱一个人之前，应该先爱你自己。如果有一个人真的爱你，会更爱真正的你，不是期待你变成的那个人。真爱是包容，真爱是接纳，包括负面和正面。在恋爱中最需要做的，是让自己朝着更好的方向改变，而不是为满足对方的要求，或为了取悦对方而朝你并不喜欢的方向改变。如果你强迫对方改变，或者是对方总是强迫你去改变，你首先要确认对方是想和“你”在一起，而不是一个所想象的人，也不是按自己意愿塑造的某个人。

(七)零距离恋爱

很多人都怕失去自由，但也有很多恋爱中的人为了对方不惜牺牲自己的社交活动和兴趣爱好，但这样做的结果只能是把对方给吓跑了。有一个关于刺猬的故事，刺猬身上的毛又硬又尖，当天气寒冷的时候，它们就聚在一起靠身体取暖，但当它们靠近时，身上的毛尖会刺痛对方。于是它们立即分开，分开后因为寒冷它们又聚在一起，聚在一起因为痛又分开。反复数次以后，它们终于找到了彼此间的最佳距离——能彼此温暖又不互相伤害。其实，爱情也一样，要聪明地找到那个小小的距离，不远不近，恰到好处。心理学家告诉我们：“盯着一件东西看久了，你就会觉得看到的东西不再是印象中的样子，从而产生陌生感。当然，东西本身并没有变化，只不过是你产生了错觉。爱情也是一样，太熟悉了往往就经不起琢磨。”距离产生美，是许多人都耳熟能详的心理现象。爱情的距离其实并不一定是物理上的距离，更多的是心理上的距离，给彼此一个独立的空间，比抓得紧紧的效果更好。“当境厌境，离境羡境”更是爱情屡屡遭遇的尴尬境地。爱一个人不需要每天24小时都在一起，适当地制造些距离，给彼此一些空间，更能引起双方的亲近感。

第三节 树立正确的恋爱观

一、高职大学生恋爱的动机偏差

1. 视恋爱为交易

有些大学生由于受到某种目的和利益的诱惑，或者是为了对方的优势地位或物质财富而拼命追求对方。

2.满足虚荣心

有些大学生把谈恋爱当作自身价值的一个表现,说明自己有人爱、值得人爱,即证明了自己的魅力和价值。

3.单纯消除寂寞

有些大学生由于缺乏生活和学习的动机与目的,内心非常空虚寂寞,因此企图用恋爱来打发无聊的时光,或者为了摆脱来自内心的和外在的各种痛苦,企图以此来麻醉自己。

4.视爱情为游戏

许多大学生恋爱目的不明确,很少顾及恋爱的责任和义务,把恋爱当作游戏,既不负责也不认真,一旦感觉爱情的芳香不在,马上终止"游戏"。

5.经受不起失恋

失恋是指恋爱对象否认或终止了恋爱关系。失恋,对于任何男女来说都是一杯浓烈的苦酒,都会在人的灵魂深处烙上深深的印痕,有时这种不可言喻的隐痛一直伴随着失恋者的整个生命。社会心理学研究调查,人们平均要经历3.8次恋爱才能达到结婚的那一步,所以要做好失恋的准备。不成功是成功的一种方式,没有结果也是一种结果。

二、树立健康的恋爱观

1.懂得爱情是一种相互理解,是相互信任,是一份责任和奉献

理解对方是为个人和对方营造一种轻松和快乐的氛围,没有人追逐爱情只是为了被约束;相互信任是自信的表现,自己都不相信自己值得别人去爱的人,别人会全心全意爱你吗?责任和奉献则意味着个人道德的修养,它是获得崇高的爱情的基础。

2.摆正爱情与事业的关系

要争取从学业、事业的成功中获得爱情。大学生要把学业放在首位,恋爱服从学业。只有正确处理好恋爱与学习的关系,才能使爱情的力量成为促进学习的动力,而学习的成功又会使爱情得到巩固和发展。

3.谈恋爱以后不要重色轻友

兄弟姐妹是个宝，不能谈了恋爱就抛掉。因为你谈恋爱了，失败了，你发现你寝室里面的人都不跟你玩了，你的兄弟也不跟你玩了，因为你谈恋爱期间根本就没有跟他们玩。所以友情也是很宝贵的，爱情固然是很宝贵，假如爱不成，可能连朋友都做不来。友情的双方有更加广阔的发展空间，既没有性别的限制，也没有年龄的要求，更没有地域限制。友情具有开放性，一个人可以跟多个人建立友谊，而爱情具有专一性、排他性。友情就像美酒，历久弥香，爱情就像蔬菜，需要保鲜。

三、发展健康的恋爱行为

1.恋爱过程中要平等相待，相敬如宾

不要拿自身的优点去比较对方的不足，以此炫耀抬高自己，戏弄贬低对方。也不宜想方设法考验对方或摆架子，这些都可能挫伤对方的自尊心，影响双方的感情。

2.恋爱行为要大方

一般来说，男女双方初次恋爱，在开始时常感到羞涩与紧张，随着交往的增加会逐渐自然与大方。这个时期要注意行为举止的检点。有的人感情冲动，过早地做出亲昵动作，使对方反感，影响感情的正常发展。

3.恋爱言谈要文雅，讲究语言美

交谈中要诚恳坦率自然，不要为了显示自己而装腔作势，矫揉造作；不能出言不逊，污言秽语，举止粗鲁；相互了解，不要无休止地盘问对方，使对方自尊心受损。否则只会使之厌恶，伤害感情。

4.善于控制感情，理智行事

恋爱中引起的性冲动，一方面要注意克制和调节，另一方面要注意转移和升华，参加各种文娱活动，与恋人多谈谈学习和工作，把恋爱行为限制在社会规范内，不致越轨，要使爱情沿着健康的道路发展。

5.亲昵动作要高雅，避免粗俗化

高雅的亲昵动作发挥爱情的愉悦感和心理效应，而粗俗的亲昵动作往往引起情感分离的消极心理效果，有损于爱情的纯洁与尊严，有损于大学生的形象，同时对旁人也是一种不良的心理刺激。

四、失恋的心理调适

1.适当宣泄

若把单相思、失恋的痛苦、忧伤闷在心中，势必引起不良后果，找你的朋友、家人宣泄你心中的怨恨、不满、苦恼，朋友，家人的安慰会淡化对方在你心中的地位。

2.合理化防卫

就像《伊索寓言》中的狐狸那样在无法吃到甜蜜的葡萄扫兴而归时，悻悻地说："反正这葡萄是酸的！"失恋者也可以这样告诫自己"没什么高贵的"，"天涯何处无芳草"，这就是酸葡萄效应，也是一种自我安慰的方法，一种积极的遗忘机制。

3. 情感升华

德国大文学家歌德年轻的时候，曾受到失恋的折磨，甚至有了自杀的念头，但他没有沉沦，反而把自己破灭的爱情当作素材，把自己的受挫经历作为激发创作灵感的源泉，写出了脍炙人口的文学名著《少年维特之烦恼》。

4. 端正认识

怎么样的恋爱才是成功的呢？结婚就是成功，分手就是失败吗？对一段恋情的评价并不是以这么单一的标准为参考，在一起或者分开除了相爱还有很多很多必然或者偶然的因素。一段恋情如果让你学会妥协、宽容、耐心、珍惜、温柔中的任何一种，只要让你成为一个更好的人，就是成功的。

当然，感情创伤的修复是需要一定的时间的，如何面对感情暴风雨的洗礼，从根本上来说还要看个人的修养、心理承受能力和品质。对失恋的应对方式反映了一个人的心理成熟水平和恋爱观。一个人能够理智地从失恋中解脱出来，往往会使自己变得更加成熟。

所以谈恋爱，一谈二恋三爱，这里面还有很多小窍门。当然，到底该如何谈恋爱，还是那句话，要在恋爱中学会恋爱。你谈过恋爱，不等于你就能得到爱情。谈恋爱是一种社会行为现象，而爱情是一种心理和精神现象。恋爱是个过程，而爱情是结果。

爱情开始时也许是自发感受到的，也许是一见钟情，尽管如此，若我们不主动维持爱情，长此以往，由于自我知觉理论，那份最初的激情会淡去，因为我们没在恋情中有所投入，自我知觉理论会告诉我们“这恋情对我一定不怎么重要”。爱情慢慢淡去，更不必提激情被时间冲刷掉的生理原因了，如果没有主动爱情，则恋情无以为继。

第四节　大学生性心理健康的维护

一、性心理健康标准

第一，能正确认识和接纳自己的性别。一个性心理健康的人，首先应是能够对自己的性别角色正确认识并接纳自己性别角色的人，同时能成功地扮演好自己的性别角色（如女生的阴柔之美，男生的阳刚之气），对自己的性别角色有相应的自尊感和自豪感。

第二，有正常的性欲望。性欲是一个人能够获得性爱和性生活的基础和前提，所以一个心理健康的人就必须具有性欲望，一个人如果没有性欲望，性心理健康就无从谈起。而且正常的性欲望对象是指向成熟的异性而不是同性或其他物品的替代物。

第三，与同龄人的性心理发展水平相当。个体性心理特点和性行为符合相应的性心理发展年龄的特征。在不同年龄阶段，人的心理发展表现出不同的特征，性心理的发展也同样呈现出阶段性特点。如果大学生的性心理与大多数同龄人不相同，那他的性心理可能就有一些问题。

第四，具有较强的性适应能力。性适应是个体的性活动与外界形成的一种和谐关系，

也就是性生理、性心理、性社会的三要素在性生活过程中交互作用而显示出的一种协调状态。性适应能力是指个体达成这种和谐关系的能力，一个人这种能力的获得将是一个复杂而漫长的过程。它表现为在个体出现性冲动后，知道如何排解、调控自己的性冲动，能够使自己的性行为与性活动符合社会的新规范和新要求等。

第五，能与异性保持和谐的人际关系。随着性生理和心理的发育成熟，渴望与异性交往并保持和谐的关系，是个体自然而正常的性要求，如果这种要求得不到满足，其性心理就很难达到健康的要求。

第六，性行为符合社会文明规范。性心理健康的大学生具有一定的性知识和性道德修养，能自觉地去分辨性文化的精华与糟粕，淫秽与纯洁，庸俗与高雅，谬误与真理，自觉抵制腐朽没落性文化的侵蚀，形成文明的性行为、性形象。

第七，人的性需要，不仅包括生理性需要，更重要的是也包括社会性需要。因为人并不仅仅是一个自然人，更是一个社会人，所以择偶的要求不仅是寻找一位异性，而且还要满足个人审美的需要、爱的需要、个人生活幸福与自我发展的需要，需要考虑对方的兴趣、爱好、学历、职业、家庭等社会因素。人的性行为也必须通过婚姻、经济、法律、道德关系的规范来实现。恩格斯指出，人类婚姻家庭从群婚到一夫一妻，到现代性爱发展的过程，完全是由生产力的发展状况和生产关系所有制的性质所决定的。

二、大学生常见的性困惑

1.遗精恐惧与月经困扰

遗精是指男性在无性交状态下的射精现象，是青春期男子常见的正常生理现象，是性成熟的标志。过去传统观念往往把遗精看得很严重，认为这种行为会伤元气。青少年常因此而焦虑不安，惊恐失措。实际上精液由精子和黏液组成，一次排放的数毫升精液中99%是水分，其余是蛋白质、糖等，其营养物质对人体总能量来说微乎其微。认为遗精就是“泄阳”的想法是不科学的，这种想法会引起紧张焦虑的情绪，对身心健康产生不利影响。

女性的月经期及来月经的前几天是女性生理曲线的低潮期，身体的耐受性、灵活力下降，易疲劳。这些都是正常的生理反应，但确实会给女性带来一些不适的感受，这的确是一个需要加倍体贴的“特殊时期”。有些女生过于担心经期的不舒服，这些消极暗示会加重自身情绪的低落和躯体的不适感，甚至造成恶性循环。

2. 性的白日梦与性梦

当青年大学生们对与异性交往强烈的渴求不能径直实现时，性的白日梦就有可能发生。性的白日梦又叫性幻想。性幻想在某种特定因素诱导下，自编、自导、自演与性交往的内容有关的心理活动过程。它可以幻想出在日常生活中不能满足的与异性一起约会、接吻、拥抱、性交等性活动。这种白日梦可以导致生理上的性兴奋，偶尔也会出现性高潮。这在一定程度上可以缓解人们的性需求。白日梦是一种普遍的心理现象。但是，性幻想不能过头，如果成天沉溺其中，甚至把幻想当成现实，那就会成为病态，就会有碍于健康成长。

性梦是指在睡梦中发生性行为。人们通过梦的方式部分达到自己白天被社会规范限制的性冲动的满足，从而缓解性紧张。性梦也是青少年性心理较为普通的一种表现。一些大学生由于缺乏对性梦知识的了解，常为自己有过性梦的经历而焦虑和自责。

→→→→→

【案例阅读】

小宇19岁是在校高职大二学生，平时学习认真，积极参加学校组织的各项活动，正在接受发展中的入党积极分子考察，最近晚上有时会做梦，自己认为梦到一些不该做的事，心里很愧疚，怕自己是不是思想有问题，或是心理不健康了，求助于心理咨询。

3. 手淫引起的心理困惑

手淫是指用手或工具刺激生殖器而获得性快感的一种自我刺激，它是一种青少年获得性补偿和性宣泄的行为。对于手淫，传统的性观念认为手淫是邪恶的，是有罪的，是不道德的。在这种传统的“手淫有害”论的影响下，一些青少年常常为自己有过手淫行为而自责，甚至产生心理障碍。现代心身医学认为手淫是一种自然的、正常的性行为，手淫是对性冲动的缓解。但是，过分沉溺于手淫，只靠频繁的手淫来缓解性紧张是不健康的表现。

4. 性骚扰的恐惧

常见的性骚扰有故意擦撞异性身体的某个部位，故意贴近别人，故意谈性的问题，用色情语言进行挑逗，用暧昧目光打量别人，或强行要求发生性行为等。由于缺乏自卫心理，一些同学面对性骚扰时惊慌失措，恐惧万分，甚至长时间地自责，认为自己不“干净”，心理困扰长时间不能解脱。

三、性行为的失当

1. 身体亲密代替心理亲密

过多的身体亲昵,会加剧性冲动,有时会使自己的行为失去控制。大学生对恋爱中亲昵程度的限度认识情况是,超过半数的人认为可以有拥抱和接吻。男生中仅有26%左右、女生中仅有7%的人认可恋爱中可抚摸身体最敏感和最隐蔽部位甚至可以性交。这说明大学生中的主流对于恋爱中发生亲昵行为的态度还是严肃的。

2. 婚前性行为

对于婚前性行为,一些大学生认为只要双方愿意就可以发生,有的甚至相识不久就发生性关系,有的在校外租房同居。他们常常不能对自己的性冲动进行理性的控制,不能对自我和他人负起性行为后果的责任。在对大学生婚前性行为的态度调查项中,半数以上的学生认为婚前性行为是可以接受的。年轻的大学生们没有真正意识到自己还在读书,在没有工作、不能担负起独立的经济责任和社会责任的情况下,性行为对于自己的现在和将来究竟意味着什么。

有的女生因婚前性行为多次做人工流产,给身心都带来无可挽救的创伤。有的人手术后引起炎症,导致输卵管堵塞;有的人多次人流手术后,将来会导致终身不育;过早性生活和流产还会导致宫颈癌发病率大大提高。

四、大学生性心理健康的维护

1. 培养积极的自我认同

认同自己的性别角色。性别角色意识是一个人社会化成熟与否的重要体现,是心理健康的重要标志。世界是两性的和谐统一。男性和女性在生理和心理上各有自己的特点,各有自己的性别魅力。现代社会的大学生应当在生物生理、社会心理和文化、经济、社会参与以及政治上,进行合乎科学、合乎道德、合乎时代要求的全面角色认同。尽管现在社会上对同性恋存在着各种不同的看法,但人们对同性恋所引起的社会适应困难的看法是相当一致的。因此大学生应当接纳和欣赏自己的性别角色,发展出适应时代要求的优秀个性特点。性别角色的认同和胜任是现代人成功适应和发展的重要心理基础。

2. 要对性行为负有社会责任感

如果性行为只停留在手淫、性梦等方式的自我宣泄上,它不会影响他人。但是如果性行为涉及另一个人,那么便涉及许多社会责任。性行为可以给另一方造成心理和肉体上的伤害,可以产生第三个生命。这将意味着影响另一个人的生活,也将影响你自己的生活。每一个成熟的大学生都应当了解个人性行为给他人、自我和社会带来的后果。尊重他人,尊重自我,对自我的行为负起责任。大学生要增强自己的性道德和性法律意识,用道德和法律规范自己的性行为。

3. 要培养良好的意志品质

大学生自我控制性心理能力的大小,在一定意义上是由个人意志品质的强弱决定的。

意志作为达到既定目的而自觉努力的一种心理状态，具有发动和抑制行为的作用。尽管有的青年人有很强的性冲动，尽管在外界性刺激的情况下，人会急于寻求性的满足。但是，人不同于动物，人有意志力，人可以抑制和调整自我的冲动。那些放纵自己的人往往缺乏坚强的意志品质。鲁迅先生曾经说过："不能只为了爱去盲目的爱，而将别的人生的意义全盘忽略了。"为了自己长远的幸福和个人成功的发展，应当努力培养自己良好的意志品质。

4. 要正确调控性冲动

对于性冲动，除了给以适度控制外，还可以采取一些积极的、富于建设性的、符合社会规范的方式，来取代或转移性欲。通过投入学习、工作和参加各种文体活动，以及男女正常交往等多种合理途径，陶冶个人情操。大学生们要尽量避免影视、报刊、网络上的过强的性信息刺激，抵制黄色书刊的不健康影响。

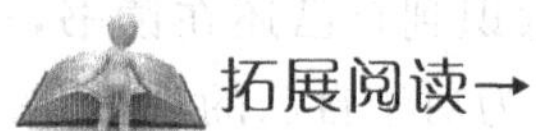

拓展阅读

论爱情

培根

舞台上的爱情比生活中的爱情要美好得多。因为在舞台上，爱情只是喜剧和悲剧的素材。而在人生中，爱情却常常招来不幸。它有时像那位诱惑人的魔女，有时又像那位复仇的女神。你可以看到，一切真正伟大的人物（无论是古人、今人，只要是其英名永铭于人类记忆中的），没有一个是因爱情而发狂的人：因为伟大的事业抑制了这种软弱的感情。只有罗马的安东尼和克劳底亚是例外。前者本性就好色荒淫，然而后者却是严肃多谋的人。所以爱情不仅会占领开旷坦阔的胸怀，有时也能闯入壁垒森严的心灵——假如守御不严的话。

埃皮克拉斯曾说过一句笑话："人生不过是一座大戏台。"似乎本应努力追求高尚事业的人类，却只应像玩偶奴隶般地逢场作戏似的。虽然爱情的奴隶并不同于那班只顾吃喝的禽兽，但毕竟也只是眼目色相的奴隶——而上帝赐人以眼睛本来是更高尚的用途的。

过度的爱情追求，必然会降低人本身的价值。例如，只有在爱情中，才永远需要那种浮夸谄媚的辞令。而在其他场合，同样的词令只能招人耻笑。古人有一句名言："最大的奉承，人总是留给自己的"。——只有对情人的奉承要算例外。因为甚至最骄傲的人，也甘愿在情人面前自轻自贱。所以古人说得好："就是神在爱情中也难保持聪明。"情人的这种弱点不仅在外人眼中是明显的，就是在被追求者的眼中也会很明显——除非她（他）也在追求他（她）。所以，爱情的代价就是如此，不能得到回爱，就会得到一种深藏于心的轻蔑，这是一条永真的定律。

由此可见，人们应当十分警惕这种感情。因为它不但会使人丧失其他，而且可以使人丧失自己本身。至于其他方面的损失，古诗人早已告诉我们，那追求海伦的人，是放弃了财富和智慧的。

当人心最软弱的时候，爱情最容易入侵，那就是当人得意春风、忘乎所以和处境窘困孤独凄零的时候，虽然后者未必能得到爱情。人在这样的时候最急于跳入爱情的火焰中，由此可见,“爱情”实在是“愚蠢”的儿子。但有一些人,即使心中有了爱,仍能约束它,使它不妨碍重大的事业。因为爱情一旦干扰情绪,就会阻碍人坚定地奔向既定的目标。

我不懂是什么缘故,使许多军人更容易陷入爱情,也许这正像他们嗜爱饮酒一样,是因为危险的生活更需要欢乐的补偿。人心中可能普遍具有一种博爱的倾向,若不集中于某个专一的对象身上;就必然会施之于更广泛的大众,使他成为仁善的人,例如像有的僧侣那样。

夫妻的爱,使人类繁衍。朋友的爱,给人以帮助。但那种荒淫纵欲的爱,却只会使人堕落毁灭啊!

拓展训练→

恋爱观测试

恋爱观就是对恋爱问题的看法。它表现为青年人对美的认知尺度、择偶的标准、恋爱的目的、使用的方式及对幸福伴侣的理解等等。你可以做一做下面的测验题,看看自己的恋爱观是否正确。每题只选一个答案。

1. 你认为恋爱作为人生一个极其重要的环节,其最终所达到的目的应当是(　　)

A. 找到一个情投意合的爱侣

B. 成家过日子,抚育儿女

C. 满足性饥渴

D. 只是觉得新鲜有趣儿,没有明确的想法

2. (男女单独做)

☆你是个小伙子,你对未来妻子的要求最主要的是(　　)

A. 善于理家做活,利落能干

B. 面貌漂亮,风度翩翩

C. 人品不错,能体贴帮助自己

D. 只要爱,其他一切都无所谓

☆你如果是个姑娘,你在选择丈夫时首先考虑的是(　　)

A. 潇洒大方,有男子风度

B. 有钱有势,社会能力强

C. 为人诚实正直,有进取心,待人和蔼可亲

D. 只要他爱我,其他都不考虑

3. 你决定和对方确定恋爱关系时,所依据的心理根据是(　　)

A. 彼此各有千秋,但大体相当

B. 我比对方优越

C. 对方比我优越

D. 没想过

4. 对最佳恋爱时间的考虑是(　　)

A. 自己已经成熟,懂得了人生的意义和爱情的内涵,并且确定了事业上的主攻方向

B. 随着年龄增长，自有贤妻与佳婿光临，“月老”不会忘记每个人的

C. 先下手为强，越早越主动

D. 还没想过

5. 你希望自己是这样结识恋人的(　)

A. 青梅竹马，情深意长

B. 一见钟情，难舍难分

C. 在工作和学习中逐渐产生恋情

D. 经熟人介绍

6. 你认为推进爱情的良策是(　　)

A. 极力讨好取悦对方

B. 尽力使自己变得更完美

C. 百依百顺，言听计从

D. 无计可施

7. 人们通常认为：恋爱过程是个相互了解、相互适应和培养感情的过程。既如此，了解、适应就需要花时间。那么，你希望恋爱的时间是(　　)

A. 越短越好，最好是“闪电式”

B. 时间依进展而定

C. 时间要拖长些

D. 自己无主张，全听对方的

8. 谁都希望完整全面地了解对方，你觉得了解他(她)的最佳途径是(　　)

A. 精心布置特殊场面，对恋人进行考验

B. 坦诚恳切的交谈，细心观察

C. 通过朋友打听

D. 没想过

9. 你十分倾心的恋人，随着时间的推移，暴露出一些缺点和不足，这时你(　　)

A. 采用婉转的方式告诉并帮助对方

B. 因出乎意料而伤脑筋

C. 嫌弃对方，犹豫动摇

D. 不知如何是好

10. 当你已初涉爱河之中，一位条件更好的异性对你表示爱慕时，你于是(　　)

A. 说明实情，挚情于恋人

B. 对其冷淡，但维持友谊

C. 向其谄媚并瞒着恋人和其来往

D. 感到茫然无措

11. 当你久已倾慕一异性并发出爱的信息时，你忽然发现她(他)另有所爱，你怎么办(　　)

A. 静观待变，进退自如

B. 参与角逐，继续穷追

C. 抽身止步，成人之美

D. 不知道

12. 恋爱进程很少会一帆风顺，而你对恋爱中出现的矛盾、波折怎么看呢？（ ）

A. 最好平顺些。既然已经出现，也是件好事，双方正好乘此考验和了解对方

B. 感到伤心难过，认为这是不幸

C. 疑虑顿生，就此提出分手

D. 束手无策

13. 由于性情不和或其他原因，你们的恋爱搁浅了，对方提出分手。这时你（ ）

A. 千方百计缠着对方

B. 到处诋毁对方名誉

C. 说声再见，各奔前程

D. 不知所措

14. 当你十分信赖的恋人背信弃义，喜新厌旧，甩掉你以后，你怎么办（ ）

A. 权当自己眼下认错了人

B. 你不仁，我不义

C. 吸取教训，重新开始

D. 痛苦难以自拔

15. 你爱情坎坷，多次恋爱均告失败，随着年龄增长进入"老大难"的行列，你（ ）

A. 一如从前，宁缺毋滥

B. 厌弃追求，随便凑合一个

C. 检查一下择偶标准是否实际

D. 叹息命运不佳，从此绝望

计分表

	A	B	C	D
1	3	2	1	1
2	2	1	3	1
3	3	2	1	0
4	3	2	1	0
5	2	1	3	1
6	1	3	2	0
7	1	3	2	0
8	1	3	2	0
9	3	2	1	0
10	3	2	1	0
11	2	1	3	0
12	3	2	1	0
13	2	1	3	0
14	2	1	3	0
15	2	1	3	0

35～45 分:恋爱观科学正确

你是一个成熟的青年,你懂得爱什么和为什么爱,这是你进入情场的最佳入场券。不要怕挫折和失败,它们是考验你的纸老虎,终将在你的高尚和热忱面前逃遁。尽管大胆地走向你梦中的恋人吧,你的婚姻注定美满幸福。

25～34 分:恋爱观尚可

你向往真挚而美好的爱情,然而屡屡失误,一时难以如愿。你不妨多看看成功的朋友,将恋爱最为圣洁无比的追求,不断校正爱情之舟的航线,这样你与幸福就相隔不远了。

15～24 分:恋爱观需要认真端正

与那些情场上的佼佼者相比,你的恋爱观存在不少问题,甚至有不健康之处。它们使你辛勤播撒的爱情种子难以萌发,更难结甜蜜的果实。如果你已经贸然地进入恋爱,劝你及早退出。

7 个以上 0 分:恋爱观还未形成

你或许年龄太小,不谙世事;或许虽已老大,却天真幼稚。爱情对于你是一个迷惘可怖的世界,你须防备圈套和袭击。故建议你读几本婚恋指导书籍,稍许成熟些,再涉爱河不迟。

第十章 高职大学生网络心理健康

网络成为了当代大学生学习知识、交流思想、生活、休闲娱乐等的重要平台。同学们在网络的世界里寻找着精神家园，自己编织着虚拟的精神童话。有的同学认为，在这里没有后顾之忧，没有强者塑造，没有肤浅说教，有的只是真实、原始、本质，有的只是孤独、深刻、情愫，有的只是平等、自由、激情。然而，不可忽视的是，互联网与其他高新科技一样，是一把双刃剑，它带来的并非都是幸福、享乐和希望，也给人们带来了忧愁、痛苦和危机。特别是处于青年时期的大学生，由于心理倾向不定型，认识能力有待提高和发展，世界观、价值观尚在形成中，分辨是非能力较差，易陷入网络的虚拟世界，诱发心理问题的可能性更大。因此，正确认识网络对大学生的心理冲击和影响，迎接和回应网络时代的挑战，是当代高职大学生学习、生活中的重要的任务和内容。

第一节 网络对高职大学生的影响

一、网络满足大学生的心理需要

1. 交往的需求

网络交往就是在网络上进行非面对面的交往，主要方式有微博、QQ 聊天、BBS、电子邮件等，对于迷恋网上聊天的学生更多的是一种心理需求。网络没有国界，没有等级，人人自由且平等，为同学们提供了一个展示自己个性和才华的新舞台，在这个舞台上可以尽情地宣泄、尽情地发挥、尽情地表现，其个性得到淋漓尽致地发挥。通过网络可以跨越地域的限制建立新的人际关系。网络交往的隐蔽性和广泛性符合某些人渴望真情又怀疑真情的心理，创造了恰到好处的"黄金距离"。它既可以毫无顾忌地交流，又可以保护自己的隐私；既实现了交流沟通的需要，又克服了现实交流的重重障碍。实现了在现实生活中无法表达或难以表达的真实情感或想法，满足了个人交往的心理。大学生选择网络交往，一部分原因是进入大学后少了家人的精心呵护，有了更多的个人空间；一部分原因是有些大学生在现实生活中社交面太窄，或者性格比较腼腆，缺乏社交能力，所以喜欢上网聊天，甚至希望来个"缘分的邂逅"，谈一场轰轰烈烈的网恋。他们在网上与人进行沟通和交流来获得安慰和支持，宣泄日常生活中的压抑、紧张和焦虑。

2.获取信息的需要

网络传播信息的高效性、及时性符合同学们追求时效和喜欢猎奇的心理。与传统媒体相比，网络能使同学们在第一时间获得自己所需和所感兴趣的信息，这一特征符合同学们对信息的敏感及追求时效的个性特征。当今，同学们关注国内外的政治、经济、文化发展，关注人类各种问题，但紧张的学习、工作和生活迫使同学们必须提高效率，传统媒介不能在第一时间满足同学们的这种需要，而网络则满足了同学们的这种需求，使同学们实现了"手指轻轻点击，世界尽在眼前"的梦想，真正做到了"足不出户知天下"。网络信息的丰富性和开放性符合同学们对知识信息的渴求心理。网络是一个巨大的信息宝库，学术信息、经济信息、政治信息、娱乐信息及各种各样的新闻无所不包，几乎涉及人类活动的各个领域，上至天文地理，下至衣食住行，都可以在网上找到相应的内容，而且集文字、图片等于一体。同学们可以在网上直接访问相关领域的资深人士或专家，可以进行包括专业知识、生活知识等方面的学习，可以尽情地遨游各种类型的信息库，可以围绕关心的问题在网上与一群人展开讨论，强烈的求知心理得到了满足。

3.开凿信息渠道

网络的逐步普及,使得同学们能够从各种网络上获得千变万化的时代信息和人文科技知识,广纳百川精华,汲取各种知识营养,来发展和壮大自我。通过上网,社会经验不足的大学生得到了充实和提高,同学们可以通过网络了解校园文化、社会热点、国家大事、国际风云,了解政治、经济、文化、军事、哲学、科技的发展动向、历史延革,进行休闲娱乐、感情交流、学术讨论等。所以,网络在很大程度上可以使同学们得到各方知识的陶冶和锻炼,成为象牙塔中的网络社会人。

4.开拓知识视野,有所创造

网络是知识和信息的载体,它作为一个全新的事物进入我国,引发了创造性极强的大学生群体的极大好奇,也正是基于网络本身的广谱应用和软硬件技术的不断改进和更新,给广大学子带来了极大的创造空间:网页制作、电脑设计、三维动画、工业造型、电脑预决算、网络科研项目、网络课件教辅、远程教育技术服务、大学生网络创业大赛等,无不在内容和形式上造就了大学生的创新欲望。于是,一大批以在校大学生为核心的电脑公司、网吧公司、信息公司、学生企业应运而生,它推动并引领了当今高校学子的无限创造激情,也给国家的未来和现实的经济发展带来了生机和活力。据调查,我国家电主打、国际知名品牌"海尔"就从全国各高校猎取了大批在高校学习中创造性极强的学子充当其技术核心力量,"北大方正"、"清华同方"旗下更有大批大批优秀学子的创造身影,据悉,每年各高校不断涌现大学生国家创造发明专利的获取和技术项目的拍卖。

二、网络对大学生行为的影响

(一)积极影响

1.网络对学习行为的影响

网络的普及和网上资源的无比丰富,极大地改变了大学生的学习方式,拓展了学习内容，有效地促进了大学生的学习。同学们通过网络自由地进行大容量、超时空的信息交流，不断获取自己想要学习的各种知识，增强了学习的自主性，完善了自己的知识结构，深化了自己学习内容，满足了日益增长的学习需要。

第一，引导学习者变革思维方式。在网络学习中，借助新的学习行为技能，能从网上即时获取十分丰富的信息，特别是基于 WWW 的网络教学，营造了超文本学习环境，为学习者提供了灵活的、非线性存取的、随机通达各节点间的信息。使学习者对概念进行联系大量应用实例的交叉，对复杂专题作非线性的多维度浏览，对新知识进行意义建构。这种思维方式特征是非线性的、多维的，是保持收敛和发散的合理张力的。因此，同学们要学会动用新的思维方式去学习，同时在网络学习中实现思维方式的变革，成长为创造性人才。

第二，为网络为学习行为提供良好的技术环境的保障。网络学习会受到技术环境的影响和制约。校园网的某些技术故障，可能使一些学习终端瘫痪，双向视频教学，可能由于学习者无法知晓的原因，信号戛然丢失；任意段网络、带宽不足或用户争用而出现网络阻塞使学习行为不连贯。这一切都可能使学习者心烦意乱，甚至丧失网上学习的兴趣和信心。因此，网络学习的成熟，需要网络通讯技术环境的完善。

2. 网络对沟通行为的影响

随着网络科技的发展，网络对于人类的生活方式和沟通行为的影响越来越大，有很多的学者都做过这方面的研究。霍华德·莱因戈德是较早把网络沟通作为独立的对象进行系统观察和研究的人之一。他提出，网络沟通将从三个相互联系的方面对现实生活产生影响。首先，在媒介饱和年代，网络沟通将重新塑造人们的个性和情感。其次，传统的人际关系是建立在一对一的交流基础上，而网络沟通提供的是多对多模式，因而也将对群体观念和人际关系构成挑战。最后，则是对民主社会的影响，网络沟通挑战了权力集团对传播媒介的垄断。莱因戈德的开创性研究极具启迪性，他的著作大体上为后来的研究和争论设置了一个框架。后来的研究者，对于网络对于人类的影响大多呈现三种趋向。一是乐观主义的期待，强调网络传播产生了新的社会交往形式和沟通行为模式，并将与新的都市生活环境相适应。二是体现出强烈的批判意识，认为电脑带来社会关系的非人性化，互联网的使用加剧了人的孤独、疏离感，甚至是沮丧的感觉，实际是减少了人与人的交流和沟通。三是认为虚拟社群独立于现实社群之外，与之互动，但并不对立。

(二)消极影响

1. 导致自我约束力降低

首先，有的同学浪费大量宝贵的学习时间，严重影响学业。大学生自由支配的时间较多，一些大学生平时下午和晚上经常上网聊天或玩游戏，到周末更是如此。有的同学甚至通宵上网，个别同学旷课去上网聊天、玩游戏。不但花费了大量的金钱，还因上网，导致学科成绩极差，经常逃课，根本听不进老师的教育，有的甚至留级、退学。

2. 失去广泛的情趣爱好

沉溺于网络游戏或聊天以后，大学生将会利用一切可以利用甚至不可利用的时间上网。他们对现实的各种活动，如打球、下棋、看电影以及班级里的各种活动都不感兴趣，认为这些活动没有什么意义，网络成为能够代替一切活动的新嗜好。长期下去，势必导致脱离现实生活与活动，从而淡化或失去对现实生活中广泛的兴趣和爱好。

3.网络游戏吸引的影响

网络游戏有引人入胜的动画和音响效果，有生动的故事情节。游戏能使不同地域、年龄和身份的人随时找到共同的爱好者，在游戏中交流、团结协作，让人感到友好、轻松和快乐。置身游戏中的紧张、激动与惊险，攻克一个个游戏难关时的成就感，能使人得到精神上的满足和愉悦。在许多大学生的眼中，网络游戏不仅是一种游戏，它更是一个情趣、兴趣和情感相互交融的世界，是一种生活方式。因此，许多高职大学生选择网络游戏来满足自己的心理需求。他们一旦从中寻出快乐，就难以从中走出来。比如，现实中的不如意，可以在网络游戏中发泄，级别高点可以带着大批“兄弟”到处厮杀。不但从心理上得到满足，还能得到现实中很难得到的金币、金银首饰、武器装备等使自己更加强大，更具统治力。在这种虚幻的环境中，大学生依赖网络的情绪越来越强，上网成瘾已不再是不可思议，他们每天花大量时间泡在网上，长久下来，不但花费了大量金钱，还荒废了学业，摧残了精神，甚至造成心理畸形发展，心理变态。在现实生活中，有些大学生对自己所处的现状及处境不甚满意。有的心比天高，整天夸夸其谈，总想超越他人，成为一名受人敬仰的人，而网络游戏则以独特的魅力吸引着很多大学生。他们认为在虚拟世界中获取成功的机会远远高于现实生活。很多沉迷于网络游戏的大学生是因为在现实生活中受挫或达不到自己的理想。

三、网络对大学生心理的影响

(一)积极影响

1.网络提供了更大范围的群体环境，有助于培养人际交往的能力

网络交往通过全方位、多层次的信息传递为大学生提供了更方便且范围更大的社会交往机会，使大学生的社会性得到空前的延伸和发展，在一定意义上讲，也会给大学生心理健康带来积极的影响。在传统交往方式下，个体的人际交往常常囿于实际生活的狭小生活圈子，但在网络社会中，网络的开放性、大众性、虚拟性、直接性等多种特点容易使网上交往打破身份、地位、财产等社会等级的限制，为人际交往提供便利。通过网络，人们可以直接地交往，而免去了彼此的客套、试探、戒备和情感道义责任。同时，由于网络交往所具有的间接性和虚拟性特点，使得网络人际交往比较容易突破年龄、性别、地位、身份、外貌等传统人际交往影响因素的限制，为大学生提供了虚拟性的更为广阔的网络交往空间。

2.网络提供了角色实践的场所环境，有助于胜任显示的社会角色

人际交往中交往者要扮演不同的社会角色，交往环境和交往关系不同，交往角色也会发生变化。交往者所扮演的往往是复合角色。网络为大学生提供了角色实践的“练兵场”。网络创造的“虚拟环境”使大学生能够在其中不断进行角色学习，理解角色的行为规范，体会角色的需求和情感，了解角色间的冲突，并借助网络群体成员间的互动，体验自己的角色扮演情况，进而把握自己在现实社会中各种角色的尺度。

3. 网络提供了打破传统线性思维束缚的环境，有助于激发大学生的创造性思维

在网络中，由于大量使用的超文本阅读方式是以网状形式来构筑和处理信息的，它是一种跳跃式的、非线性的思维方式。从非线性的角度出发思考问题，那么在处理一个复杂的事物时就必须考虑它与周围事物的种种联系，并透过这种网状的联系来寻找解决问题的方法。这种思维方式改变了传统线性思维所固有的较狭隘、死板的弊端，有利于培养大学生的发散性思维，拓展大学生的思路，帮助大学生正确地看待周围的人和事，树立科学的人生观和世界观。

4. 网络提供了专业心理援助，有助于提高个体心理健康水平

个体心理健康水平存在程度差异。低层次的心理健康指的是没有心理疾病症状，高层次的心理健康是指人的潜能得到充分发挥或"自我实现"。因此，即便是正常的人也要不断提高自己的心理健康水平。目前互联网上普及心理健康知识、提供专业心理援助的心理健康站点比较多。尽管这些知识的侧重点有所不同，但都自觉担负起了普及心理健康知识、提供专业心理援助的责任，在一定程度上对大学生的心理健康辅导起到了积极的作用。

(二)消极影响

网络对大学生心理的冲击，容易造成一些同学情感自我和角色自我的迷失，影响其心理健康，并诱发出种种心理障碍。

1. 人际交往障碍

交往障碍是指因使用网络而引发的现实生活中的社交障碍。社会学常识告诉我们，人际交往的互动是青年时期完成个体社会化的基本环节。人的行为在社会交往中要受社会道德规范的制约，而在网上他们不必遵守现实社会中人际关系和角色扮演的规则，没有必须履行的角色义务，这种匿名效应使他们在网上与陌生人交往幽默、浪漫，而在现实生活中却不善言辞、沉默寡言。因此，长期的网上冲浪会逐渐失去自我，改变个性。

2. 情感问题

情感交往是大学生网上交往的一个主要方面。大学生正处于情感体验的高峰时期，向往异性、渴望情感是正常的。但在实际生活中，他们的情感表露或多或少受到限制，总要面对自身生存的人与人之间的情感氛围。从网上看，大学生的情感需求主要有两个方面：一是寻求异性朋友或对象，二是为了情感满足和心理愉悦。网上最热门的话题是网恋，就正常发展的网恋而言，由于网恋是借助于网络媒体、依靠文字进行的，缺乏重要的感性基础性环节，因此，网恋的成功率极低，大部分是见光死，从而造成较大的感情或心理伤害，对大学生的心理健康产生负面影响。

3. 网络人格失真

在现实生活中，每个人都扮演着不同的社会角色，而在网络人际交往中人真实姓名、性别、年龄、身份等多种社会角色被掩盖，并且在网络中的角色缺乏责任感，渐渐会失去对周围现实的感受力和积极的参与意识，从而导致了孤僻、冷漠、欺诈人格的心理。他们混淆了网上角色与现实生活中的角色，忘记了自己的社会责任和社会地位，在网络和现实生活情景中交替出现不同的性格特征，人格缺乏相应的完整性、和谐性，从而导致部分大学

生偏执性人格、多重人格冲突等问题。这种大学生具有脱离现实、退缩孤僻、沉溺于幻想的行为特点。他们不愿与人进行面对面的交流和互动，只在网上发泄自己的不良情绪，这使他们在现实世界中的孤独感日益严重。

第二节 网络引发的大学生心理问题及原因

一、网络引发的大学生心理问题

1.角色上自我混乱

在网络世界里，上网者可尽情扮演自己希望又不同现实生活中的各种角色，随时随地通过网络到达“世界的每个角落”，很快地获得各种信息和娱乐。在网络中找到了自信，找到了展示自我、发挥自我潜质的大舞台，找到了内心理想化的状态，找到了发泄不满的空间，找到了精神的寄托。虚幻的网络空间成为逃避现实，寻求解脱的“避风港”。这种虚拟性的生活可能使“虚拟自我”与“现实自我”发生交汇与矛盾，出现“理想自我”与“现实自我”的冲突，迷失了真实自我，将网络上的规则带到现实生活中，找不到现实生活中自己的位置和坐标，表现出感情上自我迷失，角色上自我混淆，因此也就不可能不断调整自己的行为，塑造自己。在角色扮演过程中就会产生矛盾、障碍，甚至遭遇失败，出现角色冲突、角色不清、角色中断及角色失败，个体偏离了角色期待，招致他人对个体承担某一角色的异议或反对。会产生焦虑不安，导致自我认同感的混乱。

2.交往上自我失落

网络社会中的人际关系，大大突破了现实生活中人的社会阶层、地位、职业、性别等差异，在这个虚拟社会中，人们因共同的兴趣而联系在一起，恪守同样的规则发展人际关系，这种“集体感情”与现代生活中人与人之间的疏离、冷漠和猜忌形成鲜明对比，填补了成瘾者心理上的空虚和失落。在网络中，合则说几句话，不合就形同陌路，不会有任何的现实羁绊，而现实生活中真正的朋友关系并不是这样的，朋友不仅需要大家有相似的性格、爱好，更需要投入时间、经历去相互关心，而这种关系在网络中是不存在的。网络中的“虚拟自我”与“现实自我”的巨大反差，使得他们在活生生的现实生活中表现出对自己家长、同事、同学越来越冷漠，接触次数减少，沟通交往圈子缩小，与周围人际关系紧张，情感疏离冷淡，性格孤僻失落；对各种活动漠不关心，自我封闭、独来独往，进取意识减弱，现实生活中的人际关系一团糟，深感不适应现实生活，陷入焦虑痛苦中，变得更加孤僻。

3. 道德上自我失范

在虚拟网络空间里，成瘾者不必与其他人面对面打交道，缺少了现实社会中家人、同学、教师为核心的人际关系对他们的行为监督，加上匿名、隐匿性别和身份的形式，使得主体的道德认知、道德意识失去了稳定根基，许多现实社会中的规范、规则、道德在虚拟世界中被冻结，上网者在表现自我的同时，把社会自我抛得越来越远，放纵自己的欲望，导致严重的网络道德失范行为。他们抱着猎奇心理，追求感官刺激，浏览色情网站、下载色情图片、参加幻想角色扮演聊天室，以自己所设想的身份与别人进行聊天，发泄自己不良情绪，讲自己“心情故事”，演绎“网络婚姻”。总之，平时不好意思说的话或受社会道德规范和行为准则的事情、动作，这里可以尽情说、做。互动游戏、虚拟赌场等以“攻击、战斗、竞争”为主要成分的飙车、砍杀、爆破、枪战等网络游戏，火爆刺激的内容容易使游戏者模糊道德认知，淡化游戏虚拟与现实生活的差异，误认为这种通过伤害他人而达成目的的方式是合理的。一旦形成了这种错误观点，便会不择手段，欺诈、偷盗甚至对他人施暴。目前，因为网络而引发的道德失范、行为越轨甚至违法犯罪的问题正逐渐增多，暴力、色情游戏甚至被一些人称为“电子海洛因”。

4. 学业上受损荒废

对网络的过度沉迷对涉世未深的青少年来说是一种陷阱，尤其是在校读书的大学生，随着其上网时间不断延长，记忆力开始下降，对学习也逐渐产生厌烦感，常不交作业、缺课、成绩下降，甚至辍学，随着网络性心理障碍加重，这些同学对网络依赖更加严重，其表现为逃课上网，导致学业荒废。把大量的时间、精力、财钱花在网络上，对于以掌握知识为安身立命之本的学生来讲，不仅学业受损，长此以往会使智力受到很大影响。

5. 身体上诱发疾病

长时间上网，会因为辐射和电磁波诱发青光眼、视网膜剥离等眼病，长期击键对手指、手腕和上肢不利，可造成腕关节局部肿痛、活动受限；久坐使体位难得有变化，容易导致肌肉骨骼系统的疾患，主要受累部位有腰、颈、肩、肘、腕部等。因此，易导致偏头痛、眼干畏光、腰酸背痛、肩痛；电脑屏幕发出的低频辐射与磁场，会导致多种病症，包括眼睛痒、颈背痛、短暂失去记忆、烦躁及抑郁等。对女性还易造成生殖功能和胚胎发展异常，电脑散发的气体还能危害呼吸系统，会导致肺部发生病变，网瘾重症者整天沉迷于电脑屏幕前，边吃边玩，白天睡觉，夜里上网，有人甚至不洗漱、不更衣，食不规律，睡眠颠倒，易诱发癫痫发作，脑卒中而猝死。

6. 人格上异化扭曲

在错综复杂的网络交往中，对于交往的主体来说，在现实中的正义感、是非感、尊严感、责任感等跑到无边无际的虚空地带，网瘾者忽视自身的角色要求和社会规范限制，淡化了自己的理想和价值观，淡化了自己的社会责任感。在网络中“陷”得越深的，其人格障碍越严重。一般讲,网络成瘾者性格内向,不善交往,希望得到重视,但又十分孤独。同时,对朋友和家庭冷淡,亲社会行为少,心境抑郁,缺乏现实的成就动机,欲寻求外界(网络)的认可,害怕被拒绝,自我封闭。他们自主需要很高,成就需要和表现欲望较高,而内省需要很低。在现实生活中常以"退避"、"自责"、"幻想"等方式应付困难和挫折。表现出抑郁、反叛、见人紧张、空虚无聊、冲动草率、缺乏明确人生目标的心理特征。

二、大学生网络依赖心理问题的原因分析

1.猎奇心理

很大一部分同学上网的目的是猎奇,追求感官刺激,追寻一种在现实生活中难以了解,通过正当渠道难以获得的奇艳事物或信息,并借以获得感官刺激。他们往往会出于好奇或冲动的心理刻意去寻找一些色情、暴力信息。

2.排遣寂寞心理

大部分高职大学生选择读高职院校是出于无奈,他们无法平衡理想与现实的差距,于是一进校就开始觉得生活无聊,失去动力,迷恋网络。他们希望在网络中找到依靠和思想寄托,很多同学因此开始玩开心网、偷菜、抢车位的游戏,以期在每天的虚拟劳作中找到寄托,排遣寂寞。

3.发泄情绪心理

在互联网上,同学们可以比在学校里、家庭里更随便地发表自己的意见,抒发自己的爱与憎,表达自己的观点,而不必担心会受到限制或承担责任。平时对学校不敢提、无处提的意见可以贴到 BBS 上去,平时在生活中遇到的烦恼则可以在聊天室里尽情抒发。

4.逃避现实的解脱心理

大部分同学在大学生活中都会遇到这样那样的挫折和危机,诸如学习上的、感情上的、人际关系上的。同时,复杂的社会生活也会使思想相对不成熟的青年学生感到难以应对。但遗憾的是,部分学生在现实中受挫时,往往愿意到虚幻的网络空间去倾诉,互联网成了他们逃避现实、寻求自我解脱的一个良好的渠道和环境。

5.虚拟的自我实现心理

强烈的自我意识是大学生群体的一个显著特征,虚拟的网络可以成为大学生实现自我的一个理想王国。在网络上,同学们可以享受到网络特有的平等、自由、成功、刺激的感觉,学习与就业的压力、社会与家长的希望造成的心理上压抑与孤独,在网络上一扫而光;同学们可以突破社会及他人对自己行为的匡正与评价,轻松地实现从小梦想成为的侠客、富翁,可以在模拟战争中指挥千军万马搏杀疆场。部分同学上网为了玩游戏,在游戏获胜后有一种成就感。这是因为网络游戏能够部分的满足他们的自我实现需要。

6.寻求自我价值的实现

为了使自己获得明确的自我价值感,人需要同别人进行交往,需要同别人建立并保持一定的人际关系,需要爱与被爱,需要归属和依赖,需要有机会显示自己的优越和展示专长,需要生活空间的扩展。随着社会阅历的不断增加,同学们的交往愿望也就越来越强烈。然而现实生活里,人际关系问题是最令人烦恼的。由于人际关系的社会复杂性和大

学生心理的单纯性，部分同学在交往中遭受挫折，使他们的自我价值感得不到满足。而网络这个虚拟的世界为这些同学满足自己的价值感提供了便利。在网络里，不再强调相貌的作用，每一个网民拥有平等的发言权，人们根据你的话语来形成对你的印象；在网上不需要过多的面具，表达自己比较真实。这对那些现实中觉得自己地位卑微的同学更具有吸引力。不论天涯海角，在互联网上人们可以跨越时空彼此相识。彼此陌生的人可以相见，发展友谊甚至产生爱情。通过这种网络交往，一些同学的自我价值感会得到确立，自我评价也会提高，在主观上就会产生一种自信、自尊和自我稳定的感受。这也正是一些同学沉湎于网络的内部动机。

第三节　大学生网络依赖的缓解方法和途径

一、正确认知网络

1.摆正心态

高职大学生能够在遇到现实生活障碍和困难的时候，将其视为考验自我、战胜自我的一个机会，认真剖析原因，把对网上的真诚释放的心态延续到活生生的现实中，剔除虚伪和扭曲的心性，相信解决的方案总会有的，就不至陷入无端郁闷和窘迫之中。从容和真诚的心态是高职大学生缓解紧张情绪、积极融入现实生活，并受到尊重的法宝。

2.正确认知

网络社会又是一个充满自由的多彩世界，高职大学生会因认知偏差或侥幸心理而产生心理困惑与矛盾，以致产生各种各样的网络心理问题。在缺乏较强他律或几乎难以感受到较为直接的他律影响力的网络社会，自律的重要性与意义显得尤为突出。高职大学生只有充分认识了这一点，才能以理性取代任性，以道德化的网络正常运作取代肆意践踏网络资源的行为，这些都需要同学们至善的自我约束和控制意志。

3.养成良好的作息习惯

在课余积极参加集体活动，认识到网络可以使生活更加丰富，但是不能指望依靠网络逃避现实来解决问题，更不能将网络作为克服消极情绪的工具。在上网之前要有明确任务和目标；不宜过度卷入网络，保持良好心态；用积极的心态来面对现实中的困难，加强人际沟通。

4.加强人际交往

良好的人际关系是同学们顺利实现社会化的重要途径，高职大学生如果整天沉迷于网络游戏，就会更加缺乏人际交流的能力，并有可能埋下悲剧的种子。如何处理学业压力和人际关系，如何面对挫折和困难，如何寻求心理平衡找回自信等等都是非常重要的内容。因此，培养良好的人际关系，加强与同学间的交流和沟通，有助于防止游戏成瘾的产生，避免迷上网络游戏。为此，同学们要尽可能多地参加和开展文体活动、社会实践活动等，加强与社会之间的接触、交往，建立健康人际关系，积极参加学校开展的各项活动，应充分利用校园网、广播站及各种刊物进行网络知识的学习和道德教育，营造积极健康向上的心态。

二、正确使用网络、防治网瘾成瘾

第一，提高自我约束力，提高自身的网络文明素质。

第二，加强校园网络建设，积极开展校园网络服务。这样学校可以保持对网络的了解、知情和监控，既争取了对网络的主动权，又增强了对网络的可控性。校园网的最大优势是可以进行交互式教学，学生无拘束地参与讨论。为了满足同学们交流和宣泄的心理需求，可以在校园网上建立一些由有关教师轮流操作和做版主的聊天室。这样教师可以随时掌握学生的心理发展状况，了解同学们的真实心态，因势利导地给予同学们教育和帮助，从而使同学们身心健康地发展，不至于在网络中迷失方向、迷失自我。

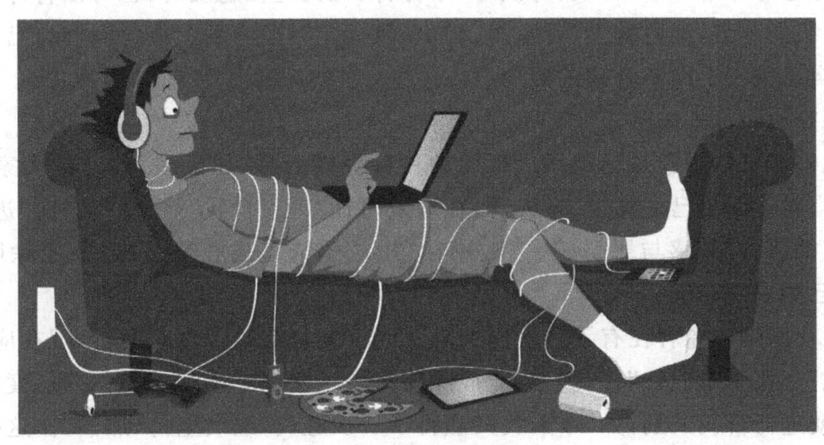

第三，开展网络心理健康教育，预防网络心理障碍。同学们要以理智的态度控制上网的时间，提高对网上不良刺激的免疫力，及时发现网络心理障碍，尽早求助心理医生，尽快矫治。

第四，大力提高教育工作者的网络素质。从学校教育的角度看，提高思想教育工作者的网络素质是当务之急。学校及有关部门应加强对教育工作的硬件配备和有关人员的网络技术培训，建立一支既懂思想政治教育工作，又懂网络技术的师资队伍。

第五，樊富珉教授认为，在学校里，可以用团体辅导的方式对已经网络依赖的同学进行积极引导是一种非常有效的干预手段。如果渴望摆脱网络依赖的人能找到适合自己的支持团体，在这个团体中的伙伴都是与自己有着相同困扰的人们，大家在心理咨询师的协助下在团体活动中建立起生活的目标，可就成员共性问题进行讨论，在团体中得到心理支持，共同努力改变现状，则网络依赖的程度自然会减轻直至消除。

第六，正确认识网络依赖，辩证地对待网络。虽然网络性心理障碍是一种比较严重的心理疾病，但也是可以避免的，大学生、家长和社会各界不必因此过分担心，或对网络采取完全的禁忌。其实，只要掌握合理的上网时间及频率，端正上网的目的和心态，正确处理现实与虚拟的关系，绝大多数人都不会患上网络性心理障碍，一些压力和不良情绪甚至还能因此得到释放，使人获得心理平衡与心理健康。

三、激发主观意识　主动接受心理干预

1. 学会求助心理专家

“心理健康咨询与指导中心”是学校心理指导教师组成针对网络成瘾问题的救助组织，帮助患有不同程度“网络成瘾症”的学生尽快走出困境，回到正常的生活与学习中来。对已经沉迷上网络游戏不可自拔有网络游戏成瘾症的学生，可采用适当的心理治疗手段来矫正。

2. 从主观上克制上网的冲动

可以让网络成瘾者将上网的好处和坏处分别列在一张对称的纸上，按程度轻重排好顺序，每天做思想斗争10～20次，每次3～5分钟，尤其是在瘾发时，也可以将好处和坏处分别贴在显眼的地方，如电脑上、卧室里、门上，每天多时段内默念或大声对自己念上网的坏处，战胜自己关于上网不合理的观念。

3. 厌恶疗法

网络成瘾者可以想象自己上网成瘾后的种种极端后果，如成绩下降，被大家看不起，被别人羞辱，对不起自己的父母、亲人等，在瘾发时让“理想自我”与“现实自我”进行辩论，让内心的道德感、责任感与罪恶感、失败感斗争，从感情上战胜自己，痛下戒除网瘾之决心，增强自己的戒网动机。

还可以让网络成瘾者在有了想上网的念头时反复自我暗示，如“不行，现在应该学习，等周末再说”，“我一定能行”，“我一定能戒除”，每当抵制住了诱惑，认真学习，度过了充实的一天后，就进行自我鼓励，如“今天我又赢得了一次胜利，继续坚持，加油”。这样不断强化，形成良性刺激，加强自己的意志，使上网的欲望得到抑制。

4. 自我奖惩法

自我奖惩法即视当天的进展情况而给自己一些小小的奖励或惩罚，但应注意其使用的内容应最好与上网无关。奖励和惩罚既可以由成瘾者自己执行，也可以请老师、同学、家长协助执行。如当目标执行无误，就奖励自己吃一样喜欢的零食或买一件喜欢的东西，否则长跑1000米或做清洁等。还有放松训练法。为应对戒网中网瘾发时出现的紧张、焦虑、不安、气愤等不良情绪，采用肌肉放松法、想象放松法、深呼吸放松法以稳定情绪，振作精神。

5. 行为契约法

成瘾者与家长共同商定戒网的行为契约，成瘾者签定契约并成为契约的遵守者，家长则担任契约的执行者，通过连续不断地鼓励，使其逐步达到目标。根据目标行为的性质，有两种循序渐进的方式：

第一，行为频率的循序渐进。如让成瘾者将每周上网次数由七八次逐渐减为六次、五次、四次、三次，每次上网时间由五小时逐渐减为四小时、三小时、两小时，达到尽量在周末上网，每次不超过两小时的目标。

第二，行为准确性的循序渐进。每个目标都应是力所能及的，家长等要热情鼓励其做好朝目标渐进的每一步，确保成瘾者能通过不断取得进步而获得成功的体验，从而增强自我效能感，也易据此来衡量其上网行为纠正的程序，制定好下一步的目标。

拓展阅读

关爱青少年，安全上网10大秘籍

近日，国家互联网信息办公室召开会议，部署开展绿色网络行动。绿色网络行动是国家互联网信息办、教育部、共青团中央、全国妇联等四部门，组织百家网站联合开展的“绿色网络 助飞梦想”——网络关爱青少年系列行动之一。

在现实社会中，人们普遍重视为青少年创造健康向上的成长环境，然而网络空间和虚拟世界中，青少年的成长环境同样应该得到充分重视。信息时代，网络对于每个家庭成员包括孩子的生活和学习，都产生了重要影响。青少年上网的比例越来越高，这是不可回避，也是不可能杜绝和禁止的。

调查显示，未成年人触网比例高达96.8%。其中，首次触网年龄在10岁以前(含10岁)的学生占到61.8%，28.1%的未成年人在7岁之前就开始接触网络。很多学生家庭拥有手机(92%)、电脑(82.7%)、平板电脑(25.3%)等一至多种可接入互联网的终端。近八成(78.4%)未成年人曾使用移动终端上网，高于全国整体网民(74.5%)比例。

网络知识素养是现代家庭教育的新内容。保护未成年人权益，应科学系统推动未成年人新媒体素养教育。

所以，我们选取了现在最常见的，对安全影响最大的10件事，希望能起到提高青少年安全意识、增强自我保护技能的作用。

1.微信朋友圈禁止陌生人查看照片

截至今年，据官方数据发布微信会员数已过4亿，这款应用软件已经成功影响到了我们生活的方方面面。微信在未成年人常用网络社交工具和应用中占11.8%，很多人已经习惯在微信上记录自己的饮食、地点等等生活中的一切。但是在享受生活的同时也不要忘记维护自身安全。

以朋友圈为例，首先点击“找附近的人”功能，然后选择“清除位置信息并退出”。最后在设置项关掉“允许陌生人看10张照片”的隐私设置。

尽管“朋友圈”只有好友才能看和评论你分享的照片，然而这个相对封闭的圈子却留有一扇“后门”，一旦“附近的人”被启用，即便不是微信好友，你的10张照片也会被非好友的陌生人尽收眼底。很多微信用户并没意识到这扇“后门”的敞开会导致自己隐私的外泄。

沈阳就发生过这样一起案件，一名年轻女孩因为在微信发照片被歹徒跟踪，被杀害后抛尸。犯罪嫌疑人就是通过查找“附近的人”搜索到对方。然后通过观看对方相册，了解对方大概的生活轨迹，再添加对方为好友，进一步掌握对方的动态。

2.小心微博相册、签到、足迹

调查显示，超过六成的青少年(61.6%)使用微博，高于整体网民(54.7%)比例。有很多人选择在周末或者长假外出旅游，并且微博直播旅途，不断晒风景、个人照。大家在晒快乐的同时别忘了保护自己的隐私，不要在微博上泄露出游时间、人数等信息。

如果要发布的话最好也是对现实好友分组可见。据调查，未成年人在进行网上交友时，性别(69.1%)、年龄(53.0%)和QQ号(52.2%)是他们常公布的个人真实信息，32.3%会公布真实姓名。公布学校名称(20.9%)、电子邮箱(18.4%)、照片(15.5%)、班级(12.1%)、手机号(7.3%)等易直接定位和识别的个人信息者也有相当比例。

网友@和菜头就曾发微博称，网上晒孩子照片容易被居心不良者利用，并链接了四川省成都市一位母亲因为在微博上晒了一张儿子的获奖照，结果让歹徒查出孩子的班级信息等，将孩子骗走绑架索要10万元的相关报道。

3. 慎用公共场所免费网络

近八成(78.4%)青少年曾使用移动终端上网，其中每天使用移动终端上网的比例达23%，高于电脑上网比例(19.5%)。现在青年人聚会，到了餐厅或者咖啡馆，要做的第一件事已经不是点东西了，而是拿出手机搜索店里的免费无线网络。很多店也会在门口贴出店内有免费WiFi也就是有无线网络覆盖的标志，用这个来吸引更多人光顾。

但是使用免费WiFi的时候，第一，要看准WiFi的提供者。最好是有加密认证的，需要密码才能登录进来。第二，在一些公共区域，尽量不使用带有个人账号和密码信息的软件。

一些不法分子就是利用这一点，在公共场所用一台电脑、一套无线网络及一个网络包分析软件就搭建了一个不设密码的WiFi。如用户使用该WiFi，不法分子就可以盗取手机上的资料。

今年夏天，山东某学校的学生小李经常与同学去市中心的一家大型购物中心，那里可以提供免费WiFi。之后陆续有一些同学的网银被盗，他们的共同点就是都在公共场所用手机在WiFi上网之后的数个小时之内丢失的。据小李回忆说，有一天莫名其妙地多出了一个WiFi接口，没有多想就接入了。当天，手机收到了银行发来的信息，称网银账号已经成功转账300元。

4. 不乱扫二维码

用智能手机扫描二维码，只要轻轻一刷，就能加微信好友、下载美食优惠券、上网、看视频……好用又时尚的二维码如今早已融入了大众的生活。但是不能轻易“见码就扫”，扫二维码在线购物、支付时更要谨慎。最好可以在手机上安装二维码检测工具，这类工具可以自动检测二维码中的信息，从而判断其是否含有安全威胁。

有一位任女士就是在网购的时候，看到网站可以用手机扫描二维码，不仅可以免费获取赠品，还可以在购物时享受九五折的优惠，就十分心动，随后就按照要求用手机扫描了一下。但是没过多久，她发现自己的手机打不出电话，查询后发现手机欠费100多元，她这才反应过来自己被骗了。二维码病毒除了扣手机费外，还有可能让手机死机，甚至是盗取个人信息。

5. 小心恶意软件

现在网络搜索很方便，但是过于方便的同时也意味着信息量庞大而难以甄别，我们在下载软件前最好先做调查，看评论，不要搜到哪个就点击哪个，避免进入不合法的软件站点下载，最好使用新版的反病毒软件。

恶意软件的主要危害中，资费消耗、隐私窃取和恶意扣费位列前三。超六成恶意软件含有两种或两种以上的恶意行为，附加隐私窃取行为的占比超过九成。这些恶意软件可在后台收集用户的位置信息、通话记录、电话号码及短信等信息并将其上传至指定服务器，造成难以估量的危害。

据央视报道，河北省的赵小姐发现手机话费突然从每月 50 元左右激增至 100 元以上，经手机安全公司人员检查，她手机暗藏一款隐蔽性极强的恶意扣费软件。据监测，这款软件已感染国内 21 万部手机，每年暗扣话费至少 5000 万元。专家称，制作恶意软件利润比贩毒高。

6. 禁用游戏内置收费项目

谈到青少年就不能不说游戏，现在人们已经习惯在闲暇时通过自己的移动终端来玩游戏，但是玩游戏的同时也有几点要注意。

首先，不要把银行卡跟账户相关联。有时候不经意间的点击就可能造成无法挽回的扣费，所以要从根源上断绝扣费的问题。其次，去官方商店下载游戏，下载之前可以查看评论，如果发现该游戏有类似的问题则建议不要安装。

很多扣费代码是内置在游戏中，不用通过用户审核便直接扣费。用户在遭到恶意扣费以后不会收到提示消息，而只能通过查询电话消费记录方可知道，这对于一般不会查询账单的用户来说便无从所知。

8 月 30 日夜，刘女士发现手机上收到了 19 款游戏软件下载完毕的信息提示。从不玩游戏的刘女士想起当天下午，儿子做完作业，曾经拿着她的手机玩了会儿。这还不是让刘女士最震惊的。浏览短信的时候，她突然看到了 9 条未读短信，均显示："感谢您使用××游戏……"起初她以为是那些游戏厂商发过来的垃圾短信，正准备全部删除的时候，无意中点开了一条，竟然是手游的扣费通知——仅在短短 6 分钟内，儿子就花了 25 元，购买了游戏中一的 4 个道具、3 种修复功能。

7. 网络购物应谨慎

网购，在国内兴起不过 10 年的时间，2012 年网购总额就达到了 1.2 万亿元。点一点鼠标，东西就能送到家，节省了大量人力、物力、财力。

享受便利的同时也不要忘记以下几点：一定要通过第三方交易平台支付；认真核查卖家信誉度，不要被刷出来的高信誉所迷惑；不要被低价迷花眼，要牢记天上不会掉馅饼；票据、聊天记录要保存；收货后要当面拆开确认。

著名编剧宁财神就曾在微博上自曝在某著名购物网站买相机时由于"粗心和愚蠢，导致被钓鱼"，损失近万元。类似这样的事情比比皆是，一不小心，上当受骗，遭受经济损失。

8. 合理使用网银

网银借助 Internet，突破了传统银行的空间和时间局限性，以其全方位、全天候、便捷、实时的金融服务成为"24 小时银行"。不止用户喜欢网上银行的便捷、省时、省力，各家银行也对它青睐有加。

但是为了更愉快地享受便利，有几点一定要记牢：绝不告诉别人密码；使用 U 盾、绑定手机；手工输入正确网址登录网银，并将之添加到收藏夹，不要通过超链接或搜索引擎访问银行网站;安装杀毒软件、防火墙并及时升级系统补丁;不打开来历不明的电子邮件和手机短信中的链接。

今年,王某就在宁波市公安局报案称,在一家网店购买商品,卖家告诉他现在银行出台了新规,跨行转账不收手续费,而且货款通过这种新方式交付还不收客户快递费。卖家要求他填写银行授权支付协议签约申请,并将身份验证地址通过QQ发给他,卖家要求他尽快登录网银确认开通。谁知没几分钟,王某便收到多条短信,显示自己账户内的1万多元资金分多笔被莫名其妙转出。

9. **山寨APP防不胜防**

“我躲过了粤利粤,分清了营养抉线,能认出康帅傅、脉劫、王老古,却无法看清楚这些APP。你能吗?”这样一条充满无奈的微博在网上被广泛议论。

随着智能手机的普及,移动应用程序迎来了发展的春天,各个APP商店中,每天都有成千上万的新APP加入,当然,其中隐藏了不少的山寨者,这些山寨们不仅通过使用与热门应用相似的名称获利,甚至还会在山寨产品里暗藏“炸弹”。

首先要在可信度较高的官方商店下载。其次仔细识别下载量及用户评论,一般来说下载量最大的APP是官方的几率最大。再次,认真查看开发商资料及其所属的其他产品,因为大多数山寨APP都是单一产品。以“淘宝”APP为例,有的山寨版只是将正版的橙色改成了橘红色,除了色差之外,客户端标识细节完全一样,有的山寨版则只是把标识上的“淘”字换了一种字体。而且,这些软件下载次数并不低,有的甚至有十几万的下载量。

10. **游戏装备小心买**

在我国,上网人员中18岁以下的青少年占15.8%,休闲娱乐是他们上网的最主要目的,而网络游戏是互联网休闲娱乐方式中最吸引人的一种类型。中国网络游戏作为一种新型产业正处于一个高速发展期。

对于网络游戏,有六成以上的同学表示平时都会玩,更有两成以上的同学是经常玩的,只有两成的同学是从不玩网络游戏的。

不考虑网络游戏是否影响青少年的学习生活,仅仅从安全角度考虑,在游戏中购买装备等物品进行网上交易时,应尽可能采取现实中的“一手交钱一手交物”或“先收货再付款”模式,尤其要警惕所谓网上先行支付押金、保证金等情形。要注意核对支付平台或网上银行的相关网址,避免登录钓鱼网站。最好能将支付平台或网上银行的网址予以收藏,避免误登。同时在电脑上安装适当的防毒软件,以充分降低交易风险。

近日,贵州省公安厅向媒体通报,安顺警方日前破获一起网络诈骗案。主要犯罪嫌疑人张某系贵阳某高校计算机教师,团伙其他成员是其学生。张某利用计算机知识,在网上申请域名,构建虚假网络装备交易平台,借推销“低价”游戏装备进行网络诈骗,从中牟利。从去年10月至今年4月,在该团伙交易平台上注册的会员超5000人,800余人受骗,遍布全国,涉案金额高达百万元。

为了让青少年更好、更安全地享受网络带的来便利,我们从提高自身防范意识的角度,提出了以上十条建议。

当今世界,青少年是经济社会发展的助推之星,是人才的储备力量,是社会进步的希望所在，他们对科学技术掌握的程度往往决定着一个地区的创新力、一个社会的发展和一个国家的竞争力。而信息素养是处在信息时代的青少年应当具备的基本素质。作为科普工作者的责任就是开发他们的智力，启发他们的智慧，提高他们观察事物、了解社会、分析问题的能力，使之形成和树立科学的世界观、人生观和价值观，促进青少年健康成长。只有从青少年时期就开始养成科学的思维方式与行为习惯，将创新精神与实践能力并重，才能最终使得全民的科学素质得到根本性的提高。

（资料来源：《关爱青少年，安全上网10大秘籍》，《北京科协》2013年第11期。）

拓展训练→

网瘾指数测试

来测测你是否也有网瘾，试题的答案选项全部一样，计分标准：完全没有（1分），很少（2分），偶尔（3分），经常（4分），总是（5分）。（注：计分方法为美国作家金伯利·S.杨的版本）。

1.你多少次发现你在网上逗留的时间比你原来打算的时间要长？

2.你有多少次忽视了你的家务而把更多时间花在网上？

3.你有多少次更喜欢因特网的刺激而不是与你配偶之间的亲密？

4.你有多少次与网友形成新的朋友关系？

5.你生活中的其他人有多少次向你抱怨你在网上所花的时间太长？

6.你的学习成绩和学校作业有多少次因为你在网上多花了时间而受到损害？

7.在你需要做其他事情之前，你有多少次去检查你的电子邮件？

8.由于因特网的存在，你的工作表现或生产效率有多少次受到影响？

9.当有人问你在网上干些什么时，你有多少次变得好为自己辩护或者变得遮遮掩掩？

10.你有多少次用因特网的安慰想象来排遣关于你生活的那些烦人考虑？

11.你有多少次发现你自己期待着再一次上网的时间？

12.你有多少次担心没有了因特网，生活将会变得烦闷、空虚和无趣？

13.如果有人在你上网时打扰你，你有多少次厉声说话、叫喊或者表示愤怒？

14.你有多少次因为深夜上网而睡眠不足？

15.你有多少次在下网时为因特网而出神，或者幻想自己在网上？

16.当你在网上时，你有多少次发现你自己在说“就再玩几分钟”？

17.你有多少次试图减少你花在网上的时间但却失败了？

18.你有多少次试图隐瞒你在网上所花的时间？

19.你有多少次选择把更多的时间花在网上而不是和其他人一起外出？

20.当下网时，你感到沮丧，忧郁或者神经质，而这些情绪一旦回到网上就会无影无踪？

20～39分：你是一个普通的网络使用者。你有时候可能会在网上花较长的时间“冲浪”，但你能控制你对网络的使用。

40～69分：由于因特网的存在，你正越来越频繁地遇到各种各样的问题。你应当认真考虑它们对你生活的全部影响。

70～100分：你的因特网使用正在给你的生活造成许多严重的问题。你需要现在就去解决它们。